從 **荒謬的年代**

到 **弔詭的年代**

劉錫輝——

著

謹以此書獻給
父親與母親在天之靈

▍自序

　　1945年中日戰爭結束，日本無條件投降，台灣、澎湖列島歸還中華民國。此後，中國大陸內戰再起，1949年10月1日中華人民共和國成立，10月25日一場金門古寧頭戰爭，中華民國軍隊獲得連年戰敗的首次勝利，從此之後兩岸分治。

　　廣東省興寧縣水口鎮石塘村，名實相符的窮鄉僻壤，八年對日抗戰沒有遭受到災難，卻在1949年9月，突然發生了一個幸福家庭，被戰敗的國軍違法亂紀毀滅的悲慘故事，17歲的少年劉錫光從此改變了一生的命運，他的父親劉展文，時年41歲的公教人員，被搶奪糧食的敗軍槍殺，他自己被抓當兵，未穿軍服即被趕赴金門島古寧頭戰場，兩岸從此分治，老家突然變成「匪區」，音訊不通，生活在兩個互相敵對的環境之下。

　　劉錫光自此之後為求生存，就讀陸軍軍官學校二十五期，以全期總成績第一名畢業，變成職業軍官，被改名為劉錫輝，參與金門八二三砲戰，立下戰功，在砲戰中幾乎殉職，幸運的逃脫劫難，但返回台灣的承平時期，卻遭受到軍中暴行，身受重傷，住院療養一年。棄武就文，就讀民間大學及研究所，變換職業從事高科技工作，參與國防科技尖端武器研發，突破技術瓶頸，成效傑出，獲得國家頒發等同作戰有功的雲麾勳章。開放大陸探親，卻受到公職人員的管制，飽受煎熬，童年的美好回憶反而變成痛苦的負擔。為探親而急流勇退，舉家移居美國。因為戰亂被迫離鄉背井，終身揹負「殺父之仇」的枷鎖，沒有選擇職業的自由，隨著國家的發展所給予的機會，讓他能夠逆流而上，在人生旅途中，以不平凡的人生遭遇，歷經滄桑，從大陸到台灣，再從台灣到美國，堪稱不枉此生。

　　個人與國家密不可分，時代不能分割，從1949年到2019年整70年，劉錫輝的人生旅途中，從大陸到台灣，象徵了兩岸關係不能分割。中華民國國軍缺糧

缺兵，掠奪糧食殘殺了中華民國平民，強迫被害人的兒子當兵，一個月後在金門島打了勝仗，保住了中華民國。可是，這個中華民國卻在1999年頒布《國軍軍事勤務致人民傷亡損害補償條例》，該條例第2條規定本法適用之時間及地點之範圍：認為「本案事發地點為廣東省，不在條例範圍內」，這是法律的錯亂。民主進步黨執政把1945年到1992年定義為「威權時期」，是歷史的錯亂。制訂《促進轉型正義條例》，在行政院設立促進轉型正義委員會，平復白色恐怖受害者時，竟將經過軍法審判的「共諜」一起「除罪」，這是歷史和法律的雙重錯亂。

本書最後四章是筆者在媒體刊出的有關文章，對所謂「轉型正義」的不公不義，發出「為何而戰」、「為誰而戰」的感嘆！

出版回憶錄是偶然，再將療癒文字彙集出版是必然，今出版《從荒謬的年代到弔詭的年代》，作為紀念先父劉展文受難70周年獻禮，期盼先父的無辜犧牲能化作對民族的大愛長留人間世。

本書內容部分取自《大變動時代的滄海一粟　劉錫輝回憶錄》及《錫輝文集　滄海一粟的餘波盪漾》，因此，再將馬忠良教授，曾建元教授，陳定中將軍以前惠賜序文，加入本書以示一以貫之。本書多篇已經媒體刊登的文章，各篇單獨敘述，為保留原貌，未加刪改，彙集成冊後，部分內容顯現重複，敬請讀者寬恕及指教。

▌ 讀《大動亂時代的滄海一粟》有感

馬忠良

國立成功大學前學務長

　　我與劉錫輝先生的結緣起於一讀書討論會中、那天是二〇一三年七月十一日、上午十時至十二時、地點是加州庫本蒂諾市市政大廳、討論的是陳若曦所著《無悔、堅持——浮生七十》。我因為在鄰近之庫本蒂諾圖書館看見了打出來之宣傳片、又因為與陳女士於某年十月在《文訊雜誌社》主辦之九九重陽節——向文藝老兵致敬的餐會上、有一面之緣、引介人為多年老友王璞先生。老實說、陳女士的這本作品我沒讀過、僅讀到報紙上的評介。我之所以去參加這個會是因為我也寫了一本書：《從二等兵到教授——馬忠良回憶錄》、想藉此機會送她一本、順便請教她一個問題、所謂「增訂版」是怎麼會事。詎料、陳女士那天並沒出席、謹請吳玲瑤女士代為主持、我的簡短發言乃是敘述與陳女士一面之緣的起因、並請吳主持人代轉我寫的書。

　　會後、劉學長錫輝前來與我相認、因為他也是成大的畢業生、而且是最好的學術單位——機械系畢業的、驟然間我們的距離拉近、大有"他鄉遇故知"的況味。言談之餘、他說他也寫了一些自傳性的文字、現儲存電腦中、我告訴他、像我們同樣的年齡的人、於一九四九年大撤退時、除達官顯要的子弟外、均有一本滄桑史、何不寫完它、大者可以留給年輕人一個"借鏡"、鼓勵他們力爭上游；小者也可以告知自己的子孫、我們這一家族的來龍去脈、怎麼來到了台灣、又如何移民來到了美國。

　　數天後、錫輝兄就以電子郵件把他的這本大作傳送到我的面前、頁數雖然不多、我卻費了些時間一個個字的讀完、最令我感動的情節包括：他的父親為了保護他的母親遭胡璉的部隊槍殺；屋漏偏逢連陰雨、自己又胡裡胡塗地被抓

去當兵；後來又投考了軍校、畢業後、派駐金門又趕上了八二三砲戰、在掩體內與他並肩坐在一起的副連長董玉玲、遭彈片擊斃、生死只一線之間。反諷的是自己的父親遭國民黨的軍隊槍殺、自己在軍校格於規定、不得不加入了國民黨、家仇、國恨與出路互相糾葛、如何爬梳？如何自處？錫輝兄在此時發揮了無比的耐心、以拖待變、終於逮到了機會考取了成大機械系、獲頒工學士、再接再勵、考進碩士班、畢業後進入中科院服務、對各導彈發展計劃貢獻良多、曾獲雲麾勳章。在此期間又赴美深造獲聖母大學碩士、其後、來美接受過幾次短期訓練、並在工作崗位上貢獻所學、至一九九二年辭職為止。

另外、最揪我心的是錫輝兄接老母親來台奉養乙節、他不怕繁文褥節、打通關卡、把母親自廣東興寧縣接來台灣、當飛機抵達桃園中正機場、與闊別四十年的母親相見、恍如隔世。百行孝為先、錫輝兄為他的子女立下了榜樣。其次、他對其二弟與三弟鬩牆之事也處理得很好、行忠恕之道。對其妻子、兒女均做到了為夫為父的責任；對親友的應對進退也拿捏得恰到好處、很念舊、這可從他行文中之字裡行間看出。

綜合而論、錫輝兄是愛台灣的、他在《世界日報》上發表之諍言就是實證。

▌ 碧海青天夜夜心
── 寫在劉錫輝兄《錫輝文集》之前

馬忠良

國立成功大學前學務長

　　二零一三年劉錫輝兄出版《大變動時代的滄海一粟》時，我曾有幸被邀請為其大作寫過一篇文章作為序言。因此，我曾逐字逐句並逐章的讀過他的故事，對其不幸之遭遇知之甚詳。他自己說《大變動時代的滄海一粟》是他的回憶錄，《錫輝文集》為其續集。在我讀過此續集後，我認為這兩本著作圍繞著四個主題發展。

　　第一個主題為孝心。劉錫輝兄的父親劉展文先生於一九四九年國軍撤退時，為胡璉部隊之第十二兵團的兵槍殺，他要求政府給受難家屬一個公道，僅一封道歉信而已，藉以在其父親墳前燒化，告慰其在天之靈。然而這一個小小的願望卻無法如願，他雖屢屢上書，均以不了了之。最後，他只有以聖嚴法師的法語「面對它，接受它，處理它，放下它」之放下來解脫。

　　第二個主題為胡璉將軍。他恨胡璉將軍的理由甚為明顯：第一，胡璉的部隊軍紀廢弛，雖然有「兵敗如山倒」不得已的苦衷，但以手榴彈炸農民之養魚池，槍殺無辜──他父親，罪無可逭。第二，他曾被胡璉部隊抓至金門，並強迫當兵，目睹了金門戰役之真相。因此，他認為金門大捷湯恩伯將軍之功勞大於胡璉將軍之功勞。另外，金門大捷之原因雖載入了歷史，但仍各說各話，為了避免偏頗，不失公允，他的兩篇文章題名〈兩岸史話金門島兩次戰役拾遺〉之「拾遺」二字為我之建議。

　　第三個主題是老兵。國軍於一九四九年撤退時，戰死與逃亡遞嬗，致不得不沿路抓年輕人來補充，撤退到金門時，穿著是農民裝，一天軍事訓練也沒受過，槍也不會用，就這樣老兵帶新兵，卻打了勝仗。其中之新兵就有他。

因此，他愛老榮民，並為他們發聲。他在網路上看到713澎湖冤案錄影短片——我們山東流亡學生的故事，禁不住熱血沸騰，激動不已。又他在網路上與人爭辯「徵兵」「抓兵」的迥然不同，聲嘶力竭，奮戰不懈。他以第一名之成績畢業於陸軍官校二十五期，成大機械研究所碩士，留美，參與天弓飛彈之研發等，可是，在他身上看不出有半點驕氣，反而是作人本分，衣著樸實，不脫老兵本色。

第四個主題為是非感。海軍陸戰隊之憲兵涉嫌打死了一隻小白狗，在島上引起了軒然大波：全國共憤，媒體口誅筆伐，愛護動物團體交相指責，不僅要求查明真相，嚴懲不法分子，國防部長馮世寬出面兩次道歉。此一事件使他有人不如狗之感嘆。他在一些政治上的認知亦然，是就是，非就非，絕不混淆。他是位真正的血性漢子。

他慧眼獨具，旅遊馬祖時，他找到了戰地之坑道，掩體，地下水道；到上海時，他找到了新舊風景的差異，並分別發為文字，台灣，大陸，美國及世界各地景點都留有他的足跡。他雖到處旅遊，也返鄉祭祖了幾次，最後，把自己之回憶錄及祭文燒化在父親墓前，但是，在他內心深處，仍存有一份對父親之愧疚——未能為他昭雪，只好碧海青天夜夜心了。在此，我以摯友之身分也引用聖嚴法師的一則法語來消除煩惱：「無事忙中老，空裡有歡笑，本來沒有我，生死皆可拋」，這好像比「放下它」的意境更高了一個層次。

追求向人性回歸的轉型正義
──劉錫輝《錫輝文集　滄海一粟的餘波盪漾》序

曾建元

國立臺灣大學國家發展研究所法學博士

中華大學行政管理學系副教授

新臺灣國策智庫兩岸關係組召集人

　　和劉錫輝先生的認識，是我人生的意外和驚奇。能為他的第二本文集寫序，參與他圓滿生命的重要一段經過，以文字銘刻我們忘年的交情，為他所經歷的大時代作見證，真是我個人莫大的榮幸。

　　我因追尋岳父周雅川原來諱莫如深的人生行旅，依照有限的線索，慢慢找到他的同學，發現了他原是跟隨國軍胡璉第十二兵團怒潮軍事政治幹部學校而來的中學生，家族把延續傳承的希望寄託在他身上，眾多的流亡青年，跟著胡璉大軍出中國，到達臺灣，我也看到了胡璉兵團在民國三十八年參與古寧頭和登步島戰役，守衛金門前線，力抵八二三炮戰的戰功，那是挽救國家於危亡，改變臺灣命運的關鍵力量。可是，另一方面，第十二兵團副司令官兼怒潮學校校長柯遠芬，對我這一個臺灣本土的政治受難者和反抗者的兒子而言，又是一個何其令人感到為難的名字，因為他是二二八事變時的臺灣省警備總司令部參謀長；對白色恐怖有研究的人就會知道，第十八軍軍長高魁元後來和蔣經國合作，利用郭廷亮陷害了孫立人；第十九軍第十八師師長尹俊，兩任臺灣警備總司令，警總是戒嚴時期人人聞之色變的特務機關。就連胡璉，儘管成功帶出了十萬軍人，但他在江西強制徵兵，宣稱「得人者昌」，「如果不能儘快『得到人』，成軍作戰都談不上，還說什麼『昌』、『昌不昌』呢？」，最後在潮汕地區徵兵，主張「凡屬壯丁均不應留置為共匪所利用」，這些說法，變相鼓

勵兵團拉壯丁,即以脅迫與擄人手段強迫無兵役義務的人民從軍,而其過程粗暴,對人民的財產和人身造成極大傷害,也讓國軍和胡璉兵團在撤出中國大陸的路上毀譽參半。當然,從我一個臺灣人的角度,中華民國於三十四年接收臺灣的功過,更是一個牽涉階級、族群和認同的巨大難題。

劉錫輝先生的故事就是胡璉兵團中人生際遇悲喜難料的一頁傳奇。民國三十八年九月七日前後,胡璉兵團高魁元第十八軍李樹蘭第一一八師(洪都支隊)行經他家廣東省興寧縣水口鎮石塘村永祥第,為了搶他家水塘的魚吃,槍殺了他的父親劉展文。十天後,第十八軍羅錫疇第十四師(武夷支隊)廖先鴻第四十一團又來到他家,把劉錫輝和他四個堂叔強行押走,強迫參軍。劉錫輝幸運地沒喪生於戰場,憑藉自己的努力,抓住機會,報考軍校、大學、攻讀碩士、留學,回國後長期在中山科學院參與天弓飛彈研發,並在大學任教,以對我國國防科技戰力提升上的貢獻,而獲得國家頒贈雲麾勳章。對照中華人民共和國建國後的景況,且不論他個人離開大陸是福是禍,但國軍槍殺他父親是事實。這本文集記錄著劉錫輝為父親雪恨尋求公道的心路歷程。他為殺父的國軍設計射程涵蓋故鄉的飛彈,不僅使他長期在家國的道德抉擇中煎熬,也面臨來自大陸家族親友的責難,這是他必須面對解決的生命課題。他在馬英九總統任內,曾就父親受難陳請國家道歉賠償,馬總統將陳情案送行政院處理,行政院又送內政部和國防部,內政部表示可能可以依照《國軍軍事勤務致人民傷亡損害補償條例》處理,劉錫輝為此返鄉取得相關證據,國防部卻以該部為行政機關無法認定事實與證據為由推卸責任,讓劉錫輝白忙一場。《國軍軍事勤務致人民傷亡損害補償條例》第二條規定的國軍軍事勤務補償適用範圍,為「民國三十八年政府遷臺後至民國七十年六月三十日止」發生的傷亡事件,而劉錫輝父親死難的時間卻在三十八年十二月九日行政院遷臺之前;縱使劉錫輝主張個人遭脅迫入伍,似乎也不是該條例所要補償的事項與對象。時任法務部長羅瑩雪的父親羅錫疇,就是把劉錫輝抓來臺灣的部隊的師長,羅瑩雪恐怕不知道她父親部屬的這般遭遇。劉錫輝先生因為看到我關於胡璉的寫作,與我聯繫,我從此知道他的故事。我曾經嘗試以各種途徑來協助他,確實,法律上有些障礙,政治上的努力也因為我人微言輕,未被聽見,比較成功的,還是和《哲學星期五》沈清楷教授的合作,在一零六年四月五日成功舉辦《胡璉兵

團與歷史正義》座談，讓這個議題經由各種類型媒體，在文化界和知識界逐漸擴散發酵。胡璉孫子胡敏越牧師人在大陸江西訪問，特地親筆寫公開信要我代向劉先生在座談會上宣讀致歉，劉錫輝殺父之仇的枷鎖，終得以在神寬大與慈愛的懷中放下。不過，屬於國家的責任，我認為並未結束。那已超越了劉錫輝個人的恩怨情仇，而與國家團結、社會和解和價值重建的轉型正義工程有關。十一月，我和研究生吳靖媛在臺灣政治學會年會上發表了〈國共內戰後期撤臺國軍戰爭暴力行為之法律評價〉，這應當是國內第一篇思考戡亂戰爭所涉國家責任的論文。十二月立法院通過經總統公布施行的《促進轉型正義條例》，則打開了在體制內處理違反自由民主憲政秩序之國家不法的機會之窗。《促進轉型正義條例》將威權統治時期界定在民國三十四年八月十五日起至八十一年十一月六日止，卻未意識到三十四年八月十五日至三十八年九月三十日之間，中華民國事實主權領域乃涵蓋兩岸，包含大部分的中國，哪怕中華人民共和國建國之後，中華民國退出中國大陸的過程，就算很快，也是逐步的。該條例突破了《國軍軍事勤務致人民傷亡損害補償條例》的時間上限，適用地區又未明訂限於臺灣，恐怕是一個法律漏洞，等於把抗戰結束後國共內戰的問題都捲了進來。我不認為臺灣化的中華民國需要承擔對中國大陸地區的法律與政治責任，因為法理上該地區人民已以建立中華人民共和國的方式做了總清算，中華民國只需要處理臺灣地區人民的問題，就此而言，劉錫輝被強制當兵的狀態由興寧延續到臺灣，他本人無疑是受害的外省客家裔臺灣地區人民，也是父親劉展文受難的在臺灣間接受害人。

　　《促進轉型正義條例》規定的轉型正義事項，包括：開放政治檔案；清除威權象徵、保存不義遺址；平復司法不法、還原歷史真相，並促進社會和解；不當黨產之處理及運用及其他轉型正義事項。國軍濫殺和抓兵，情形不同於白色恐怖時期常見的形式司法不法下的政治迫害，而更類似於二二八事件中常見的直接國家暴力，其處理不屬於《促進轉型正義條例》例舉的類型，而屬於其他轉型正義事項。因而政府面對牽涉兩岸人民的問題，要有更高的歷史視角、法律的智慧和悲天憫人的胸懷。而我認為，回歸人性和良心，超越兩岸政治和主權問題的糾葛，讓臺灣土地上的人民在回歸中華民國統治後因為國家暴力濫權所曾經受到的委屈和迫害，得以因真相的澄清而獲得道歉而寬恕，讓我們的

國家在民主化後有一個新的開始，所有的臺灣人民都能在此安居樂業，共同締造自由、公義與幸福的未來，才是我們追求轉型正義的目的。

　　劉展文是臺灣老兵的父親，他無辜犧牲生命，獻出兒子，他的兒子為臺灣的付出已經足夠，該是我們為他們爭取公道的時候，我祈願在這路上盡一個知識分子該有的責任，讓所有的劉展文都能得到中華民國的道歉，讓所有的劉錫輝都不會因為生命與臺灣的牽繫而有所遺憾。

民國一〇六年十二月十八日十時

臺灣苗栗地方法院法官職務宿舍

（刊登於新台灣國策智庫通訊第61期／2017年12月28日）

▎《滄海一粟的餘波盪漾》序文

陳定中

陳定中將軍　曾任內政部役政司長

　　《滄海一粟的餘波盪漾》作者劉錫輝同學，溫文儒雅，學貫中西，幼承庭訓，自立自強，先後參與金門古寧頭戰役和八二三炮戰，於1954年八月自黃埔陸官25期、以全校榜首成績畢業後，嗣考入國立成功大學機械系、所進修，大半生服務於中科院，研製天弓飛彈卓有成就，獲頒勛、獎章多枚。堪為學以致用，文武雙全，功在國家。

　　筆者倖逢與錫輝於陸官入伍及分科兩度同隊，復因早年考取留关，夥同北大西洋公約組織（NATO）諸國軍官，研習力士、飛毛腿暨鷹式飛彈，返國後服務於陸總神箭小組、勝利女神防管隊及飛彈第一營、連五年，更於警備學校校長任內曾應邀造訪中科院，故彼此相互往來，一直相當密切，從未間斷。文集中述及國共動亂時，軍隊沿途抓兵之說，就我所知敵我雙方皆有發生。抗戰修史絕不可「唯共史觀」，紀念古寧頭大捷，確應忠於歷史、還給湯恩伯將軍一個公道，這些觀點，持論合情合理，筆者咸表贊同，亦在在顯示錫輝同學的大智大慧。

　　民國64年初，筆者因具駐外副武官、國防部禮賓官及獲有國外碩士學位等優越條件，蒙總統府鄭秘書長彥棻和三局空軍彭局長傳樑將軍推薦，經先總統蔣公親批核准，派任為蔣公來台後第四任亦最末任府內交際科長。惜不幸適於同年4月5日蔣公崩逝，經忙碌數月治喪工作後，仍續任原職為嚴公家淦總統效力三年，期間中外訪客紛至沓來，接觸面廣泛，公務忙碌，自不在言。1982年9月承郝前總長柏村公選派，隨同海軍指參學院總教官李沅驥將軍、總政戰部呂夢顯、空軍齊正文及陸軍童兆陽等，均以民間中華戰略學會會員身分，出

席英國倫敦英、阿福島戰爭會議，並考察英國治安與軍隊動員等，返國後先後出任情報學校教育長暨國防部聯五、聯一主管兵役動員處長、警備學校校長暨警總南、北部諸多要職，俟1989年底承國防部鄭部長為公與陳總司令守公之推介，以外職停役身分，轉任內政部役政司長，為時長達八年，期間改革役政，建立全國戶役政業務資訊化制度。1991年中東第一次波灣戰後，攜同國防部人力司張、劉與楚等三位司長，先後考察中東資訊化戰爭與歐、美、日、韓等各國兵役制度及替代役，以奠定如今我國替代役兵制之建立。回憶六十餘年來，筆者工作奔走四方，雖兩度駐節金門、澎湖，但與錫輝之穩定成長，實不能同日而語。八年前幸蒙本25期同學會前會長歐陽彪將軍提攜，筆者忝充繼任會長兩屆，為全期同學服務四年。此期間與遠在美國西岸之錫輝同學，藉E-Mail、Facebook（近年更增加Line）等網路工具，魚雁往返，傳梭不已，幾無空間隔離之感。

2013年12月14日錫輝夫婦自美短期返國與同學餐聚，每位同學均蒙他贈送精緻回憶錄一冊，筆者獲得後，費時數日，逐字逐句，精心研讀，字裡行間，百感交集，自忖此生雖濫竽充數，忝列入將級，惟若與他論功列比，誠覺尚瞠後他多矣！

錫輝同學近期要出一本書，名為《滄海一粟的餘波盪漾》，囑定中為該書略抒賀言。談到寫序，此番應屬第四度矣。老友、前台聯黨主席蘇進強君，於1997年4月出版了一本「做個快樂大兵」的書，邀我與時任台北阿扁市長各署名作序。2004年7月，中正理工學院劉恒垣博士，為陸總撰寫了一本皇皇鉅著－兵役學，我為主審官，歷時三年多次評審，身為全國性內政部役政司長一人作序，職責所在，實義不容辭。近年台大退休主任教官、現中華統一促進會理事長吳信義君，出版「健群小品」一書，含我在內多人作序。此番應錫輝之邀，欣然領受，黃埔同窗，飛彈研發配力士型實用兩人，猶感肺腑難訴。願本書之問世，能廣為流傳，普受垂愛，值茲全書付梓問世之際，欣見錫輝同學事業、撰著雙璧生輝，誠感佩無已，故樂為之序。

▋ 致謝詞

2013年在美國加州一間圖書館讀書會，有幸和馬忠良教授認識，雖素昧平生，卻一見如故。承蒙馬教授鼓勵、指導，我的回憶錄才會出版。深感1949年是荒謬的年代，遂題書名為《大變動時代的滄海一粟　劉錫輝回憶錄》。

回憶錄公開了1949年家庭的悲慘遭遇，向馬英九政府陳情，由於馬政府推諉卸責，以失效的《國軍軍事勤務致人民傷亡損害補償條例》忽悠，造成對我家族二度傷害，求助無門，乃訴諸媒體，以文會友認識曾建元教授。

2017年4月5日，承蒙曾建元教授和沈清楷教授在台北市《哲學星期五》舉辦「胡璉兵團與歷史正義」座談會，邀請我擔任主講人，全程錄影在YouTube頻道播放。座談會後，得到胡璉將軍孫子胡敏越牧師的公開信：代表胡璉為1949年胡璉部隊對我父親之對待深感遺憾與虧欠；並祈求主的恩典祝福劉家後代子子孫孫。讓我在為父伸冤陳情遭受政府冷酷傲慢的對待後，感受到一點點溫暖。

承蒙曾建元教授引介筆者至立法院拜會林昶佐立法委員尋求協助，林委員指派兩位助理在立法委員研究室研討近一個小時，雖然未能獲得實際有效協助的結論，情義可感！

承蒙曾教授繼續不斷的協助，仗義執言。他的大作〈抓伕：未曾出現的道歉〉，〈追求向人性回歸的轉型正義〉，及《國共內戰後期撤臺國軍拉伕行為之法律評價》，試圖提供非法遭拉伕之外省老兵在法律上之救濟管道，縱歷史的傷痛無法被彌補，仍然不允許政府毫無作為。承蒙惠允將三篇大作納入本書，增添本書的光彩，非常感謝！

有關轉型正義對胡璉部隊殘殺先父劉展文的適用性探討：先父沒犯罪亦沒被判刑，先父生前是中華民國公民，遭遇到中華民國軍隊違法亂紀濫殺，是中華民國的軍隊需要轉型正義，國家立法機關竟鑽法律空隙，實不足為訓。

　　承蒙美國世界日報記者李榮先生三次來舍訪談，報導〈老兵回憶錄記錄大時代小故事〉；〈嘆人不如狗　國軍老兵：誰還我公道〉；〈古寧頭戰役70周年　老兵憶殘酷烽火〉。非常感謝！

　　承蒙大紀元時報記者江禹嬋在「胡璉兵團與歷史正義」座談會後報導，〈戰爭撕裂族群　不死老兵追尋正義〉及〈悲憤中自我療癒　台老兵：坦然放下〉，承蒙大紀元時報同意轉載此兩篇文章，納入本書，為那個荒謬年代作佐證。謹在此表達感謝！

　　承蒙馬忠良教授，曾建元教授，陳定中將軍惠賜序文，感恩不盡！

　　感謝蒼天的眷顧，妻子兒女的協助，得以耄耋之年完成此書。

目次 │ CONTENTS

自序　005

讀《大動亂時代的滄海一粟》有感／馬忠良　007

碧海青天夜夜心──寫在劉錫輝兄《錫輝文集》之前／馬忠良　009

追求向人性回歸的轉型正義
　　──劉錫輝《錫輝文集　滄海一粟的餘波盪漾》序／曾建元　011

《滄海一粟的餘波盪漾》序文／陳定中　015

致謝詞　017

前言　025

第一章　金門古寧頭戰役前後　029
　　胡璉兵團重組及增援防守金門　029
　　被迫從軍　033
　　我所參加的古寧頭戰爭　034
　　誰指揮古寧頭大捷　還湯恩伯將軍公道　035
　　紀念古寧頭大捷　還湯恩伯將軍榮耀、還老兵公道。　038

第二章　陸軍軍官學校鳳山復校　042
　　黃埔軍校鳳山復校　042
　　陸軍官校畢業六十周年慶祝大會巡禮　045

第三章　金門八二三砲戰　048

國軍整編　048

陸軍第十四師的組成和解散（1949～1954）　048

擴充砲兵部隊　051

八二三砲戰　055

金門「八二三砲戰」六十週年感言　060

砲彈不長眼睛，死傷無分省籍──記823砲戰　064

第四章　戰爭後創傷壓力症候群　069

1959年南投血案：為何八二三砲戰重量級的連長會變成兇手　069

軍中暴行被殺重傷住陸軍第四總醫院將近一年　071

創傷壓力症候群　073

第五章　就讀成功大學機械工程系及研究所　077

就讀成功大學機械工程系及研究所　077

就讀成功大學時的花絮　080

「老照片說故事」李克讓教授獎學金　082

第廿九屆李克讓教授獎學金頒獎典禮觀禮側記　084

第六章　國防部中科院工作與留學美國聖母大學　085

國防部中山科學研究院　085

留學美國聖母大學（Notre Dame University）　086

混合計算機實驗室（220館）　089

飛彈系統模擬室（671館）　090

第七章　參與中科院「天弓飛彈研發計畫」　093

參與「天弓飛彈研發計畫」　093

天弓飛彈研發花絮（上）　097

天弓飛彈研發花絮（下）　100

憶當年「天弓飛彈」首次試射成功之秘辛！／羅順德　103

天弓飛彈研發花絮後記　106

艱辛歲月的溫馨留念　109

第八章　我的家庭及移民美國　112

童年到成年　112

我的父親　113

接老母親到台灣居住　114

「老照片說故事」婆婆在台灣的日子／李梅芳　117

緣分　119

父母子女的緣分　122

陸軍官校學生自傳　128

移民美國　131

年金改革之我見～十年河東十年河西　133

烽火奇蹟，小小的世界。　134

一碗飯一世情　135

第九章　出版《回憶錄》及《錫輝文集》　137

出版《大變動時代的滄海一粟 劉錫輝回憶錄》　137

老兵回憶錄　記錄大時代小故事／記者李榮　138

滄海一粟的餘波盪漾　140

再次向蔡政府陳情　144

寧為太平犬莫作亂世人　145

嘆人不如狗　國軍老兵：誰還我公道／記者李榮　146

以文會友　148

胡璉兵團與歷史正義　150

戰爭撕裂族群　不死老兵追尋正義／記者江禹嬋　155

悲憤中自我療癒　台老兵：坦然放下／記者江禹嬋　158

抓伕：未曾出現的道歉／曾建元　160

我的坎坷返鄉路　164

無語問蒼天　166

第十章　兩岸關係與轉型正義　169

轉型正義的缺角，古寧頭戰場上的亂葬崗　169

我的迷惘　172

為何而戰？為誰而戰？　174

匪諜之女獲平反，我父遭國民黨軍殘殺得不到道歉　180

我爸只是碎念一下……國民黨軍卻槍殺他　182

投書：國共內戰時掠奪糧食、殘殺平民，國軍至今不用受促轉？　183

兩岸關係現狀是通緝犯的天堂　185

兩岸關係與轉型正義──兼向彭蔭剛先生進言　186

第十一章　從荒謬的年代到弔詭的年代　192

　從荒謬的年代到弔詭的年代　192

　國民黨附隨組織？不知「為誰而戰」的國軍　194

　令人驚駭的將軍謬論　197

　老兵心聲：回不了家？認同哪裡就是家　201

　死難冤魂未波，倖存悲憤難平　203

　聲討網上酸民的霸凌　206

　悼念先父受難70周年　209

　〈國共內戰後期撤臺國軍拉伕行為之法律評價〉讀後感　211

第十二章　金門島兩次戰役拾遺　213

　金門島兩次戰役拾遺（上）　213

　金門島兩次戰役拾遺（下）　216

　重返金門島　追憶戰地時光　219

　古寧頭戰役回憶　232

　見證古寧頭戰役70周年　235

　古寧頭戰役70周年　老兵憶殘酷烽火／記者李榮　247

第十三章　夠了就是夠了　249

　「二二八」過了七十三年之後　249

　夠了就是夠了　254

編後語　256

附錄：國共內戰後期撤臺國軍拉伕行為之法律評價／曾建元、吳靖媛　258

▌ 前言

本書是中華民國軍隊的部分剪影，它是近七十年來的一連串小故事。1949
年胡璉部隊從江西成軍，一路敗退經廣東省抵達金門島，參加古寧頭戰役，扭
轉敗退頹勢獲得勝利，從此兩岸分治。黃埔軍校鳳山復校，重新訓練基層幹
部。整編部隊，擴充砲兵部隊，奠定金門島八二三砲戰之勝利基礎。國防部成
立中山科學研究院，提升國防科技能力、建立自主國防工業。因應中美外交關
係轉變及上海八一七公報，中科院自力研發飛彈。劉錫輝的個人經歷，從1949
年起適逢其境，參與了並見證了這個時代的小故事。

1949年第十二兵團胡璉部隊敗退經過筆者老家時，用手榴彈丟入池塘炸
魚，筆者父親劉展文只是口頭抗議，竟當場慘遭槍殺。此事因為在2013年偶遇
馬忠良教授，鼓勵出版回憶錄而公開，已經結疤的傷痕再度被打開，傷痛不
已，乃於2014年將事件發生經過向馬英九總統陳情，要求政府向我家族表達歉
意，撫平傷痕。此事由總統府轉給行政院交辦，雖然內政部表示可以依照《國
軍軍事勤務致人民傷亡條例》處理，國防部卻以該部為行政機關無法審認為由
推卸責任，真正是求助無門。因未能獲得政府的善意回應，乃寄希望於媒體，
將向總統府陳情經過的心路歷程，寫成〈滄海一粟的餘波盪漾〉在《臺灣商
報》刊出。

從2014年向總統府陳情開始，歷經兩屆政府，最後都是國防部以該部為行
政機關無法審認為由推卸責任。於此期間，透過搜查引擎，從網路系統獲得許
多古寧頭戰役、八二三砲戰的資料，參與討論。乃將陳情資料及在媒體所發表
的文章彙集成冊，以《錫輝文集　滄海一粟的餘波盪漾》作為書名，隱含回憶
錄續集之意。期待滄海一粟的餘波不再盪漾，從此平靜無波！

2018年行政院設立促進轉型正義委員會後的諸多措施，加深筆者遭受不公
不義的感受，乃再度在媒體發出〈為何而戰？為誰而戰？〉及〈匪諜之女獲平

反，我父遭國民黨軍殘殺得不到道歉〉等篇的不平之鳴。

究其原因，實為國家定位問題。中華民國政府違背憲法訂立《國軍軍事勤務致人民傷亡損害補償條例》，排除胡璉部隊抵達金門島之前，殘殺中華民國平民的罪責，國軍的榮譽損失無法彌補，中華民國歷史何以自處？

近70年來，中華民國歷史三部曲是：「中華民國到台灣」，「中華民國在台灣」，「中華民國是台灣」；劉錫輝的人生旅途的足跡是：「從荒謬的年代到弔詭的年代」。人生旅途中很榮幸的遇到了6個奇蹟一樣的小故事：

1. 馬忠良教授成為良師益友的故事：指引出版《劉錫輝回憶錄》及《錫輝文集》的明燈。（序一、序二）。

2. 以文會友認識曾建元教授的故事：協助筆者在媒體發聲的良師益友，出版本書的推手。（序三）。

3. 周辛南醫生和筆者的糾葛：周辛南醫生是筆者的救命恩人，同時也是違反公務人員服務法，不批准筆者妻子產假反而解僱的醫院主管。周辛南任軍醫署長時因貪污罪去職，成為偵探小說翻譯作家。（第四章「創傷症候群」及第八章「父母子女的緣分」）。

4. 烽火奇蹟之一：國軍違紀派遣士兵建造團長眷舍違章建築，筆者因訪友而巧遇堂叔劉森茂的故事。（第八章「烽火奇蹟，小小的世界」）。

5. 烽火奇蹟之二：巧遇同村長輩劉光漢的故事。（第八章「一碗飯一世情」。

6. 網路奇緣和網友威武士官隊員聚會的故事：「時光隧道七十年，橫跨半個地球，網路彈指一瞬間。」（第三章陸軍第十四師的組成和解散）。

1949年代的中華民國是荒謬的年代，經歷70年來的轉化，由於國家定位困難，成為國際上的「孤兒」，變成為弔詭的年代。國際關係上中華民國失去政治地位，國民出國旅遊，護照常被誤認為中華人民共和國，於是中華民國護照出現舉世無雙的封面：中華民國台灣（Republic of China Taiwan）。

　　曾建元教授和研究生吳靖媛的論文《國共內戰後期撤臺國軍拉伕行為之法律評價》：其中之案例舉隅：「一、大時代下的滄海一粟——劉錫輝；二、流離記憶——姜思章；三、浮萍歸根——應小娘；四、劫後餘生——管恩然；五、外省人的二二八——澎湖七一三事件。」是「中華民國到台灣」的荒謬時期。每個案例都是駭人聽聞之事，其中甚至於「血跡斑斑」，比擬為「外省人的二二八」，足以顯示出其為重大悲劇。

　　澎湖七一三強行徵兵事件，馬忠良教授即為其中遭到強徵之一員，其事蹟盡在《從二等兵到教授——馬忠良回憶錄》一書之中。王文燮上將、李楨林上將亦是澎湖七一三強行徵兵事件中被強徵之一員，畢生青春從此奉獻給的國家，是「中華民國在臺灣」。

　　民進黨政府訂立《促進轉型正義條例》，強調「二二八事件」及白色恐怖，轉型為「中華民國是台灣」。

　　在案例舉隅第一部分，大時代下的滄海一粟——劉錫輝；對筆者先父劉展文受難及筆者被抓兵的時代背景，提出詳細說明及文獻佐證；在法理探討部分，對《國軍軍事勤務致人民傷亡損害補償條例》及《促進轉型正義條例》的精闢見解，是基於「中華民國是台灣」作為法理基礎，國家定位不明下所衍生的結果。

　　國共內戰後期撤臺國軍拉伕行為，是無法無天之行為。曾建元教授和研究生吳靖媛的論文法律評價，恐怕只是學術研討，難被政府接受執行。筆者除了表達感謝之外，還是感謝。不敢抱任何期待，以免再次失望而傷感。

　　有關轉型正義對胡璉部隊殘殺先父劉展文的適用性探討：先父沒有犯罪亦沒被判刑，先父生前是中華民國公民，在中華民國政府的統治之下，遭遇到中華民國軍隊違法亂紀濫殺，是中華民國的軍隊需要轉型正義的究責。國家立法機關竟鑽法律空隙，實不足為訓。

　　國共內戰期間，國軍為了補充兵員，而有過拉壯丁、拉伕的作為，即在違反當事人自由意願的情況下，強制男子從軍，強制的手段，甚至包括殺人、放火，以使當事人心生恐懼而不得不服從。

　　這些被國軍以違背個人自由意志的方式拉伕抓兵而來的軍人，在內戰期間很可能就成了砲灰，倖存者也從此與在中國大陸的家人天涯一方，甚至天人永

隔。臺灣開放老兵探親，許多老兵發現，因為中華人民共和國指控其1949年前加入國軍，而對其家人展開政治迫害，田產家園盡皆沒收，讓老兵根本找不到回家的路。

歷史的弔詭，在於戰爭倖存者最終在臺灣得以安享晚年，上帝事實上補償了他們個人的犧牲，而在某種程度上，反而還得到故鄉親友的羨慕，但我們要問，這樣就能夠豁免國家的罪行或責任嗎？而那些未能挺過戰爭而犧牲的人，誰補償了他們？

曾建元教授和研究生吳靖媛的論文《國共內戰後期撤臺國軍拉伕行為之法律評價》，是「從荒謬的年代到弔詭的年代」的最佳寫照。

第一章
金門古寧頭戰役前後

胡璉兵團重組及增援防守金門

　　1945年抗戰勝利後，國民政府與中國共產黨因為爭取接收權而導致的內戰再度爆發，美國總統杜魯門（Harry S. Truman）派遣馬歇爾（George Catlett Marshall, Jr.）前來中國調停，最後任務失敗。第二次國共內戰全面展開。1948年5月蔣中正就任中華民國總統，國軍與人民解放軍之間的戰爭，國軍節節敗退。1948年底國軍第十二兵團在雙堆集全軍覆沒，司令官黃維將軍被俘，副司令官胡璉將軍乘戰車突圍逃出。1949年5月，第十二兵團在江西省恢復編制，胡璉隨即升任司令官，轄三個軍九個師，有官無兵，得江西省主席支持，徵兵八千員。稍後奉國防部令縮編成二個軍六個師，參與戰鬥行列。

　　依據胡璉《泛述古寧頭之戰》敘述：

> 「……本部此時最大的困難為被服缺乏，械彈無著，新集之兵，尚未訓練，逃散回鄉，不無可應。乃以六十七軍與第十軍合編為第十軍，劉廉一任軍長，轄十八師師長尹俊，六十七師師長何世統，七十五師師長王靖之，另兩個獨立團。第十八軍軍長高魁元，轄第十一師師長劉鼎漢（在浙南），第十四師師長羅錫疇，第一一八師師長李樹蘭。再三籌思，以目前兩軍，僅十八、一一八及七十五等三個師，尚可維持其軍隊形態。其他皆係烏合，實難應戰。……」

　　當時軍事局勢急轉直下，遂從江西省敗退往廣東省轉移。1949年9月7日前後，胡璉兵團高魁元第十八軍李樹蘭第一一八師（洪都支隊）行經劉錫輝老家

廣東省興寧縣水口鎮石塘村永祥第，為了搶他家水塘的魚吃，用手榴彈丟入池塘炸魚，他的父親劉展文出聲反對，慘遭槍殺。十天後，第十八軍羅錫疇第十四師（武夷支隊）廖先鴻第四十一團又來到他家，把劉錫輝和他四個堂叔強行押走，強迫參軍。

胡璉兵團在廣東省潮汕地區集結的時候，10月13日，第十八軍軍長高魁元率第一一八師奉命支援防守金門島，歸第二十二兵團司令官李良榮指揮。不久在臺灣之東南軍政長官公署，正式明令第十二兵團歸其指揮，並即乘船向舟山群島增援。第六十七軍劉廉一部為第一船團，即向舟山航行，兵團部率第十九軍劉雲瀚部為第二船團，繼續發航，為時當在18日以後。胡璉則逕去臺灣，面請指示。東南軍政長官公署，對舟山群島已有重新部署，郭懺將軍受命為前進指揮所主任，統轄原駐舟山之七十五軍、八十七軍及胡璉兵團。復命胡璉以兵團司令官及福建省主席名義率領所部十八、十九兩軍，接任金門防務，湯恩伯及李良榮兩將軍調回臺灣。正在海峽中行進之第二船團，已令駛赴金門。並派東南軍政長官公署副長官羅卓英將軍同去防地，佈達命令，監督交接。

胡璉將軍在《泛述古寧頭之戰》文獻中敘述：胡璉受命接替湯恩伯將軍防守金門島的任務後，10月24日夜，由基隆登上運送軍品之民裕輪，前往金門，10月25日黃昏，民裕輪抵達金門南之料羅灣，兵團部派員以L.S.T來駁接彼等上岸。但因風浪，兩船無法靠攏，而民裕輪船長又因水道不熟，不敢夜航，泊停海中，時聞炮聲，卻不知岸上已發生戰事。26日晨，啟碇前往大、小金門間之水頭，十時到達。湯總部總務處長來接，始悉共軍已登陸，昨且激戰整日。未及交接即參與古寧頭戰爭清理戰場。

27日上午，東南軍政長官陳誠飛臨金門，曾親至戰地視察，《旺報》〈兩岸史話〉專欄〈金門島兩次戰役拾遺〉，刊出資料照片顯示：湯恩伯將軍陪同陳誠視察前線。歸時途次132高地，突由深壕密草中竄出百餘人槍整齊之共軍，旋即伏降。此應為真正之戰事結束，乃下午4時餘也。

綜合所有資料，總結金門島古寧頭戰役，始於24日深夜，結束於27日下午。胡璉自承10月25晚上，船泊停海中，時聞炮聲，卻不知岸上已發生戰事。26日上午10時到達水頭，湯總部總務處長來接，始悉共軍已登陸，昨且激戰整日。雖然26日下午，他自承防務責任尚未正式交接，即加入戰場下達命令，實

際上，那時戰爭已近尾聲，僅是清理殘局。

古寧頭戰爭勝利，從此造成兩岸分治狀態，有關戰爭記錄，坊間書籍眾多。這場扭轉歷史的戰役，真相究竟如何？只能從後來的資料中檢視。但是，胡璉《泛述古寧頭之戰》文中竟說：「國防部史政局，以前印行之『金門戰役』與『古寧頭殲滅戰』等書，及三民書局出版之部定『現代史』中，所記有關事項，與事實頗有出入。」究竟出入何在？何者為真呢？

依據維基百科：1949年8月，湯恩伯任福建省政府主席兼廈門警備司令。10月16日，解放軍占領廈門後，湯恩伯將總部移到金門。10月22日午間，蔣介石急電駐守金門陣地之湯恩伯，告以：「金門不能再失，必須就地督戰，負責盡職，不能請辭易將。」湯恩伯遂督導李良榮第22兵團，在胡璉第12兵團部分抵金門後，渡海進攻金門的解放軍全數陣亡、被俘，是為古寧頭戰役。

1953年湯任駐日本軍事代表團團長，但數月後被免職，後經友人協助，遷居東京。1954年於日本慶應大學病院治療胃疾時併發症逝世。蔣介石得知湯恩伯死了，反應冷淡，只說了一句：「死了也好。」閱後感到「毛骨悚然！」基於「不容青史盡成灰」的立場，請歷史學者查證史料，還給湯恩伯將軍公道！

艱苦過往盡在笑談中

前退除役輔導會副主委趙域中將（1949年任十四師警衛連少尉排長）古寧頭戰役60週年紀念口述歷史《艱苦過往盡在笑談中》摘錄如下：

> 「……有些兵在汕頭上船的時候連軍服都還沒穿上哩，還穿著便衣。……部隊下船之後，就有人帶著我們行軍，也不知道要往哪去，大家根本不知道金門是個什麼樣的地方，也搞不清楚。這兵在船上很餓，到了金門下了船之後，一眼望去都是地瓜田、黃土地、茅草，很荒涼啊！兵下船後一面行軍，一面跑到地瓜田耙地瓜吃，那時候要維持軍紀啊，把兵拉回來不准挖地瓜吃，真是很可憐，連挖個地瓜吃都不准。一直行軍到了竹山，從料羅走到竹山很遠哩，一個在西南角一個在東北角。到了那裡伙夫就埋鍋造飯，弄個行軍鍋支起來煮飯吃，飯剛吃完之

後，在老百姓家下了塊門板放在地上睡覺，這是排長才特別優待給你下了塊門板哩，那兵都躺在地上直接睡。下了塊門板才剛躺下，這砲聲就開始響了，師部來了通知：『師長要到前方去，你帶著你這個排跟著師長走。』……後來我們師部就到了132高地，軍長他們那時候都已經到了132高地，兩個軍長在那裡，一個是18軍軍長高魁元，一個是19軍軍長劉雲瀚。132高地對面就是古寧頭了，後來42團，也就是李光前的團，他就是在林厝陣亡的…我們師長叫羅錫疇，羅錫疇用有線電話跟李光前通話：『你們團進展很慢啊，怎麼還上不去。』李光前30歲不到當團長，壓力很大，他不服這氣，就帶著衝，就陣亡了。這大概是我們14師的狀況。……」

（註：筆者當時為14師41團的新兵）

　　第十二兵團的官員，對古寧頭戰役難免會誇大自己的戰功。**金門古寧頭戰役（二）**-Youtube，戴鍔將軍在影片中談到的戰果是否真實？戴將軍當時是四十一團第三連連長，他連上很多人都是筆者的同鄉，沒有聽說他們上戰場打仗，都是打完仗參加清理戰場。筆者是四十一團第四連。胡璉《泛述古寧頭之戰》文中指出，四十一團團長廖先鴻失去聯絡，否則，四十一團的下場如何？四十二團李光前代理團長，兵都是他抓的，許多兵未穿軍服，怎麼樣用槍都沒有學過，何況上戰場拼鬥。忠烈祠李光前烈士影片，拍攝的士兵軍服整齊，絕對是拍攝影片所作的化妝，尊重死者，不多評論。（參照趙域中將《艱苦過往盡付笑談中》所述十四師在金門下船時之狀況，趕赴戰場是何處都不知道？趙域當時是排長跟著師長羅錫疇趕赴現場。）

參考資料：

1. 胡璉《泛述古寧頭之戰》《傳記文學》雜誌總第186-187號（1977年）。
2. 曾建元、吳靖媛《國共內戰後期撤臺國軍拉伕行為之法律評價》。
3. 趙域〈艱苦過往盡付笑談中〉古寧頭戰役60周年紀念口述歷史。
4. 維基百科：湯恩伯（1900年9月-1954年6月29日）。

被迫從軍

　　筆者原名劉錫光，民國21年農曆3月23日，出生於廣東省興寧縣水口墟石塘村。1949年8月間，共產黨人佔領縣政府，改換旗幟。9月初（農曆閏七月），胡璉部隊由江西省敗退向廣東省轉移，胡璉稱之為「且練且戰蕩平叛亂」，實際上並無戰爭，只是扛著大旗招搖過市，像玩「貓捉老鼠」遊戲，你走我來，乘機奪取糧食，到處抓兵擴充部隊。有兩批穿著國軍服裝的人員，經過筆者的老家。第一批扛著「洪都支隊」旗號，從遠處大搖大擺的走來，聽說要抓壯丁，媽媽叫我帶著二弟到外婆家中躲一下。第二天，就聽舅舅說，軍隊在我老家門口魚塘，天擲手榴彈炸魚，我的父親口頭表示不滿，竟當場慘遭槍殺。舅舅不讓我和弟弟回家，只知道爸爸的遺體，由思錦叔公等幫忙，草草的埋葬了。過了幾天，「洪都支隊」走了後，才敢回家。無可奈何的走到埋葬爸爸的地點跪拜，欲哭無淚。那時候，媽媽有身孕，挺著大肚子，家中事務，原本由爸爸媽媽主持，突然遭此橫禍，一家人都不知道該怎麼辦才好。接下來第二批扛著「武夷支隊」旗號的兵又來了，這次我被抓到了，形同失去知覺的人，在槍兵威脅之下，隨著一起被抓的四位堂叔，在我曾經就讀的水口第三中學集結，有簡單的三餐供應，要自備碗筷，在三中短暫停留期間，未曾再見媽媽一次面，僅由叔婆帶來一些衣服，並從叔婆口中得知媽媽的悲痛情形。如今相隔數十年，一想到了這些就會潸然淚下。

　　同一批被抓的人約300位，在我曾經就讀的中學集結，幾天後的半夜，被趕上「興華客運」車到了湯坑，再走路到揭陽地區，編成「新兵大隊」三個中隊，每個中隊約一百人，下分三個區隊，中隊長、指導員、各區隊長是穿制服的軍官，在學校中集結，有簡單的三餐供應，白天在操場集合排隊走路，有時由指導員教唱歌，夜晚在教室地面舖上稻草和衣而臥。門前有穿制服的士兵看守，逃走被抓回來的人當眾毆打。隨著撤退的部隊，離開揭陽、潮州往汕頭移動的情形是，一批人穿著各形各色的衣服，腰間帶著自用的碗筷，肩揹著米袋條，由老兵押著，像軍隊？還是像俘虜？沿途走走停停到汕頭，關在碼頭上暗無天日的倉庫裡，幾天後上船出海，據說原先準備開往舟山群島，在海上「漫

遊七天六夜」之後，到達金門。

我所參加的古寧頭戰爭

　　1949年10月，隨著「新兵大隊」由廣東汕頭乘船出海，因為暈船，一出海就不知日夜的躺在底艙鐵板上。艙的角落、周邊，都是便溺和嘔吐物。艙內空氣污濁，人擠著人，簡直無法動彈。據說在海上過了七天，傍晚到達一個沙灘登岸。隨著眾人下了船，在沙灘上休息。炊事人員快速的煮了一鍋稀飯，每人分得一碗。那真是記憶中很難忘記的一頓晚餐。在船上因為暈船，躺在底艙鐵板上無法動彈，不知日夜，完全未進飯食，僅由同行的堂叔給點飲水，身體疲乏不堪。吃完那碗稀飯，才能勉強的可以和大家一起走路。途中休息時，很多人到路旁邊田地中拔蕃薯吃。有個同鄉好心的給了我一顆，沒有水可以洗，擦掉泥土就吃，真好吃！

　　天黑後抵達一個小村莊，在民房旁邊和衣躺下，不知道自己身在何處。睡夢中忽然聽到槍聲大作，有人說打仗了。但是戰場似乎離得很遠，用不著擔心，實在太困乏了，照睡不誤。第二天，空中可以看到飛機，區隊長命各班長送來軍服，要我們脫掉從家裡穿著來的衣服，換穿軍服。我們這批同鄉就被編入部隊，番號為陸軍第十四師第四十一團。以前的臨時編組第一、二、三中隊，依次編入第一、二、三營。我被編入第二營第四連，立刻由班長帶領清理戰場，只見到遍野的屍體，就地掩埋了事。那年我才十七歲，一個月前，父親才被軍紀敗壞的部隊殘殺，心中的悲痛猶存，驚駭的程度，實在難以用文字表達。後來才知道穿上軍服那天就是10月25日金門古寧頭大捷的一天。古寧頭戰爭後在金門的一段日子，白天構築碉堡和戰壕，晚上還要站兩個小時的衛兵，非常辛苦。後來部隊調到小金門島，海防碉堡做好之後，生活上較有規律，我的體格亦較以前強壯一些。然而在此期間，我卻患著嚴重的思鄉症，想起家中可憐的母親及年幼的弟弟、妹妹，感傷家庭破碎，有時候徹夜難眠。那時候部隊開始有軍郵系統，遂透過在香港某紡織公司工作的初中同學謝治華和家中取得聯繫，得悉母親和弟妹們都平安，心裡才稍微好過一些。可是沒多久，謝治華來信表示，他的公司不允許他繼續和我通信，於是就和家中失去連絡了。

誰指揮古寧頭大捷　還湯恩伯將軍公道

編者按：古寧頭戰役戰場指揮官是誰？以打籃球賽事作譬喻，
上半場教練為湯恩伯將軍，下半場教練為胡璉將軍，而且上半
場已經穩操勝券，對方已經彈盡援絕，下半場不是轉敗為勝，
只是割稻尾收成而已。然而令人覺得納悶，無法理解的是，
為何論功行賞時，只見胡璉將軍單獨上台領獎，不見湯恩伯將
軍呢？

既然稱為10月25日古寧頭大捷，誰是那天的戰場指揮官？答案是湯恩伯將軍！

　　那場戰爭的年代已經久遠，早已遙遠的離開了世人的視野，甚至於遺忘。
也許是為了某些原因，金門縣政府倒是希望旅人們，記得那時候發生過的事，
那場戰爭的60周年紀念，拍了《金門歷史風雲──古寧頭戰役》影片，國防部
還舉行了古寧頭戰役60周年紀念特展。

誰才是戰場指揮官

　　2014年12月5日，北美《世界日報》有篇新聞，報導當年那批進犯金門島
的共軍遺屬，抵達金門島憑弔先人。筆者因為參與了那場戰爭，後來又參與了
1958年八二三炮戰，對這則新聞引起了無限感慨，因而撰寫〈金門島兩次戰役
拾遺〉，由旺旺中時媒體集團《旺報》〈兩岸史話〉專欄，於2015年1月16、1
月17兩天刊出。

　　2015年1月7日北美《世界日報》刊出〈登陸金門島的前後〉，作者唯唯女
士在第一段描述：

　　「民國37年，1949年10月25日，中華人民共和國成立第25天。」

「金門的古寧頭突然被炮火轟擊，持續3天3夜，黑夜被炮火映成白晝。與此同時，如同電影一般，解放軍28軍3個團一共9千勇猛的登陸作戰官兵，閃電般進攻金門，強行登陸，結果被全部殲滅，葬身於兩扇門之間的海峽中。台灣人稱之為『古寧頭大捷』。」

這篇文章不是歷史記載，不必太認真，但時間不能錯亂，它牽涉到湯恩伯將軍的榮譽，「軍人的榮譽勝於他的生命」。翻查史料，進犯金門島的共軍後代劉亞洲——〈金門戰役檢討〉中第一段敘述：

「1949年10月24日，新中國成立的第24天，人民解放軍28軍下屬3個團共9千餘人渡海進攻金門，發起『金門戰役』，在島上苦戰三晝夜，因後援不繼，全軍覆滅，是解放軍成軍以來唯一一次徹底的敗仗。」

本篇討論的重點是：既然稱為10月25日古寧頭大捷，誰是那天的戰場指揮官？答案是湯恩伯將軍！證明就在胡璉將軍自撰的《泛述古寧頭之戰》文獻中。

胡璉將軍在《泛述古寧頭之戰》文獻中敘述：胡璉受命接替湯恩伯將軍防守金門島的任務後，10月24日夜，由基隆登上運送軍品之民裕輪，前往金門，10月25日黃昏，民裕輪抵達金門南之料羅灣，兵團部派員以L.S.T來駁接彼等上岸。但因風浪，兩船無法靠攏，而民裕輪船長又因水道不熟，不敢夜航，泊停海中，時聞炮聲，卻不知岸上已發生戰事。26日晨，啟碇前往大、小金門間之水頭，10時到達。湯總部總務處長來接，始悉共軍已登陸，昨且激戰整日。

27日上午，東南軍政長官陳誠飛臨金門，曾親至戰地視察，《旺報》〈兩岸史話〉專欄〈金門島兩次戰役拾遺〉，刊出資料照片顯示：湯恩伯將軍陪同陳誠視察前線。歸時途次132高地，突由深壕密草中竄出百餘人槍整齊之共軍，旋即伏降。此應為真正之戰事結束，乃下午4時餘也。

綜合所有資料，總結金門島古寧頭戰役，始於24日深夜，結束於27日下午。請讀者留意：胡璉自承10月25晚上，船泊停海中，時聞炮聲，卻不知岸上已發生戰事。26日上午10時到達水頭，湯總部總務處長來接，始悉共軍已登

陸，昨且激戰整日。雖然26日下午，他自承防務責任尚未正式交接，即加入戰場下達命令，實際上，那時戰爭已近尾聲，僅是清理殘局。

我有話要說：金門島古寧頭大捷，請還給湯恩伯將軍公道。

胡璉自述：
出使越南任滿回國以後，致力於研讀典籍，且對往事深切省察。又鑑於國防部史政局，以前印行之《金門戰役》與《古寧頭殲滅戰》等書，及三民書局出版之部定《現代史》中，所記有關事項，與事實頗有出入。

但究竟出入何在？卻又諱莫如深。

出入何在諱莫如深

　　依據維基百科：1949年8月，湯恩伯任福建省政府主席兼廈門警備司令。10月16日，解放軍占領廈門後，湯恩伯將總部移到金門。10月22日午間，蔣介石急電駐守金門陣地之湯恩伯，告以：「金門不能再失，必須就地督戰，負責盡職，不能請辭易將。」湯恩伯遂督導李良榮第22兵團，在胡璉第12兵團部分抵金門後，渡海進攻金門的解放軍全數陣亡、被俘，是為古寧頭戰役。

　　1953年湯任駐日本軍事代表團團長，但數月後被免職，後經友人協助，遷居東京。1954年於日本慶應大學病院治療胃疾時併發症逝世。蔣介石得知湯恩伯死了，反應冷淡，只說了一句：「死了也好。」閱後感到「毛骨悚然！」基於「不容青史盡成灰」的立場，請歷史學者查證史料，還給湯恩伯將軍公道！

（刊登於《旺報》2015年02月08日）

（《旺報》刊出照片因著作權未能轉載）

參考資料：

1. 作者唯唯〈登陸金門島的前後〉，2015年1月7日北美《世界日報》。
2. 胡璉《泛述古寧頭之戰》《傳記文學》雜誌總第186-187號（1977年）。
3. 劉亞洲〈金門戰役檢討〉2014年08月23日。
4. 維基百科：湯恩伯將軍（1900年9月-1954年6月29日）。
5. 趙域《艱苦過往盡在笑談中》參戰官兵口述歷史—征戰人物專訪。古寧頭戰役60週年紀念口述歷史。
6. 劉錫輝〈金門島兩次戰役拾遺〉《旺報》2015年01月15日。

紀念古寧頭大捷　還湯恩伯將軍榮耀、還老兵公道。

那場古寧頭戰爭的年代已經久遠，早已遙遠的離開了世人的視野，甚至於遺忘。際此「古寧頭大捷」67週年紀念即將來臨，希望能夠揭開「門神」的面紗，還原歷史真相，還給湯恩伯將軍應該得到的榮耀。「湯冠胡戴」已經67年，應該是將歷史真相大白的時候了。

《旺報》2016年8月刊出曾建元副教授《兩岸史話～忠義護國的胡璉》，推崇胡璉將軍對國家的貢獻，全文隱惡揚善，乃屬人之常情，無可厚非。但既然以兩岸史話呈現，其中有些不足之處，甚至於不符史實之處，則屬可討論之範圍。筆者曾經兩度在胡璉將軍麾下服務，參照胡璉將軍《泛述古寧頭之戰》為本，就個人所知，提出來討論。

勝者為王敗者為寇，這句話是話中有話，意即「為王、為寇」本質上並無不同，唯「勝、敗」之差而已。古寧頭之戰，胡璉變成了「金門王」，有「功」亦有「過」，必須說清楚講明白，才可稱作「史話」。尤其是最近「老兵」被罵為「中國難民」，這些「老兵」有很多是胡璉兵團非法抓來的。始作俑者早已離開塵世，是非功過，一了百了。但是，傳誦者不可不知道歷史真相，以訛傳訛。

筆者老家在廣東省興寧縣鄉下，抗日戰爭所受損害遠不及胡璉部隊帶來

的災難。1949年8月間，共產黨份子佔領縣政府，不流血政變，改換旗幟。9月初，胡璉部隊由江西省向廣東省轉移，胡璉稱之為「且練且戰蕩平叛亂」，實際上並無戰爭，只是扛著大旗招搖過市，像玩「貓捉老鼠」遊戲，你走我來，乘機到處抓兵，奪取糧食，擴充部隊。

有兩批穿著國軍服裝的人員，經過筆者的老家。第一批扛著「洪都支隊」旗號，在我老家門口魚塘，丟擲手榴彈炸魚，我的父親口頭表示不滿，竟當場慘遭槍殺。那年我的父親41歲，草草處理完先父遺體，第二批扛著「武夷支隊」旗號的兵又來了，這次我沒有躲避掉，被抓到了。

全部被抓的人在水口中學集結，終於聚集成「烏合之眾」了，像一批「難民」，身揹米袋條，腰中攜帶自用碗筷，由老兵押著，一路走走停停，往潮州、汕頭移動，這就是胡璉稱為「潮、汕編訓」的實際狀況。大概一個月後到了汕頭，關在暗無天日的碼頭倉庫中，然後上船出海，在海上飄忽，不知道會駛向何方，七天後，終於在金門島登陸了。

當乘船到金門料羅灣駁運上岸時，適湯恩伯將軍巡視其地，正由我兵團參謀長楊維翰將軍陪同，湯對楊責備說：

> 「現在戰鬥如此激烈，前方急需部隊增援，應該先令戰鬥兵下船，為什麼讓民伕搶先？」楊答復說：「這是14師的部隊，因為尚未領到軍衣，所以仍穿民服。」

湯聽了大為詫異，覺得「形同乞丐，怎麼可以臨陣作戰？」（摘錄自胡璉《泛述古寧頭之戰》）

14師42團李光前團長，登岸後即率領所屬趕赴戰場，新兵怯戰，李團長只得身先士卒，帶頭衝鋒，壯烈殉國。筆者當時為14師41團的一員新兵，剛從乘船登岸，即趕赴戰場，連軍服都沒有穿，怎麼樣瞄準放槍都不知道，古寧頭之戰勝利了，這是我親身經歷的真相。台北忠烈祠網頁李光前烈士影片，軍容亮麗，絕對不符史實真相。旁白只說新兵怯戰，並未說明是李光前團長抓來的新兵怯戰。

胡璉將軍自述：

10月20日在台灣，受命接替湯恩伯將軍防守金門島……10月25日黃昏，乘民裕輪抵達金門料羅灣，……泊停海中，時聞炮聲，卻不知岸上已發生戰事。翌日十時到達。湯總部總務處長來接，始悉匪已登陸，昨且激戰整日，……湯將軍親迎羅副長官，態度更為樂觀，認為戰事已近尾聲。湯並翹起拇指，對我大聲稱讚說：「佩服！佩服！年初尚屬殘兵敗將，不滿萬人之破軍，才數月便能強大而又猛勇，變成一支大軍，佩服！佩服！」我以感激心情，連聲稱謝。

（摘錄自胡璉《泛述古寧頭之戰》）

　　此段文字確定胡璉在10月26日上午10點才抵達金門，參與「古寧頭戰爭」。兩位將軍見面時，湯恩伯說：「佩服！佩服！年初尚屬殘兵敗將，不滿萬人之破軍」是實情表達，「才數月便能強大而又猛勇，變成一支大軍，佩服！佩服！」則為場面話，無可厚非。否則的話，前面一段才出現湯司令官批評：「形同乞丐，怎麼可以臨陣作戰？」為何此處卻突然變成一支大軍了呢？

　　綜合簡述「古寧頭戰爭」，始於10月24日深夜，25日雙方激烈戰鬥，入夜後共軍幾乎全軍覆沒，勝負局面已定，26日清理戰場，27日上午9點戰爭結束，下午4點在草叢中雖然竄出共軍散兵多人，未戰即降。此「古寧頭戰爭」湯恩伯應居首功，胡璉在10月26日上午10點才參與戰爭，清理戰場，為何胡璉獨攬勝利成果？

　　曾教授記述為10月25日台灣光復節當天，胡璉於金門水頭登岸，指揮清理戰場，是為古寧頭大捷。此最關鍵的一日之差，歷史完全改觀，湯恩伯的作戰功勞被胡璉取而代之，獨攬勝利成果。際此古寧頭戰爭67週年紀念即將來臨，希望能夠還原歷史真相，還給湯恩伯將軍應該得到的榮耀。

　　至於那些被胡璉部隊強迫抓來的「新兵」，未經絲毫訓練，未穿軍服，形同乞丐，即被趕赴戰場，犧牲者成為「無名英雄」，倖存者變為無償「軍工」，修路、造林、築水庫，建設金門島，成就了胡璉的「一世英名」，這些無償「軍工」形同奴工，從何而來，為何而來，無人過問，許多人從此與父母一別即成永訣，多少幸福家庭遭受到破滅。金門島當地人享受建設成果之餘，稱胡璉為「恩主公」，可曾想到過那些「外勞」嗎？

　　後來「新兵」變成「老兵」，開闢橫貫公路、開墾海邊新生地，成為自食其力的「老芋仔」。最後……老兵逐漸凋零，終老他鄉！他們被迫走進這樣的「歷史」，毫無保留的奉獻了一生的青春歲月。始作俑者早已離開塵世，一了百了。受益的「台灣人」善待他們了嗎？怎麼還會有偏激份子辱罵「老兵」為「中國難民」的言行，真是豈有此理！

（刊登於2016年10月23日《風傳媒》）

參考資料：

1. 曾建元《兩岸史話～忠義護國的胡璉》《旺報》2016年8月刊出。

2. 胡璉將軍《泛述古寧頭之戰》《傳記文學》雜誌總第186-187號（1977年）。

3. 趙域《艱苦過往盡在笑談中》參戰官兵口述歷史　征戰人物專訪。古寧頭戰役60週年紀念口述歷史。

4. 維基百科：湯恩伯（1900年9月-1954年6月29日）。

▌第二章
▌陸軍軍官學校鳳山復校

黃埔軍校鳳山復校

陸軍總司令部於1993年6月16日出版《黃埔軍校鳳山復校》，概述1950年10月，陸軍軍官學校在台灣鳳山正式復校，羅友倫中將為校長。由原陸軍第四軍官訓練班為基礎，整編金門怒潮軍政學校，並招考二十四期學生，分別在台北、台中、台南、花蓮、金門等地區招考（當時陸軍十四師戍守小金門地區未公開資訊）經初試、複試後，錄取一千零一名。1952年春開始分區招考二十五期新生，3月間複試錄取新生1000餘名，包括海外僑生20餘名，及花蓮防空學校高砲學生（砲三隊）在內。舊制軍校的畢業生各期均約一千名，訓練期間兩年至兩年半。二十七期以後人數減少，改制為四年畢業。

軍官學校二十五期學生約1000名，編成兩個大隊，各轄四個中隊，每隊125名。兩年五個月訓練期間的教育訓練狀況，大致上區分為五個階段，依次為預備教育（二週）、入伍教育（六個月）、兵科綜合教育（八個月）；此後重編為步兵科三隊、騎兵科一隊、砲兵科二隊、工兵科一隊、通信兵科一隊、花蓮防空學校高砲學生（砲三隊）、進行分科軍官養成教育（一年）、及反共抗俄鬥爭教育（四週）。

1951年陸軍第十四師部隊從小金門再調回到大金門後，部隊已經比較上軌道，作息時間較為正常。除軍事訓練之外，利用幾乎無償的龐大新兵，從事建設金門島：從廣東省興寧縣「徵收」來的「興華客運」車，行駛在新建的中央公路上，車廂旁側的標誌都沒有改變；採集山上豐富的鋁礦，賣給台灣鋁業公司；擁有兩條商船經營金門香港之間航運。在金門城開設粵華合作社；發行限制金門專用的新台幣；專案賠償因初到金門島期間，為構築碉堡工事而被強拆

的民房損失；廣植樹木，修建水庫；當時規定軍中幹部要寫日記，排長識字不多，都是由我代筆，因此享受一點優待，可以免除一些雜務。聽說有保送軍官學校的機會，就到金門城買本高中升學指南自行研讀。那時金門島上有一種小型報紙《正氣中華報》在軍中發行。有一天刊登了軍官學校招生的消息，遂請求准許報考。承蒙營長李惠民先生同意我以高中同等學力資格報名，並出具保薦書。經過師部初試、金門區複試，當時並不敢抱什麼希望，考完仍然照常參加部隊做工。記不清楚是那一天，《正氣中華報》刊載一則消息，標題為金門區軍校招生錄取劉錫光等數十名將於日內赴台複試，真有點喜出望外，不敢相信。連長立即叫我不要再去做工了。接連幾天，長官召見，贈送旅費。同鄉們亦為我餞行，送我旅費。於1952年春，乘船到台灣高雄，再轉車到鳳山。再經過一次體格檢查及複試後，被正式錄取。從此進入另一階段的人生旅途。

　　我在金門服役的部隊，第十四師第四十一團，士兵大部分是廣東人，其中甚多是鄰近村莊的人。他們給我很多幫助，特別是妙松叔，他大我三歲，從小就帶著我上學。因為他入學較遲，而我入學較早，遂一直都是同班同學到初中畢業。後來他升高中，而我失學在家。他讀書比我用功。在部隊中，因為他字寫得好，被調到營部辦文書業務。他打籃球當選師代表隊隊員。那一年軍校招生，他和我一起報考，竟被以體檢不合格為理由，不准參加筆試。大家都知道原因何在，卻無可奈何！自從我到軍校後，他便以身體不好為理由，拒絕再參加籃球隊。第二年軍校二十六期招生時，他終於獲准報考並被錄取。因此我倆又在軍校再次同學，但是他卻低了一期。

　　1952年4月1日入學至1954年8月31日畢業，在軍校的兩年五個月中，生活很有規律，除了軍事學科、術科教育以外，尚有普通學科，相當於高中程度的物理、化學、數學、國文、英文等，並依照不同程度分班授課。在此期間，我很用功。入伍教育六個月、兵科綜合教育八個月、分科教育一年，反共抗俄教育一個月，期末都有測驗，無論軍事學科、術科，或普通學科，每次測驗成績都很好。畢業時獲全期一千多名同學中，總成績第一名，在畢業典禮中，蒙總統蔣中正親自頒發獎品，派克金筆一對，燙金封面精緻日記簿一冊。

　　（畢業後國防部任官時，劉錫光改名為劉錫輝。）

圖2-1　《黃埔週報》中華民國四十三年八月三十一日

（陳永麟同學提供）

圖2-2　陸軍軍官學校學生第二總隊第一大隊第一中隊歡送指導員左上尉臨別紀念照，攝於1953年4月13日。

（二十五期陳定中同學珍藏／提供）

《黃埔週報》中華民國四十三年八月三十一日

　　2014年在陸軍官校畢業60週年返校慶祝會時，蒙陳永麟同學惠贈他珍藏的《黃埔週報》影本，全期畢業總成績前三名畢業生的大頭照，帶給我榮譽象徵，令我非常感動。畢業後國防部任官時，受任官條例規範，劉錫光改名為劉錫輝。

　　照片中的隊職官及學生難以辨認出來，背景樓房是學生宿舍，二十五期學生此時是接受兵科綜合教育階段，陳定中和我同在第一中隊，此後重編進行分科軍官養成教育時，陳定中和我同在砲一隊。那時陸軍官校籌備預備軍官訓練班第　期，照片背景樓房改為預備軍官訓練班的學生宿舍，另外在大操場臨近步兵學校處新建鋁質材料屋頂及外牆的房屋作為二十五期學生宿舍。

　　此照片是2019年2月由陳定中將軍複製贈送。陳將軍是陸官二十五期砲一隊畢業生中的佼佼者，畢業離校時，大家都從少尉官階齊步出發，各奔前程。憑著各自努力及機遇，陳將軍終於出類拔萃。後來軍職外調，出任內政部役政司長八年期間，歷經六位前、後任內政部長，可以想見他的才華被重用的程度。

陸軍官校畢業六十周年慶祝大會巡禮

　　民國一百零三年八月二十九日，陸軍官校特別舉辦二十五期畢業六十周年返校慶祝大會，從上午九點開始，學校便派出交通車到高雄國軍英雄館及鳳山車站接運校友返校。從進入陸軍官校大門開始，就像是回到了六十二年以前。大操場的司令臺雄壯依舊，但操場旁邊的水溝則好像變小、變淺了，記得那裡曾經是可以清洗汗水的小溪流，晚餐後由值星官帶領，限時十分鐘跳入小溪洗戰鬥澡的記憶猶新。慶祝大會活動，從上午十點至下午三點，共有341位二十五期畢業校友及眷屬出席慶祝大會，邀請前退除役官兵輔導委員會主委許歷農將軍等人參加。先由司儀報告大會程序，行禮如儀，同學會長李楨林上將主持並致詞，陸軍官校校長劉得金少將致詞，許老將軍訓勉，致贈紀念品等。接下來由教育處簡報教育沿革及現況，參觀校史館及教育展示館，校園巡禮等動、

　　靜態活動，以體現慶祝大會的意涵。中午在大餐廳會餐，很豐盛的便當盒，據說就是學生們的膳食供給，與當年吃不飽的狀況，是不可相提並論的。

　　今年是黃埔軍校建校九十周年；亦是陸軍軍官學校二十五期同學畢業六十周年，校友會出版紀念特刊，這是延續上次畢業五十周年紀念，出版的兩大冊文選集及書畫集，經過十年之後的又一巨作。同樣是八開大小、精裝、彩印。特刊共512頁，圖文並茂，記錄同學們六十多年來的歲月留影，彌足珍貴，可以為歷史作見證，十分難得。

　　同學會長李楨林上將在特刊序言中，引述名言「老兵不死，只是逐漸凋零」。……不論社會價值如何紛亂，我們堅持信守知廉恥，別是非，負責任，重氣節的傳統價值，永不改變。

　　陸軍軍官學校二十五期同學畢業六十周年紀念特刊資料，畢業同學共1030位，起跑線都相同，獲授少尉官階，後來各奔前程，各人際遇不同，因緣際會，攻頂者計上將三位，中將十位，少將三十四位，上校以下沒有統計資料，中途改行的亦大有人在。現在和同學會保持連絡者約佔一半，另外一半為失去連絡者，其中包括往生者在內。筆者自公職退休後，移居美國加州，本已被列入失聯人口，去年返回台灣出版回憶錄，和較熟悉的同學們取得連絡，才從失去連絡者「另外一半」轉回到保持連絡者「這一半」。

　　這次能有幸參加返校巡禮，重溫同學的友情，回憶過往共同學習所凝聚的深刻情誼，值得懷念。馮麗東同學錄製一片返校巡禮DVD贈送參加的同學，非常有意義。同學們都已年歲高，當年身影，只能留在腦海裡，如今見面，反而是「似曾相識在夢中」。蒙陳永麟同學惠贈他珍藏的畢業時《黃埔週報》影本，看到全期畢業總成績前三名畢業生的大頭照，非常感動。畢業典禮時，陳永麟代表全體畢業生致答謝詞。國防部任官令，受任官條例規範，劉錫光改名為劉錫輝。

　　時代的巨輪在轉動，社會上對軍人的觀感已經改變許多。陸軍官校特別舉辦二十五期畢業六十周年紀念活動，將近四百位老、中、青參與，並沒有引起社會大眾的注目，八月三十日各大媒體除了《青年日報》有篇報導外，其他媒體幾乎不見片言隻字。《青年日報》記者阮正霖說：「這次慶祝活動是為了彰顯校友們對國家，國軍，與學校的貢獻與傳承。以凝聚黃埔之團結向心，並為

後繼之典範」等語。但衡諸其他各媒體的冷淡反應，恐怕只是自我感覺良好罷了。

　　《青年日報》屬軍方報刊，前身為《青年戰士報》，傳說許歷農將軍主管政治作戰時期，每天的社論都親自審核。至於為何要更改報刊名稱呢？依據郝柏村著《八年參謀總長日記》1984年10月9日記述：「《青年戰士報》為擴大海內外發行，降低軍報形象，決定於明日改稱《青年日報》，並以先總統蔣公親筆字跡為報頭。」

參考資料：

1 陸軍總司令部《黃埔軍校鳳山復校》民國82年6月16日。
2 陸軍軍官學校二十五期同學畢業六十周年紀念特刊民國103年8月31日。

圖2-3　陸軍官校畢業60週年慶，劉錫輝夫婦與同學會長李楨林上將（中）合影。

▌第三章
金門八二三砲戰

國軍整編

1954年部隊大整編，中華民國國軍在臺灣恢復軍團編制，編制如下：

第一軍團：

第1軍（原第50軍）：轄第58、27、26師。

第2軍（原第67軍）：轄第81、84、57師。

第3軍（原第87軍）：轄第9、10、32師。

第4軍（原第5、19軍併編）：轄第24、23、22、45師（駐金門）。

第二軍團：

第7軍（原第18軍）：轄第69、19、17師。

第8軍（原第52軍）：轄第68、34、33師。

第9軍（原第75軍）：轄第92、46、41師。

第10軍（原第80軍）：轄第49、51、93師。

（取自《維基百科全書》）

陸軍第十四師的組成和解散（1949～1954）

胡璉《泛述古寧頭之戰》自述：

「……5月13日，國防部命令本部恢復第十二兵團番號縮編為第十及第十八兩軍，迅即加入戰鬥序列。……再三籌思，以目前兩軍，僅十八、

一一八及七十五等三個師，尚可維持其軍隊形態。其他皆係烏合，實難應戰。……」。

前段文字說明，第十四師從江西撤退時係烏合之眾，途經廣東省時強迫平民當兵，被服缺乏，械彈無著，……胡璉自述：

「……當乘船到金門料羅灣駁運上岸時，適湯恩伯將軍巡視其地，正由我兵團參謀長楊維翰將軍陪同，湯對楊責備說：『現在戰鬥如此激烈，前方急需部隊增援，應該先令戰鬥兵下船，為什麼讓民伕搶先？』楊答覆說：『這是十四師的部隊，因為尚未領到軍衣，所以仍穿民服。』湯聽了大為詫異，覺得形同乞丐，怎麼可以臨陣作戰？

古寧頭之戰，國軍陣亡人員最高階級為十四師四十二團中校代理團長李光前，所率部隊多數是才抓來的新兵，毫無訓練，剛從乘船登岸，即趕上戰場，武器彈藥不足。據胡璉敘述，戰後祝察該團查詢情狀，其部下一班長說：

「……我第二營僅有輕機槍五挺，兩挺打不響，三挺不連放，團長乃奮身向前，衝入敵群，因而陣亡。……四十一團團長廖先鴻尚未能取得聯絡，該團已入古寧頭西已海邊。……」

筆者當兵的是四十一團，幸運的避開了正面作戰，只參加清理戰場。

1954年7月部隊整編，第十四師由金門島調回台灣，番號被取消了。原十四師四十團併入二十二師改為六十四團，四十一團併入二十三師改為六十七團，四十二團撥交第七軍改為搜索團。筆者於1952年春離開十四師四十一團進入陸軍官校，1954年8月軍校畢業後有十天假期，到宜蘭回老部隊去看堂叔，他們都留在原來的連，原來的排長仍在連上，邀我同桌吃飯，飯後老班長等和我聊天，談起當年在金門島海邊借住民房大廳打地鋪，我在稻草上躺下就呼呼呼大睡，班長溜進民房間內和民婦鬼混，第二天我們班上才會有海蚵加菜的黃色笑話。

時光隧道七十年，橫跨半個地球，網路彈指一瞬間。

七十年前，筆者從廣東省隨胡璉部隊十四師（武夷部隊）抵達金門，參加古寧頭戰役，……退休後移居美國，因為十四師這條紐帶，竟然透過臉書將素無淵源的網友湊在一起，真是奇蹟！

話說新竹關東橋曾經駐守威武部隊，有一批威武士官隊員，退役後很團結，常常聚會，向嘉慈對部隊的傳承及歷史感興趣，Google得知該部隊前身是武夷部隊，連結到一篇文章，敘述作者與武夷部隊的關係，居然由網路的神奇力量，串連起相隔萬里的兩位網友，結成年紀相差半百的忘年之交。

另外一個奇蹟：今（2019）年初在網路上，筆者收到不認識的網友（小彭）的信，他的爸爸逝世後，他才知道他的爸爸是隨十四師到金門、再到台灣，想要了解更多的資訊，在網上看到一篇〈卜爺爺的戰鬥人生〉提到十四師，因為我曾經在那篇文章留言，知道他的爸爸和我同一個師，小同鄉，要我提供資訊。這幾天和他在網上交流，被向嘉慈看到了，再次和我連絡後知道我日前返回台灣，於是有了這樣的機緣，和威武士官們相約於5月13日見面喝咖啡聊天，歡渡快樂時光。

2018年7月中旬，臉書上有位版主向嘉慈貼文：「還記得軍中樂園被拉伕的老士官長嗎？偶然看到這則新聞中真實主角類似的遭遇，歷史回歸歷史，事實回歸事實，經由老先生的口述，記取教訓教育後人，為何而戰？為誰而戰？為老共老蔣而戰嗎？軍人的天職是保衛國民，『不管任何理由』，不可做出傷害國民的事情。」緊接下面貼出一篇文章，《民報》2017年3月30日刊登的「胡璉兵團與歷史正義」。……稍後，筆者收到向嘉慈的信，於是發表〈轉型正義的缺角～古寧頭戰場上的亂葬崗〉。

參考資料：

1. 胡璉《泛述古寧頭之戰》《傳記文學》雜誌總第186-187號（1977年）。
2. 劉錫輝〈金門島兩次戰役拾遺〉《旺報》兩岸史話2015年01月15日。

圖3-1 照片左起向嘉慈，Bill Lu、筆者、乃穎分隊長。攝於 2019年5月13日。

（威武士官向嘉慈／提供）

3. 維基百科：湯恩伯（1900年9月-1954年6月29日）
4. 趙域《艱苦過往盡在笑談中》參戰官兵口述歷史─征戰人物專訪。古寧頭戰役60週年紀念口述歷史。
5. 劉亞洲所撰金門戰役檢討2014年8月23日。
6. 劉錫輝臉書2019年5月13日。

擴充砲兵部隊

　　1954年沒有人能夠預料到1958年會有「八二三砲戰」，但若是沒有1954年的部隊整編及擴充砲兵部隊，能否挺住「八二三砲戰」都會有疑問，拙文擬就官方史料不及記錄的事作一介紹。

　　「八二三砲戰」時享譽最高的俞大維先生，是中華民國第八任國防部長，1954年9月20日至1965年1月25日，為期長達十年，他不是國民黨籍，非黃埔軍校體系出身，歷任國防部長中，只有他是官階陸軍中將的唯一國防部長，但卻領導陸軍上將，非常獨特。1954年的部隊整編及擴充砲兵部隊，奠定「八二三砲戰」的勝利基礎，國防部長俞大維先生應該居功厥偉。

台南師管區砲兵第一團及砲兵第二團

　　1954年部隊整編，擴充砲兵部隊，各軍設砲兵指揮部，直轄四個砲兵營，當時缺乏砲科軍官，遂抽調大批陸軍官校24期步兵科畢業軍官，至砲兵學校接受初級軍官班訓練改敘砲科軍官；並且因為新建砲兵部隊缺乏兵員，破天荒的特別在台南二王地區新建營舍，成立台南師管區砲兵第一團及砲兵第二團，各團設三個營九個連負責管理補充兵，團本部除正、副團長及一般參謀外，編制非常特殊，另設總教官室，區分為觀測、射擊指揮、通信、砲操等組，配置教官、助教負責授課訓練，除正常薪資外比照砲兵學校享有教官（助教）加給，那時候軍人待遇菲薄，少尉月薪台幣110元、中尉130元、上尉150元，但是教官加給台幣200元、助教加給台幣120元，可見當時的不正常現象，也可以說明當時政府對擴充砲兵部隊的重視，不惜違反常規。教官來自各部隊或砲兵學校，助教則由陸軍官校25期畢業生授少尉官階，派60位至此新成立單位服務擔任助教。補充兵訓練三個月為一期，一年後，1955年擴充砲兵部隊任務完成，台南師管區砲兵第一團及砲兵第二團解散，助教改分派至各軍砲兵部隊。此時再加上陸軍官校26期畢業生分發至部隊，各軍擴充砲兵部隊，編制上官兵已經大致足額完成。

　　第三軍砲兵指揮部轄四個砲兵營，618、619營裝備105公厘口徑榴彈砲，620、621營裝備155公厘口徑榴彈砲。1955年9月，筆者由台南師管區砲兵第一團改派在619砲兵營第二連服務。第三軍砲兵指揮部各砲兵營經過日常操練及兩次火砲射擊訓練後，於1956年調住金門島擔負戍守任務，改稱為第八軍砲兵指揮部，郝柏村將軍擔任指揮官，各砲兵營番號不變。1957年9月，金防部為統一事權，將金防部砲兵組、第八軍六八八砲指部合編成為金門防衛司令部砲

兵指揮部，由軍砲兵指揮官郝柏村少將兼任，轄各砲兵營及600砲兵群。（郝柏村將軍於1958年8月7日調任第九師師長戍守小金門，金防部砲兵指揮官由王興詩少將接任）。

究竟有多少砲兵部隊參與「八二三砲戰」呢？大致上可以從1958年9月8日聯合報所發新聞找到一些線索，作戰有功人員中，以火力協調中心的火力協調官吳功才上校和砲兵600群指揮官嚴佛元上校二人功勳最高獲頒六等雲麾勳章，金防部砲兵指揮官王興詩少將尚居其次獲頒陸海空軍甲種二等獎章，筆者與有榮焉獲頒陸海空軍褒狀。砲戰開始後我各型重砲，陸續增援來金，防區砲兵火力大增。

1958年9月8日聯合報：

【中央社金門七日電】上月二十三日金門砲戰發生後，金門全體官兵沉著應戰，尤以我前線英勇砲丘發揮神勇，予匪猛烈反擊，獲致輝煌戰果，金門前線司令官為獎勵有特殊戰功之砲兵官兵，依戰時國防部陸總部授權適時頒發勳獎之規定，今日核定公佈以六等雲麾勳章兩座，各種獎章九十五座，頒發吳功才、王興詩等九十七人，並定期舉行正式頒授，茲誌全部名單如下：

（一）六等雲麾勳章：吳功才（火力協調中心火力協調官）、嚴佛元（砲兵六〇〇群指揮官）二人。

（二）陸海空軍甲種二等獎章：王興詩（金防部砲兵指揮官）、魯鳳三（砲兵六九二營營長）兩人。

（三）光華甲種二等獎章：劉沖虹、張冰西、趙克輝、盧光義（砲兵六一九營作戰官）等四人。

（四）忠貞獎章：孔猷德、鍾修富、劉飯德三人。

（五）干城甲種二等等獎章：陳帥（砲兵連長）、李正清、石玉璞等三人。

（六）干城乙種二等獎章：楊遂柱、魏鴻池、張福田、林志華、譚善迭、刊裔周、方烈雄等七人。

（七）陸光甲種獎章：張德雄、莊國華（砲兵六七〇營營長）、馮鑒

清、張調宗等四人。

（八）陸光乙種獎章：楊木林、李健祚二人。

（九）金甌甲種獎章：方學梅、滕繼武二人。

（十）虎賁甲種獎章：杜建嶼、杜宗基、凌劍雄、湯飯華、梁才康等五人。

（十一）虎賁乙種獎章：閔昭傑、王開錚、柳毓濱、屈君華、李欽、王紀倫、李華安、田長炎、楊春和（太武山觀測所觀測官）、黃書堂、戚嵩尤、雪振武、黃健、汪柱、吳嵩玉、宋圍崙、朱洪福、柳元琪、劉雲卿、李水山、劉俊輝、屬復龍、沈志英、林良才、藍金富、黃金雄、費家駒、吳安志、萬平、唐崑藩、朱恆清、陳正東、歐陽桂恆、潘盛珍、余德成、梅英、范肩莊、廖振祥、謝金城、胡大忠、張又新、方法占、陳傑輝、邱忠賢、王建久、彭琳、鍾範初等四十七人。

（十二）弼亮乙種獎章：程基光一員。

（十三）陸海空軍褒狀：彭寅初、馬良軍、林光前、杜嘉章、林春錦、材聲、郭啟文、陳阿南、鄭照別、郭浩宇、徐鑒光、劉錫輝、張椿聲、趙久青、梁德、熊連、龍友平等十七員。

（十四）干城乙種二等獎章：周志華一員。

註：47年9月8日報導資料為首先公布者，後來並未再由媒體公布。盧光義、潘盛珍、郭浩宇、徐鑒光、劉錫輝、張椿聲等六位為砲兵六一九營軍官。盧光義曾任砲兵六一九營第三連連長，是筆者直屬長官，他後來歷任軍中要職，以中將軍事情報局長退休。

參考資料：

1. 胡璉《泛述古寧頭之戰》《傳記文學》雜誌總第186-187號（1977年）。

2. 《維基百科全書》）國軍整編。

3. 聯合報、823砲戰數位典藏格47年9月8日。

八二三砲戰

　　1956年9月筆者在砲兵學校初級軍官班訓練結業前，原屬部隊已調往金門駐防。結業後即前往金門第六一九砲兵營歸建。郝柏村將軍擔任軍砲兵指揮部指揮官，第六一九砲兵營由郝將軍直接指揮。初期擔任第二連連附職務，負責在夜間對廈門和大磴島之間的橋樑建築工程進行不定時的干擾射擊。後來移防到洋山村，改任第三連連附職務，監督構築火砲水泥掩體。很特別的是，副連長董玉玲較有經驗，卻被派到建造「柏村國民小學」施工隊當隊長，連長盧光義調營部作戰官，據說與督導建造「柏村國民小學」有關。原勤務連連長周純久上尉調為第三連連長。

　　連上的火砲掩體由連長派我率領各班班長及得力士兵等人，到正在構築火砲水泥掩體的陣地去見學，沒有施工藍圖，只口頭講述要點。所幸各班長都很能幹，施工方法由他們直接學習，我只負責記錄火砲掩體尺寸。當時連上裝備為105公厘口徑榴彈砲，奉命準備更換裝備為155公厘口徑榴彈砲，參觀見學的就是155公厘口徑榴彈砲陣地，因此工作並不困難。

　　那時候，金門防衛司令部正在構築中央公路水泥路面，各師及軍砲兵部隊各負責建造一間「國民小學」，命名為「柏村國民小學」、「多年國民小學」…等。於是聽到一些「謠言」，說是國防部核定每門火砲掩體800包水泥，金防部扣掉400包，營部又扣200包，發到連上只有200包。是真是假，不得而知。連上四門火砲，共領回800包水泥則是事實。連指揮所，通信班掩體，還要從其中勻支運用。

　　火砲掩體構築完成後，副連長董玉玲上尉從「柏村國民小學施工隊」回到連上。他便督導各班士兵，挖掘地道，連結各砲掩體和指揮所，那種地道很窄小，只能讓一個人匍匐爬行。在砲戰很激烈的情況下，倒也發生過作用。

　　1958年8月23日傍晚，晚餐已經完畢，正在陣地附近活動。突然聽到砲彈爆炸聲，趕緊跑回指揮所。立即接到營部作戰官下達的反擊命令。前幾天已經分配過作戰任務，不用再重複，各砲就立即發射。砲戰初期，連上仍舊是105公厘口徑榴彈砲，陣地在靠近海邊的洋山村，射程只夠得上打到大磴島，對共

軍產生的威脅不大，所以沒有受到對方「重視」。可是，更換為155公厘口徑榴彈砲之後，就被對方「提高待遇」了。

1958年11月1日，砲陣地被對方集中火力射擊，形容為落彈如雨，毫不為過。其中一發擊中指揮所門口走道，只聽見轟的一聲，一團漆黑中，破裂的彈片飛進指揮所，只聽到董玉玲上尉哼一聲，便聞到一股血腥混合煙硝的氣味，我人都快暈倒了。在那個窄小的指揮所中，共坐有連長，副連長，連附，及另二位士官，我任中尉連附職，與副連長董玉玲上尉並肩而坐，真正是生死之間，一線之隔。接著，連指導員趕來指揮所，派士兵扶我離開指揮所，由他處理董玉玲上尉遺體等事宜。後來指導員告知，當時我臉色蒼白，非常難看。如今時隔那麼樣的久遠，那種同僚傷亡的景象，以及血腥混合煙硝的氣味，似乎仍然在腦海中難於遺忘。

1958年底，部隊準備換防的時候，接防部隊先遣人員副連長及各砲長抵達的第二天，不知道是否對岸得到情報，用隆重的「軍禮」歡送。那一次的震撼教育，可以用「地動天搖」來形容。對方使用延遲爆炸引信，使砲彈進入地下後再爆炸。好幾發擊中指揮所附近，弄得指揮所好像在船上，有時會搖搖晃晃。共軍很明顯的想一舉摧毀我們。因為每次砲戰前一天，營作戰官都會下達指令，火砲的射擊方向就已經定位，在砲戰時一聲令下，就只管發射或停止。因此火砲掩體的射口都用沙包封閉得很小，幾乎只露出砲管。很奇怪哩！那天竟然會有一門火砲的砲管被擊中，一發砲彈溜進掩體。更奇怪的是竟沒有爆炸！只有一位弟兄被水泥碎粒擦傷，稍微包紮就無大礙。大概是蒼天庇佑，不應該被「共匪」趕盡殺絕。真是奇蹟！

再過一天的黃昏時刻，部隊到了料羅灣，上了船，出了外海後，我才放下緊張的心，覺得可以安全的回到台灣了。

現在可能很多人都不記得「八二三砲戰」當天，曾經發生金門防衛司令部三位副司令官同時殉職的事情了。依據披露的報導，他們是在金門太武山戰備坑道出口的人工湖「水上餐廳」殉職的。假如中共的情報更精準些，砲戰延後幾分鐘，等待司令官胡璉和國防部長俞大維先生，都已經進入「水上餐廳」就座，歷史就可能不是這樣寫了。

依據火砲彈道軌跡理論，從「水上餐廳」作為彈著點，向後倒推，越過太

武山，反推算出來的發射地點，似乎找不到對岸的火砲陣地位置。因此很多人懷疑那不是砲彈。也許往後機密文件能夠解除機密時，將可發現真實的狀況。

另外在一些宣傳方面，砲戰期間共軍向金門發射砲彈總共多少，本人職務低，所知不多，不敢妄言。唯有關宣傳「共匪」殘暴，濫射民房一節，可能有些誇大之詞，轉移目標之嫌。何以這樣說呢？現在就我所知作一說明：砲兵619營所屬有三個砲兵連，營部連及勤務連。每個砲兵連配四門火砲。當時的佈署是，營部，營部連，勤務連，及第一連，佈署在太武山下很隱蔽安全的地點，第二連及第三連佈署在靠海邊洋山村後面山坡地上。兩個連共有八門火砲，幾乎一線排開。兩個連的伙房及炊事班人員都借住民房。這樣說吧！若誇張一點的話，火砲和民房混雜在一起，不算太超過啦！再精準的火砲射擊，都可能有一些偏差，因為火砲陣地距離民房不遠，彈著點落在民房，幾乎是無可避免之結果。第三連的伙房就曾經被擊中過一次，那一頓晚餐，別具風格。除了有沙石以外，還有火約味道。

第三連曾經奉命發射過宣傳彈，彈內裝許多傳單，前陣子整理資料，居然發現了當初夾在筆記本中的一張，尺寸大約5公分乘7公分半，繁體字印刷，不知道大陸的軍民撿到了，看不看得懂。

正面印〈參加反共陣營的三項保障〉：

[一] 凡脫離匪軍起義來歸的官兵，均與國軍袍澤一視同仁，論功行賞。

[二] 凡參加反共工作的各政治集團，各民間組織，除共產匪黨外，不論其過去政治立場如何，一律享有平等合法的權利，循憲法規範與公平競爭的原則，共同努力，重建「民有、民治、民享」三民主義的新中國。

[三] 凡參加匪偽政黨組織分子，除萬惡元兇以外，只要其願為反共革命效力，概本脅從罔治和既往不咎的寬大精神，一律予以赦免，並保障其生命財產的安全。

背面印〈反共復國的六大行動目標〉：

[一] 徹底解散集中營，廢除「勞動改造」的奴工制，保障工人自由擇業及組織工會等基本權利，免除奴役脅迫的恐怖，以恢復工人勞動、擇業的自由。

[二] 根本撤銷「農業合作社」、「集體農場」和「糧食配給制」等一切暴政，

耕地應為農民所有，收穫亦為農民所享，免除剝削與凍餓的恐怖，第一步要先恢復農民溫飽康樂的自由。

[三] 根絕「馬列史毛主義」的思想毒素，及「社會主義」教育等洗腦酷刑，澈底解除奸匪對於知識分子和青年學生在精神和心理上所施的壓迫，尊重理性，發展學術，消除「思想改造」的恐怖，以恢復人民思想、研究的自由。

[四] 取消「公私合營制」及對民生必需品的「統購」「統銷」等扼殺人民生計的苛政，維護私人合法財產及利潤，免除沒收與掠奪的恐怖，以恢復人民經濟生活的自由。

[五] 澈底消滅階級鬥爭，禁止製造仇恨及清算、公審等一切滅絕人性的暴政。凡家庭受鬥爭、親屬被殺害者，皆將依合法手續平情處理，不能肆意尋仇，互相殘殺，免除循環報復的恐怖，以恢復人民生命安全的自由。

[六] 發揚民族精神，保衛歷史文化，崇尚倫理道德，維護婚姻自由，增進家庭康樂，並保障人民言論、出版、集會、結社、居住與宗教信仰之自由，免除一切控制、迫害的恐怖，以恢復人民選擇生活方式的自由。

2013年八二三砲戰55週年紀念日，馬英九總統在金門說：「當年八二三砲戰，金門100多平方公里土地上，承受了47萬發砲彈，每平方公里落下3,168發砲彈，創下落彈最高的歷史記錄。」這種說法其實不夠明確，用金門島上全部土地面積，平均分攤承受落彈總數，不足以說明真實狀況。若以金門島十分之一地區承受了47萬發砲彈，每平方公里落下31,680發砲彈來作說明，或許比較與戰況較為接近。因為在砲戰中，遭受到密集砲彈攻擊的地點，是砲兵陣地，重要軍事設施，及料羅灣補給艦艇登陸區域。其中以砲戰主力155公厘口徑加農砲的砲兵陣地，遭受到的落彈數最為慘重。當時金門島似乎共有12門155公厘口徑加農砲。若金門島統計落彈數為47萬發，以30個地區來平均承受，每個地區約為15,000發，或以一個砲兵連陣地橫寬150公尺縱深100公尺來估算，相當於每平方公尺承受落彈一發，不然的話，就再擴大為60個地區，每二平方公尺承受一顆砲彈，可以得到更鮮明的印象。馬總統說的創下落彈最高的歷史記錄就更加不一樣了。現在金門島已經開放觀光，諒不致於造成洩露機密吧！

　　前面幾段我表示過，砲戰期間共軍向金門發射砲彈總共多少，本人職務低，所知不多，不敢妄言。現在馬總統公開宣稱金門島在八二三砲戰，承受了47萬發砲彈，這就是官方正式文件了。但是用全金門島的土地面積作平均計算，會引導出錯誤的解讀。拿前些日子「潭美」颱風帶來雨量作一比喻，就非常容易瞭解。「潭美」颱風的雨量，以新北市烏來區，桃園縣復興鄉，台中市太平區，較為嚴重，造成損害較大。北部三個縣市政府宣佈颱風放假，停止上班、上課。很多人樂壞了，多撈了一天假，到百貨公司或娛樂場所享受。那三個地區確實雨量超大，損害較大，假如以三個縣市作一平均雨量計算，就已經不合放颱風假的條件了。若再擴大為全台灣地區平均計算「潭美」颱風帶來的雨量，將會造成錯誤的解讀就非常明顯了。

　　個人因八二三砲戰獲頒陸海空軍褒狀，並於砲戰「單打雙不打」期間，被選拔為作戰有功官兵第一梯次13位成員之一返台渡榮譽慰勞假，於十月十七日赴台灣渡一週榮譽慰勞假，接受軍人之友社招待。其中有自由活動的一天，我到北投醫院探望在砲戰中受傷，轉送台灣治療的同事，賴觀測官，據他告知，有一位和他同一架飛機受傷送回台灣的軍官，在松山軍用機場下機時，大聲高呼「殺胡璉以謝天下！」國防部人員告訴新聞記者，他受傷後精神失常，為了掩飾，被送到精神病院去了。在那個年代的新聞記者不像現在，所以報紙上看不見這個消息。

　　時至今日再披露此事，似乎沒有多大的意義，更何況金門現在已朝觀光區方向發展，有機會的話，我倒盼望能再次前往金門洋山村，看看那幾座火砲掩體還存在否？最可能的狀況是金門中央公路更寬大了，那幾間國民小學更壯大了。那些鋼筋水泥火砲掩體反而沒有了。假如真有「挪用軍用物資」去修中央公路，及國民小學的事情，應該是胡璉有「先見之明」，可以含笑九泉了。更何況他已作古多年，用不著「殺胡璉以謝天下！」了。

　　歷史上如何記載胡璉的功過得失，我不關心。倒是很多年以前，在美國加州灣區有位「老糊塗」自稱曾任「金門防衛司令部」副參謀長，在「世界日報」發表〈胡璉將軍海葬三十周年祭〉，宣稱胡璉在東北戰爭失利後，在江西整軍經武，建立十萬雄師大軍到金門島……等等，吹噓得不得了。為文隱惡揚善姑且不論，但當時胡璉部隊經過廣東省時軍紀之壞，抓兵拉伕，搶劫糧食

及財物等，簡直不堪描述，為何隻字不提？只說在江西整軍經武，建立十萬雄師大軍到金門島。因此我對「老糊塗」的馬屁文章，讀後有「如鯁在喉不得不吐」之感，特別寫出一篇稿子〈一將功成萬骨枯〉，向「世界日報」投稿。可惜編輯沒有刊登，連稿子都不退還。

金門「八二三砲戰」六十週年感言

金門島戰略戰術地位現在一落千丈，沒有再砲擊的價值了。

　　金門八二三砲戰時，韓元輝在小金門擔任第九師副師長（郝柏村任師長），筆者在大金門第619砲兵營第三連任中尉軍官職。韓元輝於2000年出版《金門四十四天的台海戰役》，是砲戰中的第一手資料，相當珍貴。另外，蔡榮根於2018年6月9日「臉書」貼文〈不容青史盡成灰〉。

　　戰爭有如一座大烘爐，曾經置身其境的參與者，回憶戰爭經過是很傷感的事情。筆者不幸參與了金門島的兩次戰爭，很幸運的逃過劫難，本該遺忘殘酷的戰爭，乃因讀完蔡榮根先生大作〈不容青史盡成灰〉之後，感慨萬千！二次大戰結束，理應休養生息，毛澤東與蔣介石，卻繼續纏鬥，內戰自相殘殺，生靈塗炭，他們的是非功過，蓋棺猶難論定。今逢八二三砲戰六十週年，兩岸關係依舊劍拔弩張，能不令人悲乎！

　　韓元輝《金門四十四天的台海戰役》摘要：

> 　　1949年中共席捲大陸建立中華人民共和國後，10月25日金門島古寧頭戰爭，共軍全部覆沒，首嚐敗績。
>
> 　　1950年6月韓戰爆發，美國第七艦隊協防台灣海峽。此後大陸沿海地區各小島，國共雙方時有衝突。
>
> 　　1954年93砲戰。12月中美簽訂《共同防禦條約》，兩岸分治局勢抵定。

　　1955年1月18日，中共攻佔一江山小島，1月28日美國參眾兩院通過「台灣決議案」授權總統得緊急用兵協防台灣。

　　1956年周恩來提出「局部和平」解放台灣。

　　1957年毛澤東發動大躍進、人民公社、大煉鋼鐵，把全國搞得天翻地覆。

　　1958年4月中共北戴河會議中決議砲擊金門。

　　1958年7月14日伊拉克發生政變，美軍登陸黎巴嫩，英軍登陸約旦，毛澤東為了支援中東人民的鬥爭，發動大規模砲擊金門，擺出解放金門和台灣的姿態，並藉此考驗《中美共同防禦條約》美國人涉入的深度。八二三砲戰期間，中共和美國各有盤算，甚至於蘇俄都出來虛聲恫嚇。

　　艾森豪總統於9月12日發表重要聲明，進一步表示協防金門的決心，但並沒有放棄華沙會談的希望。9月15日華沙會談在聯合國大會開會前24小時前開始，中共的談談打打終於發揮作用，但暫未取得聯合國之中國代表權。

　　八二三砲戰期間之長，規模之大，實為戰史所僅見，其過程之奇特，問題之複雜，非單純之軍事作戰計劃所能比擬。華沙會談討價還價，意圖勒索，未能達到目的，中共中央乃於10月確定對金門「打而不登，封而不死」的決策，自找台階下台，10月6日宣佈停火一週，期滿又自動延長停火兩週，到了11月初宣佈「單打雙不打」，終於讓此轟轟烈烈的砲戰，漸漸的消沉下去。

　　此次戰役之後，1969年尼克森總統改變封鎖政策，1971年10月25日聯合國通過「排除中華民國接納中共」案，1978年11月卡特政府宣佈與中共建交同時宣佈與中華民國「斷交、撤軍、廢約」，1979年1月美國與中共簽訂《建交公報》，中共發表〈告台灣同胞書〉停止砲轟金門。八二三砲戰才算正式結束。

　　韓元輝稱八二三砲戰為《金門四十四天的台海戰役》，是否受到中共10月6日宣佈停火一週所誤導，不得而知，但很明顯是錯誤的，茲舉兩個事實為

證：其一為駐大金門島的第619砲兵營第三連上尉副連長董玉玲，於11月1日砲戰中陣亡。另一為第619砲兵營於新年假期換防返回台灣時，換防部隊先遣人員到達陣地的第二天，12月31日遭遇到一場非常猛烈的砲擊，讓換防部隊先遣人員著實感受到砲戰的震撼，筆者交卸完任務，部隊移動到料羅灣上了船，出了外海才覺得可以安全離開。

蔡榮根〈不容青史盡成灰〉文中敘述：

> 羅德水先生爬梳了從1949年到1979年，長達30年的兩岸武裝對峙，北京藉由砲擊金門測試美國支持台灣的決心，美方一方面宣示支持台北，一方面又極力避免捲入戰爭，台北則是意圖將台海危機嵌進以美蘇為主軸的國際冷戰格局中。弔詭的是，對美方有關自金馬外島撤軍以換取北京停火的建議，毛澤東與蔣介石竟然一致表達反對。毛澤東甚至發表〈告台灣同胞書〉：「我已命令福建前線，逢雙日不打金門……使軍民同胞都得到充份供應，包括糧食、蔬菜、燃料與軍事裝備在內，以利你們長期固守。」這實在是一場匪夷所思的戰爭，荒謬的程度，戰史罕見。
>
> 北京無力犯台時，砲打金門又不希望我方從金門撤軍，目的就只為了能藉此向美國人宣示世界上只有一個中國，中美台三方進行複雜的政治軍事攻防，但卻以金門為鬥爭的工具與秀場，金門人則成為無可奈何的祭品。台灣今日的處境，美中雙方繼續進行更複雜的政治經濟和軍事鬥爭，中方對外島金門、馬祖砲擊，換成戰機對台灣本島繞島飛行，鬥爭工具則擴大為台澎金馬，2,300萬人同舟一命，如何避免被成為美中兩強相爭的祭品，端賴負責任的領導人發揮智慧。

羅德水先生的觀點與韓元輝先生的記述相當一致，十分令人敬佩。但金門現在不用再擔心會成為鬥爭的秀場了，六十年前，北京無力犯台時，砲打金門，又不希望我方從金門撤軍，如今，中共的軍事能力增強，已從空中和海上，戰機戰艦直接對台灣本島繞島示威，金門的戰略戰術地位一落千丈，沒有再砲擊的價值了。

　　蔡榮根先生表示：「胡璉將軍以無償的兵力，為金門造林、修路、建學校，金門人也以現代恩主公傳頌感念他」。站在金門人的立場也許無可厚非，筆者身處不同立場，感慨萬千，提出另一方面的見解。

　　任何事有得益者，必有受損者。胡璉將軍不是「孫悟空」，憑空變化出「十萬大軍」無償為金門造林、修路、建學校，那些形同奴工的「十萬大軍」，金門人受益之餘，更應該感念才對，因為他們是被迫到金門島「無償」工作。

　　1949年胡璉部隊在大陸敗退時，大舉抓兵，成千上萬的家庭破裂，骨肉離散，有些被抓的兵未穿軍服走上古寧頭戰場（註一），陣亡者就地掩埋（註二），連喪葬費都省了，撫恤金就連提都不用提了；倖存者從此終老他鄉，許多人終生未能再見父母親一面。據了解，台灣現今仍有約5,000位孤單無依的老兵，分別住在16個「榮民之家」，他們的坎坷人生，豈只是「晚景淒涼」而已，難道不該關心留意一下嗎？

　　金門島公路系統，中央公路，環島北路，環島南路，三條公路幾乎平行，兩端與環島東路，環島西路銜接，構成環狀交通網，公路命名意義簡單明瞭。但不知道始自何時，出自何人，竟將中央公路改名為伯玉路，喪失了原來路名的重要意涵。那條公路1949年開闢時是黃土路面，後來加鋪砂石，八二三砲戰前，據說是挪用戰備物資，改建成混凝土路面，有誰在乎因備戰不足而犧牲的官兵嗎？還有人記得八二三砲戰當天傍晚，三位金防部副司令官同時殉難的事嗎？

註一：趙域中將《艱苦過往盡在笑談中》古寧頭戰役60週年紀念參戰官兵口述歷史。

註二：古寧頭戰爭陣亡人數，國共雙方說法差異甚大，無姓名可查考。後來古寧頭一帶在清除地雷時，有挖到一些前人的無主墳墓，以及當時國軍及共軍的墳塚，於是將之合葬於紀念館前方的空地，並建立一座「萬聖祠」祭祀。

（刊載於《民報》2018年7月16日）

砲彈不長眼睛，死傷無分省籍——記823砲戰

筆者現居美國，與台灣島內政治毫無關係。為歷史作見證，希望能以此篇回應《管仁健觀點：台灣人該怎麼紀念我們的823？》，砲戰絕對不止44天，那是錯誤的記述。砲彈不長眼睛，死傷無分省籍。

金門八二三砲戰時，韓元輝在小金門擔任第九師副師長（郝柏村任師長），筆者在大金門第619砲兵營第三連任中尉軍官職。

韓元輝《金門四十四天的台海戰役》摘要：

> 1949年中共席捲大陸建立中華人民共和國後，10月25日金門島古寧頭戰爭，共軍全部覆沒，首嚐敗績。
>
> 1950年6月韓戰爆發，美國第七艦隊協防台灣海峽。此後大陸沿海地區各小島，國共雙方時有衝突。
>
> 1954年93砲戰。12月中美簽訂《共同防禦條約》，兩岸分治局勢抵定。
>
> 1955年1月18日，中共攻佔一江山小島，1月28日美國參眾兩院通過「台灣決議案」授權總統得緊急用兵協防台灣。
>
> 1956年周恩來提出「局部和平」解放台灣。
>
> 1957年毛澤東發動大躍進、人民公社、大煉鋼鐵，把全國搞得天翻地覆。
>
> 1958年4月中共北戴河會議中決議砲擊金門。
>
> 1958年7月14日伊拉克發生政變，美軍登陸黎巴嫩，英軍登陸約旦，毛澤東為了支援中東人民的鬥爭，發動大規模砲擊金門，擺出解放金門和台灣的姿態，並藉此考驗《中美共同防禦條約》美國人涉入的深度。八二三砲戰期間，中共和美國各有盤算，甚至於蘇俄都出來虛聲恫嚇。
>
> 艾森豪總統於9月12日發表重要聲明，進一步表示協防金門的決心，但並沒有放棄華沙會談的希望。9月15日華沙會談在聯合國大會開

會前24小時前開始，中共的談談打打終於發揮作用，但暫未取得聯合國之中國代表權。

八二三砲戰期間之長，規模之大，實為戰史所僅見，其過程之奇特，問題之複雜，非單純之軍事作戰計劃所能比擬。華沙會談討價還價，意圖勒索，未能達到目的，中共中央乃於10月確定對金門「打而不登，封而不死」的決策，自找台階下台，10月6日宣佈停火一週，期滿又自動延長停火兩週，到了11月初宣佈「單打雙不打」，終於讓此轟轟烈烈的砲戰，漸漸的消沉下去。

此次戰役之後，1969年尼克森總統改變封鎖政策，1971年10月25日聯合國通過「排除中華民國接納中共」案，1978年11月卡特政府宣佈與中共建交同時宣佈與中華民國「斷交、撤軍、廢約」，1979年1月美國與中共簽訂《建交公報》，中共發表〈告台灣同胞書〉停止砲轟金門。八二三砲戰才算正式結束。

韓元輝稱「八二三砲戰」為《金門四十四天的台海戰役》，是否受到中共10月6日宣佈停火一週所誤導，不得而知，但很明顯是錯誤的，茲舉兩個事實為證：

其一為駐大金門島的第619砲兵營第三連上尉副連長董玉玲，於11月1日砲戰中陣亡。另一為第619砲兵營於新年假期換防返回台灣時，換防部隊先遣人員到達陣地的第二天，12月31日遭遇到一場非常猛烈的砲擊，讓換防部隊先遣人員著實感受到砲戰的震撼，筆者交卸完任務，部隊移動到料羅灣上了船，出了外海才覺得可以安全離開。

八二三砲戰期間，第619營第三連死傷人員，無分省籍：

董玉玲上尉，江蘇徐州，家人失聯，未接受政府的任何撫恤金，忠烈祠記錄於11月1日砲戰中陣亡。

賴觀測官，浙江人，受傷日期大約為9月間，筆者於砲戰「單打雙

不打」期間，被選拔為作戰有功官兵，於10月7日赴台灣渡一週榮譽慰勞假，接受軍人之友社招待。其中有自由活動的一天，我到北投醫院探望在砲戰中受傷，轉送台灣治療的同事賴觀測官。

文書上士陣亡，姓名省籍待查。

充員兵：受傷一員，姓名待查，到達連上第二天，擔任砲彈裝填手，砲彈裝填由三人分工合作，二人抬起托彈架，第三位用推桿從後面推彈頭入砲膛，再放入火藥包……，可能經驗不足或心情緊張，托彈不穩，彈頭滾下傷腳，隨即後送就醫。

充員兵：陣亡一員，姓名待查，有一次砲戰時，砲彈破片飛進火砲掩體，擊中牆壁，水泥碎塊反彈向一位士兵，腹部受傷，傷口大約一公分大小，流血不多但臉色蒼白。連上只有急救包，向營部求救，一再的催，就是不見救護援助，到砲戰結束後，救護人員抵達時，那位弟兄因為內出血已經沒有生命了。

我反映營部救援太遲，否則這位弟兄不會死亡。營長說：「你懂什麼！派救護車要死多少人？」也許他有他的理由，營部躲在太武山下，離開砲兵陣地很遠。他不會受到砲彈的威脅，卻作戰有功，先後共獲頒二座獎章。別小看這二座獎章啊！回到台灣後，這位張營長調為砲兵學校教官，找到一位太太，向國防部申請結婚。國防部必須依照頒發動獎章辦法，另外再頒贈一座房屋。就選在砲兵學校旁邊的「湯山新村」特別建造。（相關記錄可參考筆者著作《大變動時代的滄海一粟 劉錫輝回憶錄》）

關於戰爭的「核心價值」，請一體通用。在古寧頭戰場上，有個萬聖祠，正是古寧頭戰場上的亂葬崗。

蔡榮根2018年6月9日在臉書上貼文〈不容青史盡成灰〉表示：「胡璉將軍以無償的兵力，為金門造林、修路、建學校，金門人也以現代恩主公傳頌感念他」。站在金門人的立場也許無可厚非，筆者身處不同立場，提出另一方面的見解。

任何事有得益者，必有受損者。胡璉將軍不是「孫悟空」，憑空變化出「十萬大軍」無償為金門造林、修路、建學校，那些形同奴工的「十萬大

軍」，金門人受益之餘，更應該感念才對，因為他們是被迫到金門島「無償」工作。

1949年胡璉部隊在大陸敗退時，大舉抓兵，成千上萬的家庭破裂，骨肉離散，有些被抓的兵未穿軍服走上古寧頭戰場（相關記錄請見趙域中將《艱苦過往盡在笑談中》），陣亡者就地掩埋，連喪葬費都省了，撫恤金就連提都不用提了；倖存者從此終老他鄉，許多人終生未能再見父母親一面。據了解，台灣現今仍有約5000位孤單無依的老兵，分別住在16個「榮民之家」，他們的坎坷人生，豈只是「晚景淒涼」而已。

古寧頭紀念館，那裡有段解釋文字：

「古寧頭戰役解放軍合計9,086人登陸，其中包含船工、民夫約350人。關於傷亡，兩邊說法差異甚大。解放軍戰史稱登陸部隊太都犧牲，倖存被俘者僅3,900餘人，但國軍戰史稱俘虜解放軍7,364人。解放軍戰史稱斃傷國軍9,000多人，國軍戰史稱陣亡1,267人，傷1,982人，共3,249人。陣亡最高職務的是19軍14師42團團長李光前中校。……後來古寧頭一帶在清除地雷時，有挖到一些前人的無主墳墓，以及當時國軍及共軍的墳塚，於是將之合葬於紀念館前方的空地，並建立一座萬聖祠祭祀。無論生前站在國共那一方，雙方士兵皆已盡忠職守，希望死後攜手和解，得到安息，更希望台海將來不會再發生戰事，不要再有人命犧牲。」

萬聖祠，正是古寧頭戰場上的亂葬崗。

（刊載於《民報》2018年8月22日）

參考資料：

1. 《管仁健觀點：台灣人該怎麼紀念我們的823？》Yahoo奇摩新聞2018年8月9日。
2. 韓元輝《金門四十四天的台海戰役》編者自印2000年聖誕節。
3. 蔡榮根〈不容青史盡成灰〉2018年6月9日在臉書上貼文。

圖3-2　823砲戰有功官兵返台渡榮譽慰勞假7天，第二排右1為作者。

▌第四章
戰爭後創傷壓力症候群

1959年南投血案：為何八二三砲戰重量級的連長會變成兇手

　　管仁健在《我只是要為那些不能說話的人說話而已》文中說：「在這個島上，曾經發生過很多事，但是很多人不敢、不願、不忍、不屑關心這些偉大領袖不會希望我們知道的事，所以這些事從來不曾發生過。」現在，筆者說出一個管仁健所不知道的故事，也是很多人所不知道的故事。

八二三砲戰的八吋自走砲

　　八吋自走砲是八二三砲戰的利器，對結束八二三砲戰，發揮了舉足輕重的作用。它是怎麼樣運到金門島，不是本文所要介紹的範圍。一般的說，榴彈砲或加長砲管的加農砲，必須依賴牽引車輛才能移動位置，作戰行動比較緩慢，八吋自走砲本體即具備移動機構，所以是龐然大物，據說它可以發射核子彈頭，其重要性可想而知。在八二三砲戰期間的某一天，筆者突然接到在軍官學校當學生時的區隊長李興儒的電話，要我去太武山的山洞中參觀八吋自走砲，說「突然」，是因為自畢業之後，四年來從未連絡過，他仍舊稱呼我當學生時的名字（任官時被改為現名），不知道他是否通知了在金門島的所有學生，也許是我距離那個太武山的山洞比較近，到達時同班同學只有我一個人，師生相見，未多閒聊，立即介紹自走砲性能，簡單示範操作，特別叮嚀我們有掩蔽陣地的火砲，要掩護他的自走砲，技術上是他的砲會在砲戰之前移動至臨時陣地，砲戰時有掩蔽陣地的火砲先發射，他的砲在砲戰中用「混水摸魚」的方

式，連放幾砲即沉默不發（避免對方偵測到位置），下一次砲戰時他的砲已經在另外一個陣地了。那時候沒有多閒聊立即告辭，那會知道那次是「一別即為永訣」！

李興儒當時是八吋自走砲連上尉連長，他是怎樣來到金門島，怎樣離開金門島我都不知道。八二三砲戰時，那個自走砲白天躲藏在山洞裡，夜晚移動到預定發射位置，等待砲聲隆隆的時刻，它才加入砲戰連發幾彈，發射完，乘夜暗又撤離了。第二次再到另一個地點如法泡製，發揮了加乘的效果。那時候他很得意，所以特別通知他的學生去參觀那種巨砲。筆者所屬部隊元旦假期輪調回台灣，後來，某一天報紙上刊登出驚天動地的新聞，很多人所不知道的「南投血案」故事，主角就是筆者在陸軍官校當學生時的區隊長李興儒。

管仁健《台灣最恐怖的校園連環喋血案》有一段敘述（筆者再加以簡化）如下：

> 1959年9月20日凌晨二時，南投鎮民權街一×五號的南投中學訓導主任盧××一家，遭一名軍官持兩把卡賓槍闖入，除屋主外，次子、次女、三子與長女的未婚夫，五人當場遇害；僅有右肺中彈的盧××由縣立醫院轉送陸軍六二醫院開刀後倖存。
>
> 兇手在盧家行兇後，又轉往民權街五十×號宴堂電器行，將盧××的同學吳××全家滅門，屋主吳××與妻子張××、三女、獨子當場死亡，長女與次女重傷送醫。鄰居投中教員馬××與訓育組長陳××的妻子陳×××，勇敢地出面勸阻已殺紅了眼的兇手不要衝動，也遭連累遇害。吳社長還記得兇手李興儒（遼寧人，二十九歲）是現役軍官，平日看來還算和善，與學生們也互動良好。由於李興儒「人中」特短，舌頭又特長，所以常對學生表演用自己的舌頭舔鼻子。不料去年隨部隊移防金門後，如今舊地重遊，卻在深夜裡大開殺戒。這件高達十一人死亡的校園喋血案，見報後立即震撼全台。……

為何八二三砲戰重量級的連長會變成兇手

　　據《陸軍軍官學校廿五期同學錄》資料，李興儒（瀋陽市鐵西區教儒街五四號）是四川成都的陸軍官校末代23期畢業生。他任陸軍軍官學校廿五期砲一隊擔任中尉區隊長時，筆者是砲一隊學生，在他的管理下接受分科教育一年，他後來的經歷不清楚，畢業後再次見面就是參觀八吋口徑自走砲的時候。但沒有多久，就聽說他被調走了。

　　「南投血案」發生時，新聞報導很多，唯有動機沒有見到說明，只說是現役軍官，沒有多少人知道他曾是八二三砲戰八吋自走砲的連長。據同學們傳播出的消息，李興儒在四川成都的陸軍官校23期畢業後，輾轉逃離大陸經由香港轉到台灣，他在香港等待入台灣的時候，參加了什麼「三民主義讀書會」，因為擔任很重要的連長職務，被安全單位查出，調任營部上尉作戰官。回台灣後，女朋友又不理他，於是就發生慘案了。如今事隔近60年，轉型正義口號連天，有誰願意多管閒事嗎？管仁健願不願意敲吳餘勇，再接再厲呢？說不定可以挖出金礦啊！

（《風傳媒》2018-08-20刊出）

參考資料：

1. 管仁健《台灣最恐怖的校園連環喋血案》你不知道的台灣校園奇案2012年06月01日潑墨電子書。
2. 《陸軍軍官學校廿五期畢業同學錄》1954年。

軍中暴行被殺重傷住陸軍第四總醫院將近一年

　　1959年新年假期，部隊由金門島調回台灣。隨即痛下決心，準備參加大專聯考。首先要解決的問題為報考資格，遂參加軍中隨營補習教育，高中畢業同等學力考試。結果除地理一科以外，其餘各科均及格。依照該項考試辦法，各

科及格者可保留三年免再考。因此，第二年再補考地理一科及格後，即獲得高中同等學力證書。

1960年，參加大專聯考，成績未達公立學校錄取標準。當時因國防部規定，現役軍人只准報考公立學校理工科系，且以五十名員額為限。否則的話，那年應有機會可以分發私立大專學校就讀的。

1960年，實在流年不利。那時候部隊駐台南網寮營房，連長率領連上大部分官兵，到台南新化參加兵工建設。當時我任副連長職務，負責管理留守營房之官兵，準備年度裝備清點檢查。擔任連值星官的士官長王鴻章，因不甚盡職，受到營長梁磊中校的訓誡，他竟遷怒於我，於9月13日半夜持刀將我殺成重傷，經送台南陸軍第四總醫院急救，生命是挽回了。身體上的傷害很快就可痊癒，但心理上的創傷，卻永難遺忘。

這一段往事，是我以前不願意在親朋好友面前談論的事，有些親友們聽到過一點消息，也從未當面詢問過我，僅有一位小同鄉問過我怎麼樣在被殺傷後調適心態，重新站起來。我說：「打落牙齒和血吞，否則還能怎樣！」現在既然要攤開在陽光下，無妨說清楚講明白。

在金門八二三砲戰時，有一次，砲彈破片飛進火砲掩體，擊中牆壁，水泥碎塊反彈向一位士兵，腹部受傷，傷口大約一公分大小，流血不多但臉色蒼白。連上只有急救包，向營部求救，一再的催，就是不見救護援助，到砲戰結束後，救護人員抵達時，那位弟兄因為內出血已經沒有生命了。我反映營部救援太遲，否則這位弟兄不會死亡。營長說：「你懂什麼！派救護車要死多少人？」也許他有他的理由，營部躲在太武山下，離開砲兵陣地很遠。他不會受到砲彈的威脅，卻作戰有功，先後共獲頒二座獎章。別小看這二座獎章啊！回到台灣後，這位張營長調為砲兵學校教官，找到一位太太，向國防部申請結婚。國防部必須依照頒發勳獎章辦法，另外再頒贈一座房屋。就選在砲兵學校旁邊的「湯山新村」特別建造。

於是，砲兵學校教官梁磊中校調為砲兵619營營長，他的家就住在營房對面隔一條街的「影劇三村」。

現在接下來，回到9月12日的事情經過，營長對裝備檢查結果不滿意，我說：「王士官長不聽我的話，我有什麼辦法。」晚上有人告訴我，王士官長被

營長叫去罵了一頓。他到底是怎麼樣罵，我不在場，什麼都不知道。王士官長回到連上後，也沒有特別的模樣。前面說過，連上人員少，指導員，我，修護官，和二位士官長，坐同一張桌用餐。9月13日早、午、晚三餐都沒有異常現象，半夜卻出事了。

在醫院急診室甦醒過來後，真的萬念俱灰，欲哭無淚。接連幾天，連上派戚克勤上士班長到病房日夜照顧，只看到我面無表情，一語不發，直到我的一位叔叔接到緊急通知趕到醫院來探視，等他離開後，我才淚如泉湧，暗自啜泣！戚班長一看情形不對，趕快到車站將我那位叔叔追回來，再經過約一小時的相對無言，待我心情稍微平復些才離開。大約二個星期後，在病房陪伴我的班長告知，王士官長就在營房後面被槍斃了，死前高呼中華民國萬歲的口號。我聽到後什麼感覺都沒有，他罪該萬死，我為什麼要受到這樣的「懲罰」。以往無冤無仇，連爭吵都沒有過，為何如此？百思不得其解。

在外科病房住了一個月左右，醫生認為傷口已經痊癒，可以出院了，我就詢問能去什麼地方？那個部隊我絕對不願意再回去。醫生說那就先移轉到療養病房吧！

療養病房住的病患，大部分是傷殘的病人，死不了，活下去也不好過就是了。在此不必多作描述。依照醫院作業規定，每三個月都要針對個別病人判定是否應該出院，我得到一位醫生的特別關照，讓我繼續住在醫院的療養病房。同病房的有些病友，缺手少腿仍然努力求生存的意志力，讓我體認到必須珍惜生命，奮發自強。遂調適心態，專心準備高中功課，打算再度參加大專聯考。大概同病房的病友都知道我準備大專聯考，他們都會讓我安靜的看書，真感謝！

1961年，我在考完大專聯考後請求出院，於8月初奉派陸軍供應司令部服務。當時我沒有把握能夠被錄取，只理解療養病房終非久留之處，除了離開軍隊以外，暫時到後勤單位服務，以後再從長計議。

創傷壓力症候群

「南投血案」發生時，新聞報導很多，唯有動機沒有見到說明，只說是現役軍官，沒有多少人知道他曾是八二三砲戰八吋自走砲的連長。據同學們傳

播出的消息，李興儒在四川成都的陸軍官校23期畢業後，輾轉逃離大陸經由香港轉到台灣，他在香港等待入台灣的時候，參加了什麼「三民主義讀書會」，因為擔任很重要的連長職務，被安全單位查出，調任營部上尉作戰官。回台灣後，女朋友又不理他，於是就發生慘案了。

李興儒到台灣後在陸軍軍官學校廿五期砲一隊擔任中尉區隊長時，筆者是砲一隊學生，在他的管理下接受分科教育一年，對他的管教沒有特別印象，為何八二三砲戰重量級的連長會變成兇手？是否屬於戰爭後創傷壓力症候群，不得而知。

1960年發生的軍中暴行案，我被殺重傷住陸軍第四總醫院將近一年。應該屬於創傷壓力症候群之特例。身體上的傷害很快就可痊癒，但心理上的創傷，卻永難遺忘。這一段往事，是我以前不願意在親朋好友面前談論的事，2013年寫回憶錄時仍然沒有打開心扉，暢所欲言。現在時過境遷，可以談一點創傷後遺症了。

當年在醫院急診室甦醒過來後，真的萬念俱灰，欲哭無淚。接連幾天，連上派戚克勤上士班長到病房日夜照顧，只看到我面無表情，一語不發。受傷後在外科病房住了一個月左右，醫生認為傷口已經痊癒，可以出院了，我就詢問能去什麼地方？那個部隊我絕對不願意再回去。醫生說那就先移轉到療養病房吧！療養病房住的病患，大部分是傷殘的病人，有些病友，缺手少腿仍然努力求生存的意志力，讓我體認到必須珍惜生命，奮發自強。遂調適心態，專心準備高中功課，打算再度參加大專聯考，轉移注意力讓我渡過那些悲傷的日子。感謝同病房的病友讓我安靜的看書，更感謝醫生的關懷，讓我暫時有個安身的場所。

成功大學讀書時期，大學生活是否多彩多姿，我完全沒有體驗到。由於在部隊受傷的心理傷痕，仍未完全平復，除非必要，甚少參加活動。整天都在忙功課，一方面是失學多年，功課壓力太重，另一方面也是有意逃避現實。

1968年在成功大學讀研究所時，暑假到中科院籌備處實習，當時有間簡單的醫務所，二位醫生：周辛南醫師和楊醫師，一位護士是楊醫師的妻子。實習人員視同員工，辦理體格檢查時，不知道是否周辛南醫師看到了我身上的疤

痕，突然說他在台南第四總醫院見過我，真正是人生何處不相逢啊！當時我受傷的心理傷痕仍未完全平復，不願面對現實，只回應「真巧」，就搪塞過去了。事後想起當年受傷急診時昏迷不醒，不知主治醫生是誰，周辛南是台南第四總院外科醫生，很可能是挽救我生命的恩人，但心理上逃避現實，連感謝救命恩人的話都說不出口，可見心理上的創傷多麼嚴重。

1969年我進入中科院工作時，周辛南擔任附屬石園醫院院長，我為了內人李梅芳到石園醫院任職的機會，曾兩度到他的辦公室洽談。後來李梅芳在石園醫院任護士職期間，周辛南違反公務人員服務法令，藉口維護孕婦安全，護理人員懷孕八個月必須辭職，簽報中科院核准。1972年李梅芳生育嬰兒，周辛南院長先不執行「懷孕八個月必須辭職」公文，後違法不批准產假申請單，最後李梅芳被解僱。當時我已被提名出國進修，不願意為此事造成中科院院長無台階可下的困境，忍氣吞聲沒有採取任何行動。梅芳和我結婚才不到三年，我受傷住院情形是不願意在親朋好友面前談論的事，因此並未告知梅芳。（請參考第八章我的家庭及移民美國，父母子女的緣分）。

走筆至此已經是2020年1月，對於李梅芳被解僱的不愉快事情，早已忘懷，創傷壓力症候群也已消除，為查證周辛南醫師和我之間的「醫生病人」關係，得悉周辛南少將軍醫署長任內，因貪污罪去職後定居上海，現已作古多年。真的是「世事如棋局局新」！1968年在中科院時，救命恩人奇蹟般出現時不敢面對面，50年後，打算向他表達感恩時，已經無從送達了。這是我夫婦和周辛南醫師的特殊境遇，公開此事藉以勸告世人，報恩要及時啊！

（寫於2020年01月30日）

附註：

後來台南陸軍第四總醫院舊址，撥交台南成功大學成立醫學院，陸軍第四總醫院遷移到桃園龍潭重建為陸軍第804總醫院，周辛南任院長（1979年3月1日～1982年1月18日），後調升為少將軍醫署長任內，因貪污罪去職。（參考資料：國防部軍法局　案名：周辛南等五人貪污案審判情形。檔案起迄日期：民國74年01月30日～民國74年02月11日）。周辛南後來成為很出色的偵探小說翻譯作家，由遠景出版一序列翻譯偵探推理小說。作者周辛南：上海市人，

國防醫學院醫學系畢業。曾任美國布魯克總醫院整形外科住院醫師、中山科學研究所院附屬醫院院長、陸軍八〇四總醫院院長、陸軍軍醫署署長。周醫師自初中及研究偵探推理小說，至今逾半世紀。周醫師在美國時，迷上賈德諾的作品，此後即開始收集賈氏作品各種版本並開始翻譯，因而有《賈氏妙探奇案系列》中文版的出現。近年來周醫師更開始偵探推理小說的創作，《最後一張牌》即是他的最新力作。周醫師不僅為賈氏作品注入中文趣味，其偵探創作中細膩的推理、活潑的筆調，更令所有的讀者大呼過癮！

（取自網路維基百科2020年01月28日）

▌第五章
就讀成功大學機械工程系及研究所

就讀成功大學機械工程系及研究所

　　1958年金門島「八二三砲戰」前、後，中華民國國防部為鼓舞士氣，頒佈了**「現役軍人就讀民間大學辦法」**，准許現役軍人報名參加大學聯合招生考試，限制選擇公立學校理工學系，錄取者報經國防部核准入學就讀，並以50個員額為限。就讀大學人員保留軍職薪資，畢業後必須回軍中服務，以延長服役年限作為相對替代義務。

　　1959年新年假期，筆者所屬部隊由金門島調回台灣。隨即痛下決心，準備參加大專聯考。首先要解決的問題為報考資格，遂參加軍中隨營補習教育高中畢業同等學力考試，結果除地理一科以外，其餘各科均及格。依照該項考試辦法，各科及格者可保留三年免再考。因此，第二年再補考地理一科及格後，即獲得由台灣省教育廳與國防部會銜頒發的高中同等學力證書。

　　1960年，參加大專聯考，成績未達公立學校錄取標準。當時因國防部規定，現役軍人只准報考公立學校理工科系，且以五十名員額為限。否則的話，那年應有機會可以分發私立大專學校就讀的。

　　1960年7月，成功大學工學院設立夜間部招收學生，機械系、電機系、土木系各招一班，上課時間為下午五點至九點，五年畢業，學分和日間部相同，運用學校原有師資及教學設備作推廣教育，1961年繼續各招一班，由於學生來源都是自大學聯合招生分發而得，與當初成立夜間部作推廣教育的宗旨不符，受到輿論批評，以後就停止招收學生了。因此，成功大學工學院夜間部，只有「空前、絕後」兩屆學生。1961年，大專聯考放榜，我被錄取進入成功大學機械工程系夜間部。於是又回到了台南。從此進入生命中另一旅途。雖仍然具有

軍人身分，但與平民生活，已經相差無幾了。大學生活是否多彩多姿，我完全沒有體驗到。同班同學共有四十多位，具有軍人身分者六位，退役軍人一位，年齡都較大，和其餘正常學齡的同學，在課外活動方面，很少玩在一起。至於我自己，由於在部隊受傷的心理傷痕，仍未完全平復，除非必要，甚少參加活動。整天都在忙功課，一方面是失學多年，功課壓力太重，另一方面也是有意逃避現實。在大學求學期間，很用功讀書，每學期的成績，都在全班同學前五名之內。

　　1966年6月大學畢業，派陸軍官校數學系擔任助教一年，在預備學生班授高級中學新數學，即學即用。依照規定，本來應該在陸軍官校服務二年才可調職，因為國防部籌備成立中山科學研究院而改變，於是又再考入成功大學機械工程研究所碩士班。

人生的際遇因果關係

　　人生的際遇、緣分，也許是真有因果關係。在大學讀書期間，國防部保留了我的軍人身分，繼續支領薪俸。當時軍人待遇菲薄，所領薪俸不夠支付學雜費用。蒙在台親友資助一些，暑假到台灣鐵路管理局及鐵路機廠實習，領受中國技術服務社獎學金兩次，台北市廣東同鄉會獎學金兩次，另外擔任家庭教師等，以作補助。

　　1965年，承友人介紹至台南榮民醫院，協助幾位準備插班就讀國防醫學院的醫師，補習數學約三個月，因而認識了楊良柄醫師。楊醫師為廣東同鄉，慢慢的建立了友誼，保持聯絡。

　　1966年初，梅芳辭去了台灣省衛生處的工作，因家住台南的關係，就近到台南榮民醫院擔任護士。承楊醫師介紹我倆認識，相談之下，得悉梅芳在國防醫學院高級護理班畢業，與蕭映霞女士為同班同學，大感意外。蕭女士的丈夫唐介眉是我陸軍官校同學，而且在同一個部隊同事多年。他們家就在成功大學附近。因此，經由唐介眉夫婦的幫助，梅芳和我之間，更容易互相暸解。

　　1967年，梅芳有意應聘赴西德紅十字會工作，為珍惜雙方交往一年多的情感，我倆同意於6月12日在台南市由她母親主持訂婚。

　　梅芳於1967年7月赴西德工作，1969年8月返國。這段期間，我在成功大學機械工程研究所就讀，住在研究生宿舍。除了國防部發給我軍人薪俸以外，另外由中山科學研究院補助全部學雜費及住宿費，經濟上毫無困難。因此，心無旁騖，專心讀書研究。這二年，可以說是我一生中最快樂的日子。如今回憶，仍然心嚮神往。

　　1969年6月，成功大學機械工程研究所畢業，獲授碩士學位。8月到中山科學研究院服務。差不多同一時間，梅芳在西德紅十字會服務二年期滿返國。我倆遂於1969年11月1日，在台南市南門教會舉行婚禮。在人生的旅途中，又是另一里程。婚後生活安定，接著，怡萍、怡君、怡德，相繼出生，加入我們家庭。一家五口過著幸福快樂的生活。以往苦難的日子，已經跑到九霄雲外去了。

後記：

　　當我進入成功大學那年，在路上遇到一位軍校同學王希康，隨便閒聊幾句，他居然說，我在部隊被殺傷，因禍得福才能讀大學，聽得非常刺耳，他和我只是軍校同學，彼此之間，毫無私人友誼，真是莫名其妙！我沒有理他，掉頭就走。讀大學「得福」是不錯，但絕對不是「因禍」。

　　我能夠讀大學主要關鍵因素是國防部為鼓舞士氣，頒佈了「現役軍人就讀民間大學辦法」。八二三砲戰期間，「單打雙不打」的日子，不知道「明天」的煎熬，確定了要考大學離開部隊的意願。

　　部隊由金門島調回台灣後，即痛下決心，準備參加大專聯考。首先要參加軍中隨營補習教育，取得高級中學同等學力証書。同營有位軍校同學李志廉，時常和我切磋功課。他用高中畢業臨時証明書，參加大學聯合招生考試未被錄取。（舊制陸軍官校畢業，政府規定比照專科學校畢業，但不能取得參加大專聯考資格。）

　　1960年我用假的証明書報名參加大專聯考，那張証明書，除姓名以外，紙張及印鑑都是真的，承辦招生業務人員無法辨識，要我自行負責。李志廉展示他的臨時証明書，背面有三屆聯招委員會印章，表示已經考了幾年，早已高中畢業了，他和我當年都沒有被錄取。1961年大專聯考，我用台灣省教育廳與國

防部會銜頒發的高中同等學力證書報考被錄取，李志廉參加聯考仍未被錄取，以後未再聯絡，直到2014年陸軍官校特別舉辦二十五期畢業六十周年返校慶祝大會，才和李志廉同學再見面，得悉他未能完成讀大學的願望，離開部隊在郵局工作後退休。

就讀成功大學時的花絮

圖5-1　陸軍就讀成大同學歡送劉愚公學長畢業留念照片（1963年1月14日），後排左起：易友棣、蘇翔、彭熙之、張維明、張明文、古文亮、劉錫輝（筆者）；前排左二起：王三謙、劉一三（愚公）、徐希濂、黃廷高、李肇嚴。「愚公」之稱謂是他自己引用的。

1963年1月歡送劉愚公學長畢業留念照片，可以引導出一件有趣的故事。

據說：劉一三曾在四川大學讀書，沒有畢業就參加「青年軍」，曾任某部隊上校參謀長，到台灣後，該部隊打敗仗解散了，變成無職軍官，國防部核定為少校，因為四川大學校長黃季陸來台灣後，當行政院政務委員，教育部長（1961-1965），劉一三以「復學」的名義，以「四川大學學生」身分，在成功大學「寄讀」。

1961年我進成功大學時，他就是畢業班學生了。他在成功大學從化學系轉化工系再轉數學系，每個系都留下一門必修課不選，因此不可能畢業。國防部要求他回軍中復職，都以沒畢業作理由而留下來。同時表示他以前是上校，現在變成少校怎麼樣回去。因此，國防部特別為他修改軍官晉升辦法，將他由少校晉升為中校，希望他回軍中復職。當然，同時在大學讀書的人都沾了光，我亦受惠該項特例晉升辦法，由上尉晉升少校是不錯，是經過努力爭取才辦到。當劉一三晉升中校那年，我沒有在晉升名單中，託人追查才知道考績被評品德不佳，因為我考完聯招後離開醫院，到陸軍後勤司令部報到時，那個主管對我的情況不清楚，不知道我為何住院，所以有點誤會，認為我尚年紀輕，不在部隊發展卻跑到後勤司令部服務，是不應該的作為，對我訓話，我沒有解釋，大約兩個星期後，聯招放榜，我就請假離開後勤司令部，這下子讓那個主管更不高興，認為考取成功大學是投機取巧，結果，那年的年終考績被評品德不佳，考績是機密文件，我無從得知，因為劉一三晉升中校那年，我沒有在晉升名單中不合常理，託人追查，朋友私下透露考績被評品德不佳，知道原因後，就立即寫報告向陸軍總司令陳述理由，人事處長回信表示要我安心讀書，問題會解決。果然，第二年由上尉晉升少校。但是，該項特例晉升辦法，由於受到軍中服務人員反映，認為大學讀書可以升級，軍中服務反而升級受到限制，不公平，該項特例就廢止了。（我是在大學讀書可以升級的最後一位或一批）。

就讀成功大學對我影響深遠的三位同學：陳傳鎬、張維明、鄒成虎。

當年陸軍就讀成大同學還有一位陳傳鎬，未參加歡送劉愚公學長畢業餐會，他陸軍官校24期畢業後，留校擔任助教，就是在我所屬的砲一隊。後來陳傳鎬和我再在研究所同班，畢業後同進中科院工作，影響了我在中科院的工作十多年，詳細情況請參考中科院工作章節。

照片中的張維明畢業後到陸軍官校任教，和我同時在普通科學部任教一年，後來再在研究所同學，住同一間宿舍，他已婚住家在台南市安平區，所以只有中午在宿舍休息。同樣接受中山科學研究院補助全部學雜費及住宿費，畢業後我被派中科院，他卻不知何故被派中正理工學院。1972年我到美國聖母大學進修才沒有多久，突然接到張維明逝世的消息，很震驚！很感傷！他影響了我提前返國照顧家庭的決心。

另外一位大學部與研究所都同班的同學是鄒成虎，他赴美進修博士學位後在美國工作。1990年美國政府准許我全家人移民時，我留在台灣工作，梅芳攜子女赴美，他協助照顧我移民美國後的子女就學，生活環境等，詳細情況請參考移民美國章節。

「老照片說故事」李克讓教授獎學金

一九六○年成功大學工學院開設夜間部招收學生，次年繼續招收夜間部學生，原意為運用學校裡的師資及設備推廣教育，唯學生都是參加大學聯合招生分發而得，受到社會評論，以後就停辦了。

當年夜間部上課時間為下午五時至九時，五年畢業，學分和日間部相同。陳傳鎬、鄒成虎和筆者三人，從夜間部「絕後」班到碩士班都是同班，接受李克讓教授的教導前後共七年，比較特殊。

李克讓教授現年九十歲，身體硬朗，仍任成功大學機械工程系榮譽教授，每天到校，有專用研究室。

李克讓教授以前教過的學生在事業有成就時，捐贈給老師一筆錢，供老師

改善居住環境，老師轉作為「李克讓教授獎學金」頒發給品學兼優的學生，每名台幣一萬元，名額逐年增加，在杏壇傳為美談，是台灣各大學校園裡最受矚目的獎學金，迄今已連續舉辦二十八屆，共有二千四百多名學生受益。

圖5-2　2017年的師生會，右起為筆者、李克讓老師、李師母、翁政義、徐震城。

李克讓教授在頒獎典禮致詞指出，自己是成人的學生，早年在學校感受到老師對自己的關懷與付出，受益甚多，獎學金的多寡不重要，重要是背後有一份關懷與摯愛、是成大畢業學長們事業有成的回饋，希望獲獎的學生能將這份師生情、校園溫暖傳遞下去。

今年四月，筆者在台灣錯失參加第二十八屆李克讓教授獎學金頒

圖5-3　一九六九年成功大學機械工程研究所碩士班畢業照，前排中為李克讓教授，筆者在前排右二。

獎典禮，特別在五月返校拜會李老師及師母，蒙老師安排與昔日在研究所的同學翁政義教授、吳重雄教授、梁燕輝教授等人餐會，盛情款待，愛護學生美意將永誌不忘，期待明年的頒獎典禮能夠返校參加，回報師恩。

（刊登於《世界日報》2017年12月15日）

後記：

這篇文稿寫作動機是鞭策自己，期待明年的頒獎典禮能夠返校參加，回報師恩。回顧一九六一年，進入成功大學工學院機械工程系就讀，是我人生旅途的轉捩點，從此進入完全不一樣的生活型態，沒有脫下軍服，保留軍官身分，薪資雖然微薄，勉強可以維持基本生活所需，所缺之學雜費用依靠暑期工作及擔任家庭教師，也曾經領受過獎學金，及親友資助。

能夠有機會就讀大學，受惠於國軍培養科技軍官之政策，當年限制每年以

五十員為限，而且限制就讀公立學校理工學系，據了解，因當時大學聯合招生，報考人員眾多，錄取名額有限，能夠考取大學的國軍官兵，大概不到五十員。

一九六七年，再受惠於國防部籌備成立中山科學研究院之政策，讓我有機會就讀成功大學機械工程研究所碩士班，學雜費用完由中科院補助，除薪資外，另有一點生活費。畢業後即在中科院服務至軍職服役最大年限，再改為文職聘任。因此，從進入成功大學就讀，我的人生旅途已經非常順利，感謝蒼天的眷顧。

第廿九屆李克讓教授獎學金頒獎典禮觀禮側記

民國107年4月20日，第廿九屆李克讓教授獎學金頒獎典禮，在台南市成功大學舉行，中午十二時，出席觀禮的貴賓及師長，得獎學生，齊聚一堂用餐，交流活動，下午一點開始頒獎，李克讓教授致詞，副校長致賀詞勉勵得獎學生，高齡九十歲的李教授特別介紹筆者現年八十六歲遠從美國回來觀禮。

圖5-4　照片左起：李克讓夫人、馬哲儒夫人、馬哲儒前校長、劉錫輝、李克讓教授、馬忠良教授、陳朝光教授、陳金雄教授。

這是一場很特殊的師生緣。遠在五十七年之前，民國五十年，李克讓老師新婚大喜之日，具有軍官身分的劉錫輝參加大專院校聯合招生考試錄取，進入成功大學列為李老師門生。這個特殊的機緣，是在大時代的環境下產生的一個小故事。四個月前，筆者以民國五十八年碩士班畢業合照，配上「李克讓教授獎學金」作為故事，刊登在美國《世界日報》「老照片說故事」專題中，期盼李克讓教授的校園溫馨，能夠廣為傳播。

▌第六章
▌國防部中科院工作與留學美國聖母大學

國防部中山科學研究院

國防部中山科學研究院（中科院），於1969年7月1日正式成立。為中華民國國防科技研發機構。主要目標為提升國防科技能力、建立自主國防工業、拓展國防及軍民通用技術。1967年我進成功大學機械工程研究所就讀時，接受中科院籌備處的學雜費用補助，1968年暑假在中科院籌備處實習，1969年畢業後便在中科院工作至1992年辭職為止。

1969年成功大學機械工程研究所畢業後，有一段等候新職派令的空窗期，借住在台北三重劉金新家中，此時適逢梅芳在西德工作二年期滿返國，那時候通訊不方便，只接到來信通知何日離開西德，在泰國轉機，沒有說明何日返國，我以為是正常轉機，每天都到台北市松山機場入境處等候，有位陸軍官校同學李建白那時候在警備總部工作，辦公室就在入境檢查處樓上，因此很舒適的在他的辦公室等候，查看旅客到達名單，梅芳在泰國停留幾天，我就在松山機場入境處等候幾天，最後終於看到了入境旅客到達名單時，李建白仍然建議我在他的辦公室窗口，居高臨下的留意入境旅客，梅芳現身行李檢查櫃台旁邊的時候，李建白露面站立梅芳旁邊，應該省掉一些麻煩，唯攜帶入境的收音機仍然被扣留截除某些頻率才發還。

梅芳和我在1967年6月訂婚，隨即赴西德紅十字會屬下醫院工作，二年期滿返國後即著手籌備婚禮，預定11月1日結婚。那時候結婚要申請國防部批准，10月初提出申請案後，遲不批准下來，結婚請帖不能寄出，遂於10月下旬去台北市木柵國防部人事行政局查詢，得到在該處工作的陸軍官校同學唐介眉協助，才能進入「安全」查核人員辦公室門口，再等候約半小時才拿到國防部

批准公文書。今日回顧當初的情況，是否「天方夜譚」呢？

　　1969年7月1日中科院正式成立，首任院長為閻振興博士，原來籌備處主任唐君鉑將軍任副院長。中科院希望提升院區附近私立泉僑高中教育水準，義務支援數理化教員，鼓勵員工就近居住，方便員工子女上學，由每個研究所各派一員出任數理化教員。我在陸軍官校服務期間，曾擔任預備學生班高中數學一年，遂接受擔任此義務工作，一年期滿後，輪流由另外同仁接替。

　　中科院成立初期設三個研究所：第一所（核能研究所）；第二所（火箭研究所）；第三所（電子研究所）。第二研究所下分三個組，第一組（內彈道）；第二組（氣動力）；第三組（電子）。第二組再分為風洞小組、外彈道小組。同時在成功大學研究所畢業的陳傳鎬和我派在第二研究所第二組工作，陳傳鎬在風洞小組，我在外彈道小組，可以自行選擇研究主題。我在成功大學曾從事計算機程式設計，因而著重彈道計算研究，表現平平。除國定假日外，每週有四小時公休，可以自由選定。我利用此公休時間在外面兼課，增加一點收入。1970年趕上二年制專科學校成立潮流，兼任龍華工專副教授及南亞工專講師（星期日上課）。1971年兼任中正理工學院講師。

　　為方便解釋後來在中科院工作發展的關聯起見，在此要先介紹一下陳傳鎬，他在陸軍官校24期畢業後，留校在我們（25期）隊上當助教，和我有一年時間在一起朝夕相處。後來陳傳鎬和我在成功大學機械工程系及機械工程研究所同班同學共七年，同時畢業到中科院，在同一個研究所，同一個組工作，住在石園眷舍同一棟樓房。同時在1972年出國進修。很多的同、同、同，只有一樣不同。我申請提前返國，他請求延長進修博士，後來的發展當然就會截然不同。

留學美國聖母大學（Notre Dame University）

　　中科院成立初期著重建立研究能量、人員培育，選拔研究人員赴外國進修。1972年陳傳鎬和我同時被選赴外國進修。我選擇美國聖母大學航空工程系。我是1972年9月3日勞動節到達美國的，當時就已決定拿到碩士立即回台灣。到美國才沒有多久，就收到家信告知張維明逝世的消息，更加強此一意念。張維明是成功大學同學，畢業後在陸軍官校任教職，後來再同時到成功大

學讀研究所，住同一間宿舍二年。他已婚住家在台南市安平區，所以只有中午在宿舍休息。在校期間，同樣接受中科院的學雜費用的補助，畢業後我被派中科院，他卻不知何故被派中正理工學院。我們結婚後住中壢，他們就搬家來住在隔壁，友情非常深厚。後來我們搬到石園，那時候家中沒有電話可連絡。出國前只知道他有腎結石在治療中，突然接到他的惡訊，很震驚！很感傷！

　　我選擇去聖母大學進修，是因為航空太空期刊上有該校兩位教授發表的專文。聖母大學位於美國印地安納州南灣，工學院機械及航空工程系合併，註冊入學後，初見系主任時，他有意作我的指導教授，指點選修課目，我向他報告慕名某某教授而來，並交出航空太空期刊上的影印文獻，他接受我的建議，介紹我到某某教授門下。主修飛行力學、流體力學及工程數學，很有趣的事是工程數學參考書湊巧是我在中正理工學院兼課時採用的，感受到兼課的教學相長的好處，對初次接觸美國教育方式，減輕課業壓力，非常有幫助。第一學期結束時，我請求系主任承認我在成功大學研究所的六個學分，加上在美的二個學期各十二個學分，以便拿到碩士。他認為沒有必要，暑假選修論文即可拿到碩士。於是在寒假時便開始寫論文，翌年三月間將論文初稿交給指導教授審核，他指示在暑假作實驗以作理論之補充，我說明新添嬰兒，需要返回台灣照顧，他詢問為何沒有帶太太來美國，答覆經濟上不允許，他遂同意儘速安排口試委員會，並且要我放心。於是立刻寫信回台灣申請提前返國，並安排連絡好回程旅途落腳的朋友，臨行前卻接到中科院的公文，要我順道參觀美軍外彈道實驗室，給我另外二個星期公假，可以報公差旅費。假如不是急於回國，在華盛頓特區一邊交涉參觀的手續，一邊遊玩，不是有些人想都得不到的機會嗎？匆匆忙忙的趕回家中，沒有帶給孩子們的任何禮物，是我的疏失。但擴大解釋為重男輕女就太超過了！相信孩子們也只是玩笑話，不必當真。倒是我想「藉題發揮」一番。

　　另外有些事值得寫出來作為襯托。在聖母大學的第二學期，因為撰寫碩士論文需要運用計算機程式，當年的程式編碼器採用《FORTRAN》，中文譯作互傳，1969年成功大學工程科學研究中心舉辦電子計算機訓練班，我曾參加訓練並開始運用，Professor Eikenbury是計算機專家，所以我請求他開程式設計的課以提升技能，他是同意的。但因只有我一位選修，不符合三位以上

研究生才能開課的規定，遂改稱為專題研究（Special Problems Study）單獨指導，仍然算三個學分，他和我的論文指導教授共同在期刊發表專文，因為我是專程前來拜師，他們很開心，對我特別寬容。（我的碩士論文《Extracting Lift And Drag Coefficients From Free Flight Data》Master Thesis, University of Notre Dame, 1973）。

1970年中科院曾派二位研究人員參觀美軍外彈道實驗室，回國後寫了一份很簡略的報告，不久又到美國進修博士去了。1971年我被指派接手建立外彈道實驗室的工作。根據那份報告，仿照美軍外彈道實驗室的草圖，提出實驗室土木工程建築案，因為預算的限制，實驗室橫截面被減小，而照相設備則奉指示向英國購買，造成相當程度的困難。

1972年派出四位研究人員到英國受訓驗收，此時徐長明從國外進修博士返院，由他領隊到英國，我被排除在外，我認為到英國受訓對將來工作有幫助，向主管茅奇駿先生反映爭取未果，大概是我即將赴美進修的緣故，詢問將來進修回來是否仍然要在外彈道實驗室工作，得到由我自行選擇的答覆。幸好1973年返國時順道參觀美軍外彈道實驗室沒有辦成，否則會沒完沒了。外彈道實驗室的計算工作由黨浩澄負責，他參加了英國受訓，計算程式是向英商買的，但英國國防部禁止輸出，遂由英商向美國購買另外的計算程式來應付。據說黨浩澄弄了一個多月沒有跑通計算程式，我回國上班後，徐長明組長要我協助，發現陰差陽錯的，那個計算程式竟然就是Professor Eikenbury寫的。（1972年我出國時，黨浩澄被指定為我的連絡人，1973年乃透過黨浩澄簽報提前返國，此時徐長明已經接任組長，才會冒出來要我順道參觀美軍外彈道實驗室的公文。）

真是無巧不成書啊！那個程式就是我在美國的專題研究，三天就跑出了結果。其實問題說穿了非常簡單，那時候的電腦輸入靠紙卡，那個程式有幾百張紙卡，不知何故有幾張紙卡弄錯順序，造成「鬼打牆」，電腦就一直在圈子內打轉，找不到出口，就跑不出來。問題解決後，組長就想要我接替黨浩澄的工作。他是我到中科院工作後使用同一研究室的同事，不願傷害同仁間感情，而且深知那個實驗室的先天缺陷，遂用1972年派人到英國受訓時的說詞作擋箭牌，也就躲開了。所以就能另外從事計算機應用的工作。

後來因為混合計算機實驗室的負責人馬繼賢博士，海軍上校，他只管理實

驗室，手下有幾位計算機軟硬體維護人員，未參與研究項目，工作非常輕鬆。聽說他年資很深，薪資比副所長還要多，因而被排擠。組長要我接替主持混合計算機實驗室就答應了。職務宣布後，馬繼賢當晚就到石園我們家中來責難為何要搶他的工作。他是成功大學的學長，經過解釋後也相安無事的道別。他隨即離開第一研究所改調第三研究所。這個混合計算機實驗室是我在中科院工作的墊腳石，後來擴大建立為飛彈系統模擬室，負責天弓飛彈系統模擬。奉獻上全部心力而獲得一些工作成果，也是相當美好的回憶。

混合計算機實驗室（220館）

　　飛彈之飛行軌跡：簡單的說，可以用飛彈重心三度空間位移及彈體三個軸向轉動來描述，稱為飛彈六自由度運動模式。當年數位計算機速度慢，僅適合飛彈重心三度空間位移計算，而彈體三個軸向轉動速度快，必須仰賴類比計算機。當年仿照美國某飛彈研究單位採用的混合計算機（Hybrid Computer），由美國EAI（Electronic Associates Inc.）提供，早期購置的是最基本的一台數位計算機和一台類比計算機加上介面組合而成，可以連結轉動平台，以測試控制元件等工作，設置在第三所，於1974年5月EAI派出講師到中科院訓練PACER Hybrid Programming，再於12月訓練Advanced Hybrid Aerospace Applications，每期四週，並慎重其事的發CERTIFICATE給受訓人員，如今才能參考回憶。後來任務繁重，第三所另行購置混合計算機，原來的混合計算機遷移至第二所風洞實驗室樓下。

　　1975年我受命主持混合計算機實驗室後，積極推廣混合計算機之運用。1976年擴充混合計算機類比計算機容量，派六位研究人員至美國接受訓練，第二所第二組長徐長明博士領隊，我是其中一員，先在佛羅里達州馬丁飛彈公司接受模擬程式設計講習兩週，再轉至紐澤西州EAI使用中科院購置的混合計算機實際操作Real Time Operating System，受訓人員起先合租公寓居住，後來卓永莉和EAI的一位女性員工合住，那位女士知道了訓練概略情況，可能有點左傾思想洩露機密，導致美國國務院干預，取消了最後兩週的重要課程。卓永莉回台灣後沒多久就辭職不幹了。

後來六位研究人員中，徐長明組長退休，陸式祥、龔明覺從事飛彈自動駕駛控制系統研究，只有惠書香和我留在混合計算機室，從事計算機系統模擬工作。1977年4月1日我在《新新季刊》發表〈飛彈研究發展過程中混合計算機扮演之角色〉，提出意見供其他人參考，瞭解混合計算機只是一項工具，必須參與飛彈研究發展，才能有所作為。

1985年3月22日為南海八，九號演習，天弓飛彈在九鵬基地舉行第一次全彈導引控制全功能試射，當直接擊中靶機的影像出現在控制中心的螢幕時，試射基地發出如雷掌聲，一位同仁大聲的哭了起來，那是喜極而泣啊！長久承受的緊張壓力，終於得到發洩，值得了！

中科院從1974年購置混合計算機起算，十年磨一劍，運用混合計算機功能執行天弓飛彈系統模擬，至此已經回收完整的效益，值得了！

飛彈系統模擬室（671館）

混合計算機由三所遷移至二所風洞實驗室是臨時措施，提出籌建混合計算機實驗室需求案，時任二所副所長鄭毓珊上校指示加倍擴大建築面積給「新橋計畫」使用，我當時表示希望保留旁邊空地，他面露不悅之色說：「新橋計畫建築需求，不用你操心。」

當年我是小組長也不願多說，就這樣了定案了。在此前提之下，新建築採取U形規劃，互不相關，左半邊歸「新橋計畫」使用，右半邊歸混合計算機實驗室使用，編列為220館，緊鄰219館（致動器），218館（機械工廠），座落中科院擴大院區「龍門計畫」用地。這樣的安排方式，後來執行天弓飛彈系統模擬時，即面臨空地不足，無法容納導引模擬設備之困難，遂再度提出籌建飛彈系統模擬室的建築需求案，編列為671館，座落在雄風計畫館（後改稱為系統發展中心）正對面。副院長劉曙晞中將指示在671館三樓設置階梯式會議室，後來中科院對院外人士簡報多半在那裡舉行。

此時中科院同時進行雄風計畫、天弓計畫、天劍計畫，混合計算機實驗室同時支援天弓飛彈及天劍飛彈系統模擬，因時程的優先順序產生困擾，向代院長提出簡報，余雲鵬組長建議增加一套模擬系統作為解決方案，代院長詢問經

費需求，兩位計畫主持人表示可以支援，代院長以一個家庭早晨起來都是急著使用洗手間為例，即席裁決同意。

稍後二所編組調整，余雲鵬組長調升為二所副所長。再沒多久，中科院組織架構調整，統合雄風計畫室、天弓計畫室、天劍計畫室、飛彈系統模擬室（整合二、三所一些人員），成立系統發展中心，由副院長劉曙晞中將兼任系統發展中心主任，三個飛彈計畫主持人為少將副主任，余雲鵬先生調為中心副主任兼飛彈系統模擬室主任，我為飛彈系統模擬室副主任。混合計算機室從三所遷移至二所，暫置風洞實驗室樓下，建立新220館未留空地受到侷限，再建立671館的歷程，效法「孟母三遷」後到達終點站。

圖6-1　左起陸式祥、惠書香、龔明覺、卓永莉、講師Allison、劉錫輝、徐長明、連絡人。

附註：

劉錫輝在中科院《新新季刊》發表著作目錄：

1. 〈微分修正法數據處理〉新新季刊一卷四期p72~p75，民62年10月1日。

2. 〈Runge-Kutta數值積分推廣應用〉新新季刊二卷三期p34~p46，民63年7月1日。

3. 〈飛彈研究發展過程中混合計算機扮演之角色〉新新季刊五卷二期p22~p27，民66年4月1日。

4. 〈三個座標系統間座標轉換方法之研究〉新新季刊七卷三期p141~p150，民68年7月1日。

5. 〈漫談模擬設施〉新新季刊八卷一期p152~p157，民69年1月1日。

6. 〈歐拉角速度奇異點之極限值〉新新季刊八卷四期p143~p145，民69年10月1日。

7. 〈模擬分析失敗的原因〉新新季刊九卷四期p49~p51，民70年10月1日。

8. 〈飛彈飛行模擬設備之規劃研究〉「密」，CSRR-71BE14，民71.年1月15日。

9. 〈飛彈系統即時模擬數位計算機之選擇〉新新季刊十卷二期p4~p11，民71年4月1日。

10. 〈從美國研製銅斑蛇砲彈獲得之教益〉新新季刊十卷二期p36~p40，民71年4月1日。

11. 〈美國售予中共精密電腦新聞剖析〉新新季刊十一卷一期p175~p177，民72年1月1日。

12. 〈微波導引模擬設備與評估技術〉新新季刊十二卷二期p166~p177，民72年4月1日。

13. 〈測試與模擬〉新新季刊十三卷三期p132~p133，民74年7月1日。

14. 〈導引飛彈硬品迴路模擬～多模擬，少試飛，飛試保成功〉新新季刊十五卷一期p44~p49，民76年1月1日。

15. 〈模擬之生命週期〉新新季刊十五卷二期p65~p70，民76年4月1日。

16. 〈導引飛彈硬品迴路模擬〉第二屆系統模擬學術研習會專集，民76年2月18日。

第七章
參與中科院「天弓飛彈研發計畫」

參與「天弓飛彈研發計畫」

1978年11月美國卡特政府宣佈與中共建交同時宣佈與中華民國「斷交、撤軍、廢約」，1979年1月美國與中共簽訂《建交公報》及上海八一七公報，中美外交關係轉變，中科院自力研發飛彈計畫，1981年成立天弓飛彈研究發展計畫，同時進行雄風飛彈及大劍飛彈之研究發展工作。

陳傳鎬獲得博士學位返國後，主持「衝壓引擎計畫」。1980年黃孝宗博士年屆60歲在美國退休，經介紹任國防部科技顧問，公文轉至中山科學院時，由第二所—組陳傳鎬組長簽報聘為顧問。初期在風洞實驗室樓上設置辦公室，邀請一些研究人員談話，他自己介紹稱為「張天錫」，沒多久，陳傳鎬主持的衝壓引擎計畫升級為天弓計畫，張天錫任主持人，陳傳鎬任副主持人。

1982年初，「張天錫」正式公開身分為黃孝宗博士，11月中科院唐君鉑院長辭職，參謀總長郝柏村上將兼任中科院院長，授權黃孝宗博士代理院長（因黃孝宗保留美國籍）。

當中科院成立「天弓飛彈計畫」時，陳傳鎬要我負責飛彈系統模擬的工作。我當時對導引控制毫無概念，不想接受這份工作。但他認為中科院人員中，他和我都是砲兵出身，應該是比較懂飛彈的人，由我負責任，他會全力支持。飛彈系統模擬的工作任務，是建立模擬實驗室，用於測試飛彈系統之導引控制功能，在實彈試射之前，先行找出可能缺失，務求完善無誤，才運送到南部「九鵬基地」試射。

模擬實驗室主要單元為特殊性能的計算機，建立虛擬的飛彈系統，能夠和實體的導引控制組合元件連結，在模擬飛行的平台上，密閉的飛行環境狀況

中，隔離外在環境雜訊的干擾，搜尋及鎖定模擬靶機，進行追擊直到命中。稱為計算機即時系統硬體迴路模擬。

飛彈系統模擬實驗室的籌建經過非常困難。從人員招募，訓練，建築需求，設備獲得，安裝測試使用等，都要一手推動。當然，上級領導，同仁合作，及其他有關單位的支援，都是完成工作任務的必要條件。自己因為缺乏在導控電子方面的知識，曾利用晚上帶著同仁到新竹交通大學研究所修習，中科院派專車接送，每星期兩次為期半年。

設備安裝測試期間，為了趕上工作進度，經常晚上加班督導工作。在此期間，特別要感謝梅芳主持家中一切事務，使我可以專心工作。

飛彈系統模擬工作時程壓力特別大。由於實彈試射之前，有些行政作業，如試射場空域管制，預定試射日期等，都要向國防部報備，而各研發組多少都會有些時程落後的現象，累積下來，預備試射的飛彈送到模擬實驗室的時候，往往已經很接近預定試射日期了。若有工作不順利的清況，就會延遲預定試射日期。為了配合，幾乎都要加班，甚至國定假日都要工作。曾經有過一次，因為工作不順利一再的延後，中科院黃代院長連續幾天的下午都會到實驗室瞭解狀況，於是我對同仁表示「到銀行跑三點半」的時間又要到了。

1985年中山科學研究院年度工作會報時，頒發績優人員獎勵，我獲頒莒光獎章乙座。稍後不久，提升飛彈系統模擬室編組位階，以強化飛彈系統模擬功能。我調升為比照一級單位副主任。

1986年中科院再度舉行年度工作檢討會議時，以陸軍上校主任工程師職位，負責武器模擬設備之建立並執行模擬工作突破技術瓶頸成效傑出，獲頒等同作戰有功的「六等雲麾勳章」乙座。開會期間我正和同事在美國出公差，返國後院長單獨召見，說明這座雲麾勳章是頒發給作戰有功人員的，另外特別頒發獎金20萬元，並交代不對外公開。

有關這二年中科院天弓飛彈發展情況，在郝柏村八年參謀總長日記內亦有提及。在此特別摘取與我有關聯的幾則。

郝柏村八年參謀總長日記部分內容：。

　　1985年1月19日黃代院長報告天弓一號擬於2月上旬舉行全彈打靶。

黃代院長認為模擬測試已解決了困難。

　　1985年3月14日天弓計畫南海演習，對靶機射擊時，由於靶機中途墜海，故射擊未能成功。

　　1985年3月22日，天弓飛彈南海演習全功能彈今日試飛成功命中靶機。

　　1986年3月26日天弓飛彈打靶成功。

　　1986年3月27日陳傳鎬少將來報告演習成果，交辦發布新聞。

　　1986年6月21日中科院將於下月中旬舉行年度工作檢討會，將對有功研發人員授勳並頒發獎金。指示獎金加倍發給但對外不公開。

　　陳傳鎬因表現卓越，晉升為陸軍少將。（後來再調任為中正理工學院院長，晉升為陸軍中將）。

　　在此處增加一點題外話，陳傳鎬對參與「天弓計畫」同仁的照顧是很用心的。計畫室同仁胡家嶺博士的父親過世，他特別請求國防部用**郝柏村參謀總長**名義致送輓聯，使得在左營眷區辦理的喪禮增添光彩不少。胡家嶺博士在實驗室對我談到他父親的喪禮這件事時，表示非常感謝陳傳鎬給他的體面。

　　另外一件是小事，卻是領導統御的大事。飛彈送達實驗室時，經常加班工作反而變為常態，官員加班沒有加班津貼，他特別交代計畫室人員，在假日加班時，用他的特別費購買午餐便當盒送到實驗室來表示慰勞。參與飛彈模擬測試的人員不少，包括了一些相關支援人員，累積下來所費不貲，聽說後來報銷都是問題。

　　1985年中科院舉行年度工作檢討會議，頒發績優人員獎勵前，總長特別點名召見。過後幾天，我到陳傳鎬辦公室談完公事後，他問我總長點名時，有沒有向總長報告在金門619砲兵營參加「八二三砲戰」的事？我回答說沒有。他就說了一句，為何不說呢？真笨！

　　我有理由相信1985年及1986年我所獲得的獎勵，他在背後一定有出力幫助。在1986年舉行年度工作檢討會時，我在美國出公差，他到我家裡和梅芳談話，暗示我會獲獎，並說不知道明年還能給我什麼樣的獎勵。

　　陳傳鎬將調任為中正理工學院院長之前，計畫室同仁準備加速飛彈試射時

程以作慶賀。胡家嶺博士向我表示他對陳傳鎬非常的感謝，希望用試射飛彈的成果作為報答，要求我儘量配合。

當飛彈送達實驗室時，經過模擬測試，發現許多問題。我到陳傳鎬辦公室向他解釋發現的諸多問題。並以多年同學的情誼，建議他不宜貿然進行試射。我誠懇的對他說：「試射成功不過是錦上添花，倘若試射失敗則可能灰頭土臉。」請他參考。用忠言作為對他的感謝。

那枚飛彈經過再進一步模擬測試，發現試射場地對演習計畫的支援都有問題。幾乎延後將近一年才圓滿的解決。試射時，李登輝總統親臨現場。由於該枚飛彈的試射成功，接任天弓飛彈計畫主持人，因此晉升為少將。

1987年我上校年資屆滿限齡退伍，改為文職，被聘任為簡任技監，仍然担任相同職務及維持原有待遇，工作上一切都很順利，打算在中科院繼續工作到65歲再退休。提早離開中科院是因為受到開放老兵赴大陸探親政策，以及家人移民美國的影響。

當政府開放老兵赴大陸探親時，我雖然已經限齡退伍，卻仍然受到限制，不准去大陸探親。後來准許請事假出國觀光，卻將香港排除在外。申請到香港會親亦不准許，心情因而受到影響，感到非常失望。工作上就比較沒有那麼樣賣勁了。中科院每週六上午為政治教育時間：看華視「莒光日」節目或小組討論。有一次，要我主持小組討論，發下指導綱要：宣導開放大陸探親是人道政策。我因感觸太深，一時無法控制情緒，脫稿表示無所謂人道問題，因為邏輯上說不通。若說開放探親政策是人道，則以前不開放探親就是不人道，准許老兵去大陸探親是人道，則對那仍然被禁止的人就是不人道。結果被人打小報告，差一點兒弄得不可收拾。好在工作上有些成績，沒有被大帽子壓垮。但被認為沒有執行上級政策，而受到口頭警告。據說事後政工人員寫了一份很長的檢討報告。

1990年梅芳帶著孩子移民美國以後，因為經濟上的緣故，我必須繼續工作。遂修正原來的規劃，打算做到60歲就辦理退休，但是後來情況又有了一些改變。以前我的職務雖然是副主任，名義上有位兼任的主任，實際運作上我有很大的空間可以發揮，工作上是很愉快的。但到了1991年底，兼任主任不再兼任，另外派一位比我年紀還輕的人担任主任。我的職務名稱及待遇雖然照舊，

但很明顯的，已經不再受到重視了。錢多事少的工作很多人都想做，但我卻請求調整職務，以便辦理辭職。遂被改派為評議委員，閒差事，薪資不變。

當年中科院為了減少人員的流動性，聘任合約中有提前離職要罰三個月薪資的規定。我的聘任合約要到1993年才期滿，前不久就有一位醫生提前離職，被照合約處罰，有例可循。我若立即離開將按照合約受罰，故只能依照健康不良的途徑來辦理，所幸醫生和行政處長都很幫忙。在此期間，梅芳返回台灣過年，乃將逸園房屋出售，另外在中壢買一間公寓，暫時作為我留在台灣工作時的住所。若一時間不能辭職，打算再熬一年。梅芳認為家人團聚及照顧子女較為重要，不用考慮退休金的問題。

1992年2月15日，我被核准資遣，沒有被罰款，還領到10萬多元資遣費。離開中科院前一天，向院長劉曙晞上將辭別，承蒙賜給我溫馨的留念，原訂二所老同事在石門活魚餐廳的歡送餐會，改為院長劉曙晞上將設宴餞行，二所老同事作陪，並贈送天劍飛彈模型當作榮譽紀念品，上面銘刻著「錫輝同志榮退中山科學研究院 院長海軍上將 劉曙晞敬贈81.2.14.」。（參考艱辛歲月的溫馨留念）

天弓飛彈研發花絮（上）

編者按：陳傳鎬將軍（1930年8月8日～2011年4月16日）於當年美拒售我愛國者飛彈防禦系統後，在黃孝宗博士領導下，率團隊自力研發天弓計畫成功，而獲「台灣飛彈之父」尊稱，退休後移居加拿大，於2011年4月返台參加陸官入伍60周年同學會後，因感染流行性病毒猝逝三總，遺著《天弓：我們向世界之最挑戰》則於去年付梓，作者特撰文致敬。

在實彈試射之前，先行找出可能缺失，務求完善無誤，才運送到南部九鵬基地試射。

所謂「流行性病毒」感染，不是官方發布的正式資訊，因為媒體並沒有發布資訊，那年4月，筆者返回台灣探親旅遊，並沒有看到他的任何消息，5月

初，在朋友餐會中，聽到陳傳鎬逝世的「傳言」，不敢置信，打電話給以前同事，觸人霉頭的話，又不敢直接說，只能旁敲側擊，最後得到確訊，證實已經舉辦過陳將軍的隆重喪禮，由4位陸軍上將覆蓋黨、國旗。依照常理，他曾擔任中正理工學院院長、天弓飛彈計畫主持人，他的隆重喪禮，竟然沒有媒體發布，令人不解。

哲人日已遠

日前意外發現，陳傳鎬將軍生前著作《天弓：我們向世界之最挑戰》已於2014年出版了。回憶起2011年春節，筆者和陳傳鎬將軍通電話，他談到了那本書，正在送呈郝柏村院長審閱中，因為書中有些人事糾結，當時還說也許近期不會出版。如今謹以「天弓飛彈研發花絮」恭賀《天弓我們向世界之最挑戰》出版，兼作對陳傳鎬將軍的悼念。

1980年黃孝宗博士年屆60歲在美國退休，經介紹任國防部科技顧問，公文轉至中山科學院時，由第二所二組陳傳鎬組長簽報聘為顧問。初期在風洞實驗室樓上設置辦公室，邀請一些研究人員談話，他自己介紹稱為「張天錫」，沒多久，陳傳鎬主持的衝壓引擎計畫升級為天弓計畫，張天錫任主持人，陳傳鎬任副主持人。

1982年初，「張天錫」正式公開身分為黃孝宗博士，11月初中科院唐君鉑院長辭職，參謀總長郝柏村上將兼任中科院院長，授權黃孝宗博士代理院長（因黃孝宗保留美國籍）。

中山科學院成立初期，設4個研究所，其中第二研究所和第三研究所，雖然名義上有機械或電子研究所之別，但組合件卻難以歸屬機械或電子，於是各顯神通的事，難免發生。甚至於飛彈計畫應該由那一個研究所主導，都是兩所之間爭議問題。

以飛彈系統模擬這個工作任務來討論，第三研究所負責飛彈導引控制系統研製，他們要自行負責測試的工作，理所當然，而且有一個模擬測試實驗室在運作中。第二研究所又稱飛彈研究所，同樣在作彈道模擬計算的工作，不是組織重疊了嗎？長官們容許各單位互相競爭，互助合作，研究人員彼此之間，有

競爭但尚能融洽相處。

　　陳傳鎬原屬第二研究所，主持「衝壓引擎計畫」，擔任天弓計畫副主持人後，與第三研究所之間，工作職責區分，有些灰色地帶，成立天弓計畫管制室，他要掌握到飛彈的性能，不希望完全由三所掌控，所以他要我負責飛彈系統模擬工作，測試驗證飛彈性能是否符合規格需求？我當時就提出質疑，憑什麼能力去測試驗證別人研製的組件，他主張購買國外的技能，經費預算方面，由他負責解決。

　　飛彈系統模擬的工作任務，是建立模擬實驗室，用於測試飛彈系統之導引控制功能，在實彈試射之前，先行找出可能缺失，務求完善無誤，才運送到南部九鵬基地試射。

　　模擬實驗室主要單元為特殊性能的計算機，建立虛擬的飛彈系統，再以介面和飛彈實體的導引控制組合元件連結，在模擬飛行的平台上，密閉的飛行環境狀況中，隔離外在環境雜訊的干擾，搜尋及鎖定模擬靶機，進行追擊直到命中，稱為計算機即時系統硬體迴路模擬。

典型在夙昔

　　在那個年代，模擬飛行平台的製造商，北加州Menlo Park有一家，另外在匹茲堡有一家。中科院要建立的是模擬實驗室，模擬飛行平台僅只是其中一項設備。美國有3個公司有能力提供模擬實驗室設備：波音飛機公司、雷神飛彈公司、馬汀馬利塔太空飛彈公司。經初步接觸後，僅有波音飛機公司願意接受訪談，其他兩家公司完全拒絕，連大門都進不去。

　　於是，中科院派出6人小組赴美進行選廠評估，由模擬飛行平台的製造商作為橋梁，到波音飛機公司洽商。波音公司明確表示因為要和中共做生意，不願意和中科院簽合約，建議中科院和Menlo Park那家飛行平台製造商簽合約，波音公司可以接受轉包，提出粗略的估算總價和完工時程備忘錄。那種簽約方式是非常荒謬的，因為飛行平台的價格只占總合約的極微小部分，飛行平台的製造商卻要作為合約總包商，真是「小魚吃大魚」。

　　再飛到匹茲堡Contraves公司洽談時，情況同樣的不正常，這家公司並沒有

建造模擬實驗室的經驗，只是找到喬治亞大學一位教授的支援，據稱那位教授參與過馬汀馬利塔太空飛彈公司的顧問工作。

（刊登於《旺報》2015年11月05日）

（《旺報》刊登時的相關照片因受著作權限制，未能轉載）

參考資料：

1. 陳傳鎬將軍的《天弓：我們向世界之最挑戰》是由科技圖書公司出版。

天弓飛彈研發花絮（下）

陳傳鎬在中科院的強勢領導作為，是他能夠出類拔萃，獲得天弓飛彈計畫成果的主要關鍵。

唯一不同的是Contraves公司願意承包合約全部責任。選廠評估小組返回台灣後，立即進行採購作業，依照國防部規定採購案正常程序，使用單位提出3家廠商報價，由主計、監察及設施供應處辦理採購案作業。

陳傳鎬因受限研發計畫時程的壓力，要求我們簽報指廠採購，以節省冗長的議價過程，但因採購金額龐大，主計、監察單位不同意，遂將洽商過程中所獲得的波音公司資料作為參考，再次簽報指廠採購。

孤注一擲的豪賭

評審會議中，有人要求作性能比較分析報告，選廠評估小組領隊余雲鵬對此兩個系統的性能和價格，比喻為就像是賓士車和裕隆車，要怎樣去比較分析？二句話就擋回去了。

監察單位質詢建立模擬實驗室後，能否保證試射成功？沒想到我當時也能機智的回應，模擬實驗室檢測不通過的飛彈拿去試射，保證失敗，但是模擬實驗室檢測通過的飛彈拿去試射，能否保證一定成功，因素太多，不敢擔保。購

案審查會議就這樣通過了。

　　Contraves公司是值得信賴的公司，因為依照合約，買的不是「裕隆車」而是「拼裝車」，甚至於連個「樣品」都沒有，理論上，廠商按照客戶提供的藍圖施工，實際上的藍圖是廠商提供的建議案。在30年前的特殊時空背景下，找不到飛彈專家的協助，沒有經過可行性分析，那種狀況是孤注一擲的豪賭。

　　再說白一點，當年參與天弓飛彈研究發展人員很多人都是「菜鳥」，摸著石頭過河，走一步算一步，而且河水深淺都不知道。我個人就是如此這般，幾乎「溺水」，所幸命大，遇到貴人伸出援手拉了我一把，有驚無險的平安上岸。

　　合約執行過程中，共有2次系統評估的會議在Contraves公司舉行，中科院選派研究人員參加。第一次系統評估會議時，電子系統部門派出的代表，是個「老油條」，他認為模擬實驗室是我負責，他的職責是在公差期間對我提供諮詢，返回中科院後不對我負任何責任，廠商提出的簡報內容是否合適，他一句話都沒有表示，完全「置身事外」，因為我沒有向他諮詢。

　　最後驗證系統評估會議時，電子系統部門派出的代表，是另外一位忠厚老實的伙伴，指出模擬系統和飛彈導引系統之間的某些問題要考慮，由我和廠商交涉改善，那時已經是系統交運前1個月，廠商要求延後1個月交運及增加價款，我表示不能同意，因為簽約之前的性能規格是廠商草擬的，我坦承對此方面知識能力有些不足，以致於造成困擾，若廠商堅持延後交運及增加價款，可能的結果是他們要和另外的人打交道，訴諸於仲裁。

　　其實，問題癥結所在是中科院研發的飛彈性能，我們不敢洩露機密，只提示一些概念。最後廠商同意修改部分設計，維持交運時程及合約價格，所需費用由該公司內部研究發展經費項目撥付，自行解決。真是幫了我們的大忙，同時維護了該公司的信譽。

　　飛彈系統模擬實驗室的籌建，從人員招募，訓練，實驗室建築需求，設備獲得，安裝測試使用等，都是非常艱難複雜的挑戰。設備安裝測試及飛彈系統模擬期間，經常在晚上還要加班工作，形容研究發展為視同作戰，毫不為過。

　　當天弓飛彈在九鵬基地舉行第一次全彈導引控制全功能試射，直接擊中靶機的影像出現在控制中心的螢幕時，試射基地發出如雷掌聲，一位同仁大聲的哭了起來，那是喜極而泣啊！

　　時過境遷，30年後再回憶那幾年的艱辛工作，所有參與天弓飛彈計畫的研究人員，發揮團隊精神，研製出中華民國自製的天弓飛彈，那是何等的榮耀！我有幸參與了天弓飛彈計畫，最後獲頒雲麾勳章及獎金的獎勵，帶給我值得懷念的記憶，是人生旅途中非常難得的機緣。

　　陳傳鎬因為主持天弓飛彈計畫晉升少將，1988年初再調中正理工學院院長晉升中將。陳傳鎬在中科院的強勢領導作為，是他能夠出類拔萃，獲得天弓飛彈計畫成果的主要關鍵。

外號天弓鐵公雞

　　1953年陳傳鎬在陸軍官校畢業，留校在學生砲一隊任助教，筆者當過他的學生1年，朝夕相處；在成功大學同班同學7年；在中科院同事多年，後來又在他領導下參與「天弓飛彈計畫」工作，有30多年的公私情誼。如今，他已經逝世超過4年，回憶以往的點點滴滴，仍然深印在腦海裡。

　　許業武先生悼念〈飛彈之父陳傳鎬將軍〉文中有一段話：「陳將軍走了，走得那麼的突然，陳夫人Judy說：『他好像一下子被老鷹抓走了！』」。筆者在這裡加添一點插曲，以詮釋陳夫人Judy說的話。陳傳鎬就讀成功大學時成績優異，榮獲「陳立夫獎學金」，班上同學起鬨要他請客，他笑呵呵的擋掉了，於是他在班上有個外號「鐵公雞」，相信陳夫人是知道的，所以才會有那句話。可笑老鷹無知，竟然抓的是啃不動的「鐵公雞」，且有「天弓」的後盾，現在恐怕後悔不已了。

　　謹以此文敬悼陳傳鎬將軍在天之靈。

（刊登於《旺報》2015年11月06日）

（《旺報》刊登時的相關照片因受著作權限制，未能轉載）

參考資料：

1. 陳傳鎬將軍的《天弓：我們向世界之最挑戰》是由科技圖書公司出版。
2. 劉錫輝〈天弓飛彈研發花絮（上）〉《旺報》2015年11月05日
3. 許業武〈飛彈之父陳傳鎬將軍〉

憶當年「天弓飛彈」首次試射成功之秘辛！

羅順德

　　民國七十四年（1985）三月廿二日（星期五）為南海八，九號演習，這是國人研發「天弓飛彈」成敗的重要關鍵時刻。

　　試射，是打靶機，第一次三月十四日就沒有命中。回來檢討改進，第二次試射。眼看靶機進入預置航道，「天弓飛彈」開始瞄準，以備發射飛彈，然而靶機飛不到一半，突然失速墜落海中，再發射另一架靶機，又是同樣的情形。

　　靶機為什麼突然墜落？大伙們挖空心思，要把答案找出來。初步的研判是附近有其他電波干擾，緊接著偵測到一電波是綠島所發射。那是國際民航線設在綠島，為提供國際民航機飛到台灣時定位用的「太康雷達站」。分分秒秒，日日年年，這一雷達站都不容許停止發射電波，否則將對民航機造成嚴重的誤導與迷航。

　　然而，民航機導航的雷達，如果確定也是靶機的殺手，又將如何是好？靶機飛不成，「天弓飛彈」必無法試射，飛彈無法試射，則中科院多少人的心血豈不都無法驗証而成泡影？「天弓飛彈」的成敗既然決定於俄傾，大家想到唯有交涉短暫管制太康雷達站，那怕只是一刻鐘不發射電波，也是難能可貴的。

　　至於太康雷達站停止運作的時間內，一但靶機半途依然墜落，其實也有收獲，証明靶機的失敗與綠島雷達站無關，而另有原因。

　　太康雷達站屬於國際性，它的運轉停與不停，對於在試射場的五百多位工作人員，相當為難。這時靶場有人提議，掛長途電話回台北，要筆者（時任中科院駐台北辦公主任）想想辦法。我接電話後，是上午十時許，幾乎沒有徘徊

猶豫的時間，首先，據我瞭解，綠島太康雷達站隸屬我民航局管轄，於是以電話迅速向民航局接洽協調。

原先，靶場工作人員已和綠島太康雷達站取得聯繫，雷達站答覆，該站隸屬民航局，而暫停止發射雷達，事關重大，如未經民航局同意，該站礙難照辦。當我接受靶場方面的託付，深感責任重大，「天弓飛彈」試射，成敗在此一舉。「天弓飛彈」試射不成，對我國防尖端科技發展的打擊，尤其非同小可。

我直接打電話給民航局劉局長德敏將軍，向他提出以上要求，局長說：「我請承辦人直接和您談」。

民航局承辦人在電話中一聽我的用意，斷然的回答：「這種大事，最少要提前三個月協調申請。現在，絕對做不到。」他又說：「即使是定期維修，暫停運作，我們也必須提前向國際民航組織通報。相反的，未經通報，倉促停轉，這與國際慣例嚴重違背。」

但是，基於整體榮譽和團隊合作，激發了我力爭到底的旺盛企圖心，我告訴民航局承辦人：「今天我們國家的命運就決定在這一刻，南部海濱靶場，五百多位工作同仁就急切的等待這一刻。」我又說：「靶機失控的原因，我們想來想去，唯有雷達干擾的可能性最大，所以請你們關閉片刻，以供我們求証，如果証明我們研判錯誤，我們也心悅誠服的認錯。我該說明的，都說明了，如果您還堅持不許暫時關閉雷達，那麼，我要請問；這是您的意思？還是局長的意思？是局長的話，我就直接向局長說明。」

常言道：「情急智生」；我猜想在民航局服務的，泰半都是空軍舊日袍澤，於是，我向他說理之後，轉而訴之以情：「老大哥，聽您說話，猜想您也是軍人出身，軍人作風，都是一板一眼慣了；那麼，請想想，我們國防部中科院的五百多位工作同仁，正焦急的彎弓待發，成功失敗，就在此刻，難道您會面對國家前途這麼重要的事情，竟然無動於衷嗎？」

訴之以情，果然立刻奏效；他說：「好，我向局長報告，聽候局長的裁示。」從十時半協調，到此時已十一時。不久他回我電話：「局長已照准，請問你們什麼時候開始？」我說：「最好現在就開始，並且能延續到十二時。時間愈寬愈好。等我們試驗完成，我們馬上請你們恢復雷達運轉。還有，你們只要緊急通報全世界，太康雷達站故障，暫時關閉，不就兩全其美嗎？」他完全

同意。我同時回報九鵬靶場協調聯絡的結果。

十一時四十五分，我接到靶場錢筑萍兄來電傳報佳音：「靶機順利升空，天弓飛彈試射，命中靶機。」

也由於這次成功的証明，此後我們靶機加裝反雷達干擾的設備，免得每次試射，都要勞動民航局關閉雷達。

這一天，王師凱代表大會在木柵青邨召開，部內長官都不在辦公室。照說，以上的經過情形，必須至少由副總長出面協調，但是副總長也不在，我唯有採取主動負責之精神完成任務。

當天，王師凱代表大會會場上，在當前國內瀰漫「江南案」低氣壓的大環境中，「天弓飛彈首次試射成功」乃成為唯一的，也是最大的，最足以鼓舞民心士氣好消息。

回憶近三十年前的往事，當時的「天弓飛彈」計畫主持人：陳傳鎬博士（陸軍官校二十四期），不幸於二〇一一年四月病逝於台北（享年八十）。特撰此文紀念。

劉錫輝加註：

〈天弓飛彈研發花絮〉刊出後，住在溫哥華的許業武先生轉至他的部落格上發表，羅順德將軍看到後發表《憶當年「天弓飛彈」首次試射成功之秘辛！》。若不是這次《旺報》刊出〈天弓飛彈研發花絮〉，引出羅順德將軍大作，我完全不知道這些秘辛，真是拋磚引玉。徵得羅順德將軍同意，納入本集，增添光彩，非常感謝！

羅順德陸軍軍官學校畢業，1974年，淡江管理研究所系統分析組畢業進入中科院，參加雄風飛彈研發工作，在計劃處擔任有關二所業務工作。1979年12月在台北連絡室工作，負責中科院和國防部參謀本部以及總統府之連繫工作。1982年，郝柏村擔任參謀總長兼任中科院長，因應新組織型態工作需要，正式成立中科院駐台北辦公室，負責將院裡重要公文轉呈兼院長批示。羅順德從1969年起擔任俞大維先生隨從秘書，同時負責中科院駐台北辦公室，是非常適當的人選。參照這篇文章《憶當年「天弓飛彈」首次試射成功之秘辛！》內容，羅順德任中科院駐台北辦公室，可說是適才適所。

圖7-1　郝柏村總長視察天弓飛彈系統模擬室，前排右起 郝總長、黃孝宗、陳傳鎬；後排右起羅順德、劉錫輝。

（羅順德／提供）

附註：

　　羅順德將軍已因病辭世，敬表悼念。此篇文章係由羅順德將軍生前以電子郵件傳來，並且徵得同意刊出。

天弓飛彈研發花絮後記

　　2015年7月次女怡君由中國上海調回美國匹茲堡工作。憶及我以前在中科院工作時，與匹茲堡一家公司有非常良好的合作關係，遂將那時候的工作概況寫成文稿，後在網上看見陳傳鎬將軍遺著《天弓我們向世界之最挑戰》已經出版，乃加上悼念陳傳鎬將軍那部分，寫成〈天弓飛彈研發花絮〉。

回憶2011年春節，陳傳鎬將軍生前和我在電話上談到他的書已經完稿，正送呈郝總長核閱中。誰知道那次在電話上長談，竟是最後的「話別」。他的書《天弓我們向世界之最挑戰》，由他的官校同學陳廷寵上將等編輯，交給科技圖書公司，於2014年3月出版。但遲至2015年，我為了寫稿才在網上看到概要。

〈天弓飛彈研發花架〉，《旺報》於2015年11月5、6日分兩天刊出，其中天弓飛彈相關照片，是《旺報》主筆由報社資料庫取得加入配合而相得益彰。

2016年初，我回到台灣，承蒙科技圖書公司贈送一冊《天弓我們向世界之最挑戰》，才有機會詳細研讀，得窺天弓計畫概略。

《天弓我們向世界之最挑戰》書中[1]，特別提到天弓計畫能完成性能足以傲視全球的武器系統，其關鍵在於我確實掌握、運用「工程三寶」---分別為「系統工程」、「系統模擬」及「品質保證」。

天弓計畫的全彈模擬工作分為「數值模擬」及「硬品迴路模擬」兩種方式。我領導的組，負責「硬品迴路模擬」，受命後，從人員補充獲得，實驗室籌建，都是從無到有。

「硬品迴路模擬」的挑戰性，是要使用特殊性能的計算機建立一個模擬飛彈，再以介面結合真實的導引控制組件，在模擬飛行的平台上，密閉的飛行環境狀況中，隔離外在環境雜訊的干擾，搜尋及鎖定模擬靶機，進行追擊直到命中。

《天弓我們向世界之最挑戰》書中第315頁有一段說明：「1984年元月底完成微波目標產生器及機械臂的驗收測試，但是四個月後就要進行天弓飛彈的硬品迴路模擬。而且過度樂觀的將天弓飛彈全功能試射，預訂在十月舉行南海八號演習。……參與模擬工作的同仁自此跌進了茫茫無際的工作海洋。這是一個苦海，但是他們從未抱怨過。說這個工作是茫茫無際，那是因為那時候根本沒有人對工作有把握，更沒有人知道何時可以完成。大家都是抱著盡其在我的精神，不計個人辛勞，全力以赴，希望能在期限之內完成任務。大家每天晚上都要加班到十一點左右才收工，每一個星期六及星期日都要來加班，所有研究人員都是義務加班，沒有分文津貼，是責任心及使命感，面對不斷出現的困難，一面學習，

一面工作。」

其實，我們從接受模擬工作任務開始，就處於一面學習，一面工作的狀態，有感於對微波及紅外線的知識不足，得悉中科院同仁劉金陵博士、楊聲震博士，晚間在交通大學開課講授微波、紅外線知識，把握這個很難得的機會，我率同新進同仁，由中科院派專車接送，晚間去交大作了一個學期沒有註冊的旁聽生。（註：劉金陵博士後來升任第三研究所所長、中科院副院長、院長。）

天弓計畫簽奉核定創新的購案作業辦法，購案分為「天」、「弓」兩類，在購案公文上蓋「天」字，即為緊迫盯人的案件，承辦業務人員，必須立即辦理，天弓模擬設備購案，從簽報、審核、簽約，作業時程之快速應該是首創特例，裝備交運接收安裝作業亦是如此。廠商交運後，模擬設備抵達中正機場當天，立即通關，傍晚便運到實驗室，廠商所派工程師亦同時抵達台北，第二天即來院協同開箱、安裝測試，一氣呵成，又是首創特例，標準的作戰計畫亦不過如此。

由於實彈試射之前，有些行政作業，如試射場空域管制，預定試射日期等，都要向國防部報備，而各研發組多少都會有些時程落後的現象，累積下來，預備試射的飛彈送到模擬實驗室的時候，往往已經很接近預定試射日期了。若有工作不順利的清況，就會延遲預定試射日期。為了配合，幾乎都要加班，甚至國定假日都要工作。曾經有過一次，因為工作不順利一再的延後，中科院黃代院長連續幾天的下午都會到模擬實驗室瞭解狀況，工作時程壓力之大，可想而知。

對此有關的狀況，依據郝柏村《八年參謀總長日記》記載：「1985年1月19日黃代院長報告天弓一號擬於二月上旬舉行全彈打靶。黃代院長認為模擬測試解決了困難。」可見系統模擬工作進展，已經成了高級長官關注的焦點。

天弓飛彈全功能試射的硬品迴路模擬工作，在全體工作人員通力合作之下，歷經模擬設備的操作尚未熟練，飛彈導控系統的設計及模擬設備的缺失亦一再需要修改等困難，同仁們幾乎不眠不休地花了將近八個月的時間，終於在二月上旬完成了兩發全功能飛彈。

1985年3月22日為南海八，九號演習，天弓飛彈在九鵬基地舉行第一次全彈導引控制全功能試射，當直接擊中靶機的影像出現在控制中心的螢幕時，試射基地發出如雷掌聲，一位同仁大聲的哭了起來，那是喜極而泣啊！幾個月來所承受的緊張壓力，終於得到發洩，值得了！

飛彈系統硬品迴路模擬工作，是天弓計畫系統工程，導引控制組件研製組，及飛彈模擬實驗室，共同參與的工作，團隊精神非常重要，參與者均以此為榮。

參考資料：

1. 陳傳鎬將軍遺著《天弓我們向世界之最挑戰》，台北科技圖書公司出版。2014年03月。

艱辛歲月的溫馨留念

個人與國家密不可分，時代不能分割，劉錫輝的人生旅途，象徵了兩岸關係不能分割。八十多年的艱辛歲月，八萬多里的坎坷路，從中國大陸到台灣，再從台灣到美國。人生如夢！這個夢美不美？很難說！從「不志願兵」變成正牌的「職業軍官」，是參加過金門島兩次戰役的倖存者，是國防科技研究發展的參與者。五年前偶然的機緣出版了回憶錄，公開了深藏不露的傷痛及揹負著「不共戴天」的枷鎖，向政府陳情，試圖撫平傷痛及掙脫枷鎖，歷經五年而不得，只能以文字自行療癒，再集結出版為文集，打算自行解脫揹負著的枷鎖，放下它！可是，這個國家又冒出來一個「行政院促進轉型正義委員會」，感受到相對的不公不義，遂在《蘋果日報》及《風傳媒》發出多篇不平之鳴。對所謂「轉型正義」，提出「為何而戰」、「為誰而戰」的感嘆！

懇切呼籲化解因228事件所產生的仇恨

從1949年到2019年距離整七十年，從那個荒謬的年代，到這個弔詭的年代。如今，「二二八事件」的喧嘩，對筆者已經產生免疫力，不再感染悲憤情

緒，發生不平之鳴，反而以〈兩岸關係與轉型正義——兼向彭蔭剛先生進言〉一文提出懇切呼籲：彭孟緝將軍和胡璉將軍都是那個年代，對保衛大臺灣有重要貢獻的將領，國事亂如麻，難免功過交雜相織。如何讓受難者家屬走出悲傷，是一件浩大工程，所謂轉型正義，相信全國人民都會支持。筆者並以先父被胡璉第十二兵團部隊殘殺，胡璉將軍孫子胡敏越牧師親筆寫公開信致歉一事作參考，呼籲彭蔭剛先生代表彭孟緝將軍對二二八事件的受難者家屬，表示慰勉，化解仇恨，為兩岸關係稍盡棉薄，共同祝福兩岸中華兒女，共享和平快樂的生活。

參與研發中科院院長贈天劍飛彈模型

中華民國國防部1967年成立中山科學研究院籌備處，1969年7月1日中科院正式成立，初期設三個研究所：第一所核能研究所，第二所火箭研究所，第三所電子研究所。筆者在國立成功大學機械工程研究所就讀時，接受中科院籌備處的學雜費用補助，1969年畢業後便進入中科院第二研究所工作。

1978年11月美國宣佈與中華民國「斷交、撤軍、廢約」，1979年1月美國與中華人民共和國簽訂《中華人民共和國和美利堅合眾國關於建立外交關係的聯合公報》，1982年8月上海簽訂《中美就解決美國向臺出售武器問題的公告》，中科院必須自力研發飛彈計畫，自1981年即同時進行天弓飛彈、雄風飛彈及天劍飛彈之研究發展工作。筆者參與天弓飛彈研發工作。

1987年政府開放老兵赴中國大陸探親時，筆者雖然已經限齡退伍改為聘任人員，卻仍然受到限制，不准去大陸探親。筆者是1949年隨軍離開大陸，懷念年老的母親卻不能探視，時常覺得焦慮不安。當年中科院為了減少人員的流動性，聘任合約中有提前離職要罰三個月薪資的規定，我的聘任合約尚未期滿，遂以身體健康不佳為由提出辭呈。

1992年2月15日，我被核准資遣，沒有被罰款，還領到10萬多元資遣費。離開中科院前一天，向院長劉曙晞上將辭別，承蒙賜給我溫馨的留念，原訂二所老同事在石門活魚餐廳的歡送餐會，改為院長劉曙晞上將設宴餞行，二所老同事作陪，並贈送天劍飛彈模型當作榮譽紀念品，上面銘刻著「錫輝同志榮退

中山科學研究院 院長海軍上將 劉曙晞敬贈　81.2.14.」。

（刊登於放言Fount Media 2019年3月21日 下午6:00）

圖7-2　中科院院長劉曙晞上將設宴餞行，圖右為系統談展中心副主任余雲鵬，圖左為筆者。

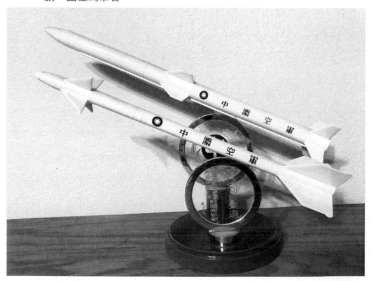

圖7-3　天劍飛彈模型上面銘刻著「錫輝同志榮退　中山科學研究院　院長海軍上將　劉曙晞敬贈　81.2.14.」。

▮ 第八章
我的家庭及移民美國

童年到成年

　　我家是大家庭，成員包括曾祖母，祖父、繼祖母、父母、叔叔、嬸嬸、弟弟、妹妹等共十二人。家境不好，經常吃飯都成問題。祖父連成，以務農為業，據說會做裁縫。我父親有三兄弟是同一母親薛氏所生，二叔煥清，做船工，三叔放吾，軍校十七期畢業，在軍中服務。另外二位叔叔，煥璋，大我二歲，煥城，小我一歲，是我的繼祖母曾氏所生。我兄弟三人，一位妹妹。二弟錫芬，小我三歲，三弟旭輝，小我九歲。他們倆位中間，有一位弟弟早逝，妹妹亦早逝。因為1949年的突然變化，記憶中似乎想不起來，兄弟曾經在一起玩耍過。

　　回憶童年時期，是有過幾年快樂時光。由於我是長房、長孫、長子，在嬰兒時期得到一家人的寵愛，是很平常的現象。那時家境還算小康，但到我四歲時，曾祖母逝世。五歲時祖父逝世、二叔病故，家中就舉債度日了。在那個年代，曾祖母逝世的喪葬費用多寡，由她的娘家親戚作主。祖父的喪葬費用多寡則由叔祖父決定。愛面子，有多少就花多少，甚至於舉債都要辦得體體面面。

　　我的求學過程，有點不太正常。五歲時，父親在村中私塾教書，乃隨班就讀，唸了三年私塾。八歲時到鄰村愷元小學讀三年級，後輟學半年。再到另一鄰村光華小學讀四年級，後又輟學半年。十一歲時到水口水東水西兩鄉聯立小學讀五年級，在妙坤叔店中寄宿。十三歲小學畢業後，就讀水口第三中學，住在學校宿舍。學校有廚房，用蒸籠蒸飯，學生自備蒸碗，自己洗米放在碗中，交給廚房工人。通常是常年菜，每星期母親送來或自己回家中拿來。因為爐灶不多，炒菜要排隊，所以蔬菜很少。

　　十六歲初中畢業後就失學。我不能埋怨童年沒有受到良好的教育，因為兩位和我年齡差不多的叔叔，連小學都沒有辦法讀哩！他們倆位很小就要下田，插秧、除草、割稻，織布，做豆腐，可以說是自食其力。我呢？除了上學以外，什麼事都不會做。就拿讀書來說，也算不上是用功的學生。當時不覺得怎麼樣，1949年到金門島當兵以後，看到當地和自己差不多年齡的金門人，背著書包上學，而自己卻在做著類似苦工的工作，就後悔以前浪費的時間是多麼的可惜啊！

我的父親

　　我的父親劉展文〈1908年7月18日～1949年9月〉在我腦海裡的印象是很模糊不清的。我對他的生平事蹟，所知非常有限，只知道我出生前他在水口教書。而且和他的同事楊先生相約，二人的嬰兒出生後為結拜兄弟姐妹或夫妻，所以我一出生就有了童養媳。

　　我五歲時，父親在村中私塾教書，我隨班附讀。後來楊先生亦在那裡教過，不知道是否為代課。父親在我約八、九歲時在韶關稅捐處工作，那是在我童年記憶中，家裡境況較為好些的幾年。他穿著講究，沒有下田做過農事，很少在家，完全不像在農村裡的人。若在家時，他不會到廚房，飯要送到他住的房間。吃完後，碗筷都是要家人來收。我十歲以後，不知道他做的是什麼事，我也是在外面讀書，很少見到他。我很怕他，很少和他說話。我考入水口三中時，成績不好，據說是因為他和校長很熟才錄取的。1948年初中畢業那年，畢業考前和同學討論，覺得將來毫無前途，不如去參加青年軍，遂和五，六位同班同學離校出走到興寧。因為同班的妙松叔回店告知，後由妙燊叔到興寧把我押回學校。到校後立即參加畢業考試，他在校長室等了很久，校長將我的第一份考卷給他看過後才離開。過了幾天後在家見面時，頭上還挨了一疙瘩，讓我留下深刻的印象。1948年他在水口開店，但他很少在那店裡。1949年，胡璉的部隊經過老家時，搶劫糧食，他口頭表示抗議，竟在家門前被槍殺。這個悲慘帶給我們全家人的傷痛，是無法可以彌補的。我的一生都受此影響。

　　我現在仍然保存一份陸軍官校學生自傳影印本，那是因為申請國防部「華

廈貸款」時，若有士兵年資証明，可以優先核准，而特別在1978年1月16日到官校找出檔案，另由官校據此出具公文証明我的士兵年資。自傳中有些不正確的敘述。因為軍官學校報考資格要高中同等學力，我由當兵的營長保荐高中肄業。在自傳中謊稱曾就讀興寧高中一年，或許可以原諒。但是敘述……民國三十八年夏，共匪南渡，水口本為不毛之地亦遭其害。更在農曆七月間，我父親因曾服務黨政機關而慘遭殺害。而今思之，令人髮指。我為報家仇雪國恥，終於拜別了年老的慈母，離開了天真活潑的弟弟妹妹，拋開了可愛的家園，加入了革命陣營……這一部分就太離譜了。明明是父親慘遭胡璉部隊殺害，自己被抓當兵的，那裡是為報家仇雪國恥。真荒謬！

簡明仁先生在1995年1月26日自立晚報登載一篇短文〈解脫〉。據稱他的父親簡吉先生為了貧苦的農民走上政治不歸路，終其一生不斷與當權者爭取農民權益，在被日本人迫害，囚禁十多年之後，最後卻死在國民黨政府的獄中，而他母親陳何女士又因此一生顛沛流離。簡先生說：「很多人問他會不會恨國民黨？他曾仔細思考，卻發現沒有一個確切的對象可以恨，恨也無從恨起！很多事情常常是一連串的小荒謬所造成的大荒謬，大悲劇。」我在這裡引述簡先生的話，是想用同樣的話向我的父親之靈告解，來求得我自己的心中安寧，並於2009年8月15日寫成文字告知我的子女及立云侄。

接老母親到台灣居住

自從1949年離開家鄉後，有將近三十年和大陸老家音訊不通。1972年在美國進修時，很想寫信回家。然而，從「人民日報」看到一些消息，擔心所謂「海外關係」會害了家人，不敢造次。

1978年，在泰國經商的劉文彬先生，他是老家同村人，赴大陸探親後，特別到台灣尋找他的弟弟。遂經由文彬的協助，得悉家中老母健在，生活困苦。乃透過朋友的協助，陸續以少量金錢接濟老母，使無衣食之虞。

1987年政府准許退役老兵及一般民眾赴大陸探親，幾位在1949年一起到台灣的堂叔，亦相繼回鄉探親。由他們傳來老母的思念及囑咐，恨不得立刻就能回到老家探親。但是因為受到限制，無法成行。心中的苦惱乃與日俱增。

　　1989年2月提出到香港和老母親會面的請假報告不獲允許後，決定讓老母親辛苦一點，依照「大陸難民救濟辦法」申請接老母親到台灣定居。事情本來很簡單，但由於兩岸的政府都官僚，辦起來卻很麻煩。在大陸方面，以申請由我弟弟陪同老媽到香港會面的方式，經過層層關卡，才獲得到香港的通行證。另在台灣方面，則必須「大陸難民」抵達香港之後，才能向「大陸難民救濟總會駐香港機構」申請許可來台証明。

　　1989年7月底傍晚，接到老母親和二弟抵達香港的電話後，梅芳提醒我可試一試請谷家恆先生幫忙。電話接通後，他滿口承諾。第二天上午就在辦公室接到「大陸難民救濟總會」秘書長張維先生電話，約定下午面談。在台北他的辦公室見面後，承辦人員告知，香港方面已付郵寄出。張秘書長囑咐請香港將案件底稿電傳過來簽辦。張秘書長非常客氣，放下公務和我閒談。等待公文辦妥後，將公文交給我，囑咐送交「入出境管理局」繼續辦理。時間已接近下班時刻，張秘書長特別電話請「入出境管理局」副局長稍留片刻，等我送交公文。抵達「入出境管理局」時，工作人員已經下班，警衛通報副局長下樓親自收下公文，答應儘速辦理。

　　很天真的隔天下午再到「入出境管理局」查詢辦理結果，接待處員工查不到案件文號，經說明昨晚親自交給副局長的，立即告知今天不可能會批下來。第二天下午再去查詢時，被告知案件仍然在會「安全局」辦理中。回到家中，想運用一點關係請託，電話向軍校同學，時任聯勤總部副總司令王文燮中將詢問，有無可能幫忙向「安全局」人員請託加速會辦，他說不可能，並真情流露的說：「他×的，七老八十的老太婆，有什麼好安全查核的！」。

　　最後總算找到一位同學的太太在「安全局」辦業務，請託後才能於一個星期內即取得許可來台証明。當時已經傍晚，立即到航空公司購票，由航空公司先行收下許可來台証明，電傳至香港。第二天老媽即搭機來台。那時候老媽和二弟住宿在香港九龍基督教會「平安之家」，其負責人即告訴二弟，我在台灣一定是作大官的，才能這樣快就辦好手續。其實事情就這樣湊巧，谷家恆先生是我在美國聖母大學讀書時的同學，他的尊翁谷正綱先生，以前是「大陸難民救濟總會」的理事長。這也是一個很難得的機緣。老媽和二弟住宿在香港九龍「平安之家」是朋友介紹的，先預付5000港幣，後再付5000港幣，交代二弟結

清帳單後，給三弟1000港元。

　　老母親於1989年8月4日抵達台灣，我申請到公務通行證到機門前迎接，相見恍如在夢中。老母親在台灣期間，堂叔及一些朋友都到家中來道賀，並贈送金飾，中科院政治部主任亦贈送一條金鍊子。

　　我曾帶老媽去參觀六福動物園，她暈車嘔吐，沒有進入園區就回家。原來想環島旅遊順便走訪親友的計畫只好作罷。恰巧森茂叔就住在附近，走路十幾分鐘就到，由他來陪老媽就再好不過了。

　　後來因為老母親身體衰弱，語言方面也無法和其餘家人交談，日常生活難以適應。遂於同年12月2日，再返回大陸與弟弟家人共同生活。在安排老母親來台的過程中，曾經表示過由二弟送到香港，由三弟到香港迎接。可是後來情況有些改變。老媽到達台灣後，原有之大陸證件，由警察局歸入檔案，另發証明辦理戶籍，取得中華民國國民身分證。然而，老媽並非真正要來台定居，當她意欲返回大陸時，必須辦理出國有關文件。本來打算由梅芳護送至香港交給三弟的，卻因老媽在台灣居住未滿一年，香港政府不發入港簽證，於是就麻煩了。依照當時政府的規定，因為我的身分，梅芳是不准到大陸去的。商請森泉叔叔護送老媽返鄉，他不贊同。最後只好決定由梅芳護送至香港，轉機至廣州交給二弟。老媽原來持有之大陸證件，則仍然透過「大陸難民救濟總會」張秘書長的協助，出具公函到警察局領回。由於這些緣故，乃交代老媽回家後，不必多談梅芳護送她到廣州之事，以免消息傳回台灣增添麻煩。正因為這些他人不容易瞭解的情節，再加上老媽返鄉時攜帶一千美元，及親友送的一些金飾，我只說明那是給她的，她怎麼樣用由她決定。於是又造成老家的兩位弟弟之間的矛盾。消息傳來，真是感到悲哀。一場相隔了整整四十年的母子重逢，相聚短短的四個月，卻帶來這麼多的不愉快，真是沒有料想到的結果。究竟我錯在那裡呢？如今時過境遷再作檢討，我是錯了！錯在未能體會當時老家的狀況。那時候的1000美元大概可轉換成8000元人民幣，他們的月薪才幾百元人民幣。老母親和二弟共同生活，就全部交給二弟，於是就產生矛盾了。

　　老母親在台灣居留期間，承告知分別後之家鄉種種情形，實在為老母親所承受之苦難而感到悲傷。談到1949年父親被殺害的往事，老母親先是一陣痛哭，稍後卻以非常平靜的語氣對我說，因為父親曾經在國民黨政府做過事，

共產黨來了以後，也是死路一條。老人家對於所遭受的一切苦難，都歸因於命運。對於我被迫當兵一事，亦表示留在家鄉也沒有好日子過。經過老母親這樣一說，我雖然無法同意父親終歸要死路一條的說法，但也為老母親能夠將悲慟化解而感到慶幸。幾十年來隱藏在我內心深處的痛苦包袱，也因而減輕了許多。老母親近年來信奉基督教，對心理健康甚有幫助。

（1996年7月寫於美國加州寓所）。

「老照片說故事」婆婆在台灣的日子

李梅芳

我常常用作母親的心，想像一個十七歲的兒子被抓走，彼此都知道還活著，卻不能通訊、不能見面的煎熬。

台灣政府一開放探親，錫輝就很焦急地想回老家去見母親，卻受到限制。後來，准許軍公教人員出國觀光，他想到香港和母親會面，卻亦不被允許，於是他決心接老母親到台灣。當確定可以成行時，我們有一大堆計畫，包括把客房改成像老家的床鋪、到各處走走、看看老鄉，還要讓母親這輩子再也不愁吃、不愁穿。

結果，從飛機上走出來的婆婆，卻好幾個小時沒吃沒喝，身上沒錢，因為她不知道飛機上餐飲免費。她只帶個布巾，包幾件換洗衣服，還有鹽水泡過的鹹蛋（為了看兒子存下來的）。

見面後，婆婆最想吃的是瘦豬肉，至於衣服，買不到現成的，也找不到會做婆婆穿的、沒拉鏈、沒扣子的唐裝裁縫師。至於觀光旅遊，她沒有意願，又會暈車，只能勞駕親友前來拜訪。

日子慢慢回歸正常。每天婆婆早起唱聖歌，等兒子一起吃早飯，上班的上班、上學的上學後，她會掃掃院子裡的落葉，看看電視，婆婆非常喜歡「黑盒子」，連「莒光日」教學節目都看得津津有味。晚飯後跟兒子到茶園散散步，日子過得平淡幸福。

家裡曾養過超過十隻小狗，婆婆看我每次煮一大鍋雞頭、雞屁股，就說：

「要吃狗肉，去買就好，不用養這麼多，浪費糧食。」因為雞屁股是她喜歡的食物之一。她還喜愛甜食，我女兒在桃園市上高中，常常順路帶甜點回來，她每次都笑得很開心。

慢慢地，婆婆想回大陸老家，錫輝也知道不能強留。這次由我護送，先訂好廣州花園酒店三天，老家的老二祖孫三代來接機。我們在免稅商店買蠶絲被三大件，還有從台灣帶去大件行李，風風光光地回去。

想到很多人在大陸和親人一別就是永訣，我非常慶幸有機會能夠和婆婆見到面。我們曾向八國聯軍索賠，亦曾要求日本道歉，但是對這麼多被強迫選邊站的國共戰爭受害者及家屬，道義正義在哪裡？

（刊登於《世界日報》2020年01月27日）

圖8-1　老母親抵台時的親友聚會，前排左起劉光漢夫婦、老母親、怡德、光漢長媳及孫。後排左起錫輝夫婦、劉雨聲夫婦。

附記：

　　《世界日報》上下古今版2020年01月27日刊登**《老照片說故事》婆婆在台灣的日子**，劉錫輝臉書立即公開分享並貼文加註：【1989年，承蒙「大陸難民救濟總會」的協助，先慈從廣東經香港到台灣和我們相聚4個月，那是從1949年離別40年後的再相聚，感謝在台灣的親友前來道賀慰問，是蒼天的特殊眷顧。感謝世界日報刊登內人的文稿。先慈一生歷盡艱辛，託天庇佑，安享晚年，感恩不盡！祝大家新春如意！】

緣分

　　人生的際遇、緣分，也許是真有因果關係。在大學讀書期間，國防部保留了我的軍人身分，繼續支領薪俸。當時軍人待遇菲薄，所領薪俸不夠支付學雜費用。蒙在台親友資助一些，另外擔任家庭教師，寒暑假工作，申請獎學金等，以作補助。

　　1965年，承友人介紹至台南榮民醫院，協助幾位準備插班就讀國防醫學院的醫師，補習數學約三個月，因而認識了楊良柄醫師。楊醫師為廣東同鄉，慢慢的建立了友誼，保持聯絡。

　　1966年初，梅芳辭去了台灣省衛生處的工作，因家住台南的關係，就近到台南榮民醫院擔任護士。承楊醫師介紹我倆認識，相談之下，得悉梅芳在國防醫學院高級護理班畢業，與蕭映霞女士為同班同學，大感意外。蕭女士的丈夫唐介眉是我陸軍官校同學，而且在同一個部隊同事多年。他們家就在成功大學附近。因此，經由唐介眉夫婦的幫助，梅芳和我之間，更容易互相瞭解。

　　1967年，梅芳有意應聘赴西德紅十字會工作，為珍惜雙方交往一年多的情感，我倆同意於6月12日在台南市由她母親主持訂婚。梅芳於1967年7月赴西德工作，1969年8月返國。這段期間，我在成功大學機械工程研究所就讀，住在研究生宿舍。除了國防部發給我軍人薪俸以外，另外由中山科學研究院補助全部學雜費及住宿費。因此，心無旁鶩，專心讀書研究。這二年，可以說是我一生中最快樂的日子。如今回憶，仍然心嚮神往。

　　1969年6月，成功大學機械工程研究所畢業，獲授碩士學位。8月到中山科學研究院服務。差不多同一時間，梅芳在西德紅十字會服務二年期滿返國。我倆遂於1969年11月1日，在台南市南門教會舉行婚禮。在人生的旅途中，又是另一里程。婚後生活安定，接著，怡萍、怡君、怡德，相繼出生，加入我們家庭。一家五口過著幸福快樂的生活。以往苦難的日子，已經跑到九霄雲外去了。

　　以前收到一件電郵，談到父母子女是今生今世的緣分。其實，夫妻更是要緣分。梅芳和我的緣分，大概是命中注定的。否則，為何我會認識榮民醫院的楊良炳醫師呢？那就是機緣。若不是梅芳恰巧那時到榮民醫院工作，就不可能由楊醫師介紹認識。若不是談話時又得悉，她的同學蕭映霞和唐介眉夫婦，居然是我們都熟識的好朋友，第二天晚上，就不會不約而同，一前一後的到唐家去聊天，那就是緣分。

　　先打個叉，聊聊楊醫師先前介紹認識的一位姓趙的護士，見面時當著楊醫師的面約她看電影，約好時間在電影院門口會面，她遲到半個多小時沒有露面，我就一個人二張票看完電影。後來楊醫師問她電影如何，她竟說我請她看電影卻「黃牛」，我知道後，寫信說明沒有「黃牛」並附上那天的電影票作証據，她沒回信，當然就不會有下文了。後來她知道梅芳和我認識後，竟敢酸味十足的對梅芳說，劉某人是她不要的。這款女人，真愚蠢，不過是見過一面，連一起看場電影的機會都不能把握住，又不能自知究竟是誰不要誰，還要自己鬧笑話丟臉。幸好梅芳回嗆她：「你丟我撿，沒什麼」。

　　再打個叉，1972年，唐江濤和我同一班飛機赴美進修，他和我以前並不認識。他出國進修博士學位，於1974年暑假返台渡假省親住石園招待所。那時我們住在石園眷舍，散步時在路上巧遇，他說他的太太朱鳳芝認識我，梅芳問起緣由，我就說那是一位筆友。其實，那是一件非常可笑的事情。朱鳳芝在榮民醫院當佐理護士時，有人介紹我認識另一位佐理護士，曾一起到台南赤崁樓遊玩，後來沒有繼續約會。朱鳳芝和那位小姐是同學，特別寫信來介紹那位小姐多麼的優秀，鼓勵我要加油，並要求我不要回信給她，弄得我莫名其妙。所以實際上，不能稱為筆友，根本就只有那麼一封信而已。後來梅芳每次在電視上看到立法委員朱鳳芝，都會說你的筆友上電視了。

　　婚姻，姻緣，是因為有緣，才會結為夫婦。緣分好不好，要看各人的造化。普天之下，完全圓滿的婚姻，不可能很多。唐介眉和我是官校同學，在同一部隊服務好多年，非常熟識的朋友。他婚後住在陸軍第四總醫院旁邊，離成功大學很近。我曾經多次到他們家聊天。在認識梅芳之後，我曾問過唐介眉，為何他沒有想到介紹梅芳和我認識。他說：「你們倆位的個性是天南地北之差，怎麼會碰在一起的。」旁觀者清，他說的大概很有道理。

　　我認識梅芳時已將近大學畢業了，陸軍總部原來要派我到桃園縣中正理工學院，是我到陸總部要求改派到鳳山陸軍官校服務的。台南和鳳山距離不遠，放假時可以常相聚會，時間晚了，就在台南空軍新生社住宿。那是軍人出差住宿的地方，設備簡單，收費便宜，離開她家又近，非常方便。後來我考上成功大學研究所，她要去德國當護士。倆人決定先訂婚。在分別的二年期間，經常書信來往。

　　我研究所畢業後，住台北金新家等待派職令到中山科學院服務時，接到她要回國的信。只說那一天離開德國，沒有說那天會回到台灣。結果，她在泰國多玩了幾天，我就在台北松山機場，癡癡的多等了幾天。我官校同學李建白在機場安全部門服務，就在海關的樓上辦公。他讓我在樓上窗口邊坐著等人。當我看見梅芳進入海關時，李建白就下樓到她旁邊一站，行李就不用檢查了。但是她帶回的收音機，要送到電信總局截除一部分頻寬，以免接收到大陸匪區的節目。李建白職位不高，幫不上忙。在台北吃完晚飯，我護送她回台南，仍住空軍新生社。第二天陪她去電信總局領收音機時，她在櫃台對職員大聲批評，我在旁邊多嘴，當場被刮鬍子不要多管閒事。第三天，我即北上到中山科學院報到上班。十多天後，梅芳由林桂蘭陪同到中科院來找我，已經下班了，而且我是新進人員，沒有多少人認識我。但是巧得很，大門警衛室的總值日官是袁廷才，成大同學，遂由他用腳踏車載她倆到石園宿舍找到我，安排她倆人到招待所住宿。第二天，林桂蘭就回台南。梅芳留下來後，才和我靜心的討論到結婚的問題。

　　結婚後才一個月，梅芳就說要再出國。她要再出國的原因，我到現在都不瞭解。起初我以為是她對婚姻不滿意，那就一切隨緣，由她去吧！但她到美國後卻來信說，在包鞋子的報紙上看到房屋廣告，要我去看看，合適就買下來。

又不像有婚姻危機。我說的命中注定，是指我的整個人生旅途，都是坎坷不平。特別是在這條婚姻道路上，一路走來，走得有點搖搖擺擺。那不是一條康莊大道，有坦途，有險坡。有快樂，也有挫折。當然有感謝，而且感謝很多。婚前，李蘭英就曾預告我們婚後生活會多彩多姿，只是沒有料想到是這樣子的多彩多姿。這不就應了唐介眉說的話，兩位個性相差像天南地北的人，怎麼會碰到一起的。能說不是命中注定了的嗎！

從1966年認識迄今，已歷四十四載寒暑。春夏秋冬，變化萬千。梅芳在興緻好時曾說過，我能夠娶到她要躲到床舖底下偷笑，我也說過彼此彼此。

在此，我要引述國父孫中山先生的名言：「天下事不如意者常十之八九」。同時我要申明，願意依照台積電公司董事長張忠謀先生說的：「常想一二，不思八九」作為自勉。

（寫於2010年1月31日）

父母子女的緣分

龍應台的書〈背影〉，散文體裁。描述她和父母及子女的生活點滴。有人製作了一份PPS圖片〈父母子女是今生今世的緣分〉。

2013年3月初，得知怡萍一家要參加Disney郵輪由休士頓至迪斯耐世界旅遊，梅芳亦想參加並要求訂有陽台能看到海的艙位，我立即行動。先安排將信用卡限額提高，並交代Eric代為訂位。想不到他竟能說服訂位人員減價，讓我們以半價2868元得到有陽台的艙位。他們的艙位在同一層，無陽台卻付了4000多元。接著怡君替我們安排至休士頓的來回機票及旅館，另外給我們3000元作為生日賀禮。適逢天公作美，那幾天風平浪靜，氣候良好，完全沒有以往乘坐郵輪的暈船現象。因此這趟旅遊真實的享受到了愉快。

4月初回到家時，收到太極皇宮賭場旅遊領隊的留言，詢問是否參加4月18至20日太極皇宮賭場三十週年慶旅遊，因為怡德的行程，我們放棄了。另外在3月初，眼科醫生建議我要作白內障手術改善視力時，得知怡德將於4月中回家，梅芳主張把握住機會安排我的白內障手術時間，讓怡德陪同駕車照料。後來事與願違，醫生時間無法配合。梅芳遂希望由怡德駕車，我們去太極皇宮賭

場。怡德在4月19深夜返家，20及21日他已安排與朋友聚會，去太極皇宮賭場就不可能了。22日梅芳提出去Filoli Garden參觀，抵達後才發現週一不開放，臨時改變行程到半月灣遊覽並午餐。在閒聊時，怡德談起小時候，我沒有給他當馬騎過，引發興趣寫下這篇〈父母子女的緣分〉。

我和父親的緣分

我和父親的緣分實在單薄。我五歲時，父親在村中私塾教書，我隨班附讀。那幾年大概就是和父親最親近的時間。午餐由家裡送來，我和父親一起吃。在我約八、九歲時父親在韶關稅捐處工作，那是在我童年記憶中，家裡境況較為好些的時候。我十歲以後，在水口讀小學五、六年級時，在堂叔店中寄宿，偶而可以見到父親。我考入水口三中時，成績不好，據說是因為他和校長很熟才錄取的。初中畢業那年，畢業考前和同學討論，覺得將來毫無前途，不如去參加青年軍，遂和幾位同學離校出走到興寧，被妙燊叔到興寧把我押回學校。到校後立即參加畢業考試，父親在校長室等了很久，校長將我的第一份考卷給他看過後才離開。過了幾天後在家見面時，頭上還挨了一疙瘩，使我留下深刻的印象。1949年，胡璉的部隊經過老家時，搶劫糧食，他口頭表示抗議，竟在家門前被槍殺。當時我逃往外婆家中躲避，連他的最後一面都沒見到。

我和母親的緣分

我和母親的緣分較父親稍微厚實一些。小時候都是母親在照顧，她身體強健，操持家務。一大家人的生活都是她在張羅。

1949年我被抓當兵時，曾經在水口三中停留七天，老母親悲傷得無法前來見面。到金門當兵後經由在香港的朋友轉信，曾和家中通過一封信，以後便音訊不通。

1978年，經由在泰國經商的劉文彬先生的協助，和老家取得連絡。乃透過朋友的協助，陸續以少量金錢接濟老母，使無衣食之虞。

1987年政府雖然開放老兵可以赴大陸探親，但現役軍人及一些其他人仍然

禁止。後來准許軍公教人員出國觀光，卻將香港排除在外。申請事假赴香港和母親會面都不同意。乃依照「大陸難民來台辦法」申請老母親來台定居。

1989年8月4日老母親抵達台灣，一別重逢竟然就是整四十年。因為老母親身體衰弱，語言方面也無法和其餘家人交談，日常生活難以適應。遂於同年12月2日，再返回大陸與弟弟家人共同生活。

自從1992年退休後，每年返回大陸一、二次，都是台灣、香港、梅縣，直接回到老家。除了到過深圳、廣州一次以外，從未到過大陸其他地方，可以說是純粹為了探親。直到2000年返鄉時，聽三弟談到他們倆夫婦到北京旅遊的事，才下決心於2000年12月，和梅芳參加旅遊團到北京上海旅遊。

2001年10月，梅芳和我再度到大陸長江旅遊，回程經過廣州，順道返鄉探親。回到家中，看到老媽滿面愁容，猜想是因為二弟媳患糖尿病很嚴重的緣故。年底接到二弟媳病逝的消息時，即意料到老媽可能心理上會受到打擊。果然不久，老媽便生病無法起床。2002年4月25日，老母親終於離開了我們，享年九十歲。

因為李登輝在康乃爾大學發表的演說，1996年中共對台灣外海發射二枚飛彈示警。擔心兩岸再度隔離。那年探親時除了給老母親生活費外，另外拿出2000美元用二位弟弟名義，分別各自存入銀行1000美元，言明若因兩岸再次開戰時，專作奉養老母親之用。後來他們倆要求提出來使用，承諾會奉養老母親。所以老母親逝世時，我要求三兄弟平均分攤辦理喪事費用，共同對老母親盡最後一份責任。

我和子女的緣分

1969年11月1日，梅芳和我結婚時，租了一間新建完成的公寓，中壢市平安新村二巷一號，樓上二個房間，樓下客廳、廚房、浴室，僅有簡單的傢俱。結婚一個月後，梅芳出國赴美旅遊再赴西德工作。我一個人住在新居，照常到龍潭中科院上班。因為那時候軍眷出國要先經過國防部核准，梅芳未通過這個程序出國，辦公室沒有人知道，而我亦不敢對別人說。那時上班，從家裏要走30分鐘的路到新竹客運招呼站搭客運車。等車時，有位同事談起分期付款買房

子的情形，都認為物價房價一直在漲，不可能存夠錢才買房子。我當時才剛進中科院，月薪連研究加給才六千元，又無積蓄。幸蒙劉金新兄借給我五萬元，遂購入一戶興建中的新國光一村預售屋。合約總價約十五萬元，含貸款四萬八千元。自備款依照工程進度分期付款。新建房屋初步完工交屋後，在周邊道路尚未完成及自來水尚未接通之情況下，為了節省在平安新村的租金，於1970年4月遷入居住。反正就是自己一個人，縱使生活上有些不方便，也得忍耐。因此，1970年8月梅芳再由西德返國時，就住入中壢新國光一村的新居了。

　　這裡有個小插曲：1970年石園醫院為了支援石門水庫管理局員工及眷屬醫療服務，增加醫生及護士，梅芳在1970年從德國回來前一個月，我去見石園醫院周辛南主任（院長），探聽梅芳到醫院工作的機會，他滿口答應並表示歡迎，梅芳從德國回來後，我們帶了一份厚禮去見周辛南主任，談得很愉快，幾乎是定案了，過幾天後，他打電話給我，約梅芳見面，在這個節骨眼上，梅芳到日本參觀世界博覽會旅遊去了，回來後，原來預定的護理長位子已經被別人佔據了，「煮熟的鴨子飛了」，只好去桃園聖保羅醫院任護士職。梅芳後來於1971年4月進入石園醫院任護士。當時，中科院在石園宿舍區域興建完成24戶公寓，我以夫妻均在院工作的條件，優先獲得承租權。遂于1971年6月遷入居住。因此，我們在短短的不到二年期間，住過三間新房子，算是很幸運了。

　　李梅芳在石園醫院擔任護士職期間，據了解先前有位護士生產請假一個月，假期滿後再辭職，造成護理人員輪班有困難，醫院主管周辛南違反公務人員服務法令，藉口維護孕婦安全，護理人員懷孕滿八個月應即離職，簽報中科院院長核准。此一違反法律的公文曾傳給護理人員閱覽，無人提出意見。沒想到這件公文適用的第一個對象竟然是梅芳，而且是空前絕後的唯一對象，此一違反法律的公文以後即廢止了。

　　1971年梅芳懷孕時，醫院主管周辛南先不執行「懷孕八個月必須辭職」公文，暗示可以繼續工作至生產，產後用休假取代產假。1972年怡萍出生後，梅芳遞交產假申請單，周辛南不作處理。僵持之下，他委託我的副所長張昭德向我關說，希望梅芳先辭職，只要她願意繼續工作，周辛南保證再聘用。梅芳不同意這麼安排，不願讓我介入此事，後來被醫院簽准解僱。當時我已被提名出國進修，不願為此造成中科院院長無台階可下的困境，忍氣吞聲沒有採取任何

行動。何況梅芳已確定不回去繼續工作，變成爭議焦點只是一個月的薪資，此事便不了了之。

1972年9月我赴美國聖母大學進修，梅芳在家照顧怡萍，又是懷孕在身，遂請來一位小女孩幫忙，怡君出生後，岳母亦來家中幫忙。

1973年4月碩士論文口試通過後，立即申請返台。依慣例畢業後有二星期公假在美參觀旅行，已安排好了行程，卻臨時接到加派任務，再加二星期公差，到馬里蘭州參觀美軍外彈道實驗室。到華盛頓特區找武官代為申請，本來可以用公費在華盛頓特區多參觀幾天，卻歸心似箭。在等候三天沒有得到答覆後，即取消後續到德州的行程，直接返回台灣。回到家中，怡萍會歡迎爸爸，怡君則不讓我抱，大哭迎接初見的爸爸。

1974年，中科院選派15人小組赴美國麻省理工學院作專案研究一年，待遇很好。負責人徵求我參加，經與梅芳商量後，決定以照顧家庭較為重要而婉拒。

1975年怡德出生，給我們帶來喜悅，覺得婉拒赴美國麻省理工學院作專案研究，是正確的選擇。

怡萍的滿月酒在石門水庫環翠樓設席，正式印發請帖。賓客主要是中科院長官及同事，李桂芬大姐夫婦當時住桃園市亦受邀參加。

怡君的滿月酒在石門水庫管理局附近金蘭活魚餐廳設席，我在美國，沒有正式印發請帖。

怡德的滿月酒比較特別，在家中請客。由在台中開小吃店的森鳳叔專程包計程車連同食材到家中烹飪。主菜是廣東式生魚片，釀豆腐，紅燒肉，白切雞，滷菜等，都是他的拿手菜。晚宴後他即乘原來包下的計程車返回台中。

回顧子女的成長過程，是由梅芳全心全力在照顧他們，我參與不多。只有週末才能全家人一起出遊。

有一部電影〈兒子的大玩偶〉，我沒有看過，但知道部分劇情。假如時光能倒流多好，我願意仿照該劇給兒子當馬騎，阿德也許就沒有「抱怨」了。

當逸園的房子建造完成，幾年後還清債務，我們就決定降低儲蓄比例，提高生活品質。週末例假日，梅芳希望全家人外出旅遊，我因為工作疲累，很想在家休息，因此駕車旅遊，反而覺得是一分負擔。雖然如此，仍然盡力而為。

　　子女教育方面，他們都很優秀，成績良好。怡萍、怡君都曾經在高中暑假參加赴美教學旅行團。梅芳曾利用暑假帶怡君、怡德到歐洲旅遊。

　　1990年獲得美國移民許可，梅芳和子女赴美，我仍留在台灣繼續工作，換取生活費用。他們曾在年底返台省親，我亦在1991年請事假赴美探親22天。那年逸園房屋漲價，梅芳年底返台時說，趁這幾年孩子們還需要照顧的時候，全家人團聚比什麼都重要。於是賣掉房子，辭去工作，1992年初赴大陸探親後移居美國。

　　梅芳和子女初到美國時，承蒙成功大學研究所及大學部同班同學鄒成虎的協助安頓居所，並安排子女就學。所幸子女都很爭氣，很快就適應新環境。

　　怡萍來美後進社區學院，再轉入戴維斯加州大學畢業，然後就業，結婚。有二位女兒，現讀大學、中學。

　　怡君來美後再讀一年高中，然後進社區學院再轉入河濱加州大學畢業，聖地牙哥加州大學研究所獲得碩士學位，畢業後回台灣工作兩年再返美國就業，結婚，現育一了。

　　怡德來美後讀高中，再進柏克萊加州大學，一年級時曾到德國作交換學生一年，大學畢業後再讀同校研究所獲得博士學位，然後到康乃爾大學任助理教授，新加坡大學耶魯學院副教授，現任麻州波士頓大學副教授。

　　他們升學就業都沒有讓我操心，感到很欣慰。

　　自從梅芳年滿65歲參加聯邦醫療保險後，保險費都是由怡君支付。怡萍支付我的聯邦醫療保險。另外在年節、生日等，子女都會給賀禮。讓我們經濟上沒有壓力，更感到非常安慰。

　　在此順便談談在中科院工作薪資和退休金的差額。上校軍官的待遇分為薪俸、服勤加給、主管職務加給。中科院研究人員依照職等不同另發相當於薪資的研究費。上校退休金只發薪俸的部分再依年資多寡打七折到九折。其餘各項加給及研究費當然就沒有了。那時候我職等為簡聘技監主任工程師，因此我的退休金大約只有工作時薪資的四成，差額頗大。所幸我們運氣還好，逸園的房子賺到很多錢，足夠補償提早退休的差額。讓我們可以在美國生活無憂無慮。

（寫於2013年4月28日美國加州寓所）

陸軍官校學生自傳

　　我姓劉名錫光，現年二十歲，係廣東省興寧縣人。地處窮鄉僻壤，交通不便，文化低落。祖父連成公，為人忠厚樸實，以農為業。父親展文公，畢生服務黨政機關，曾渡粉筆生涯。家中共十五口人，全靠種田度日。家境清貧。余就在此苦難環境中生長，養成刻苦耐勞的性格。

　　我幼時身體強壯，六歲時就讀余父所教之私塾。以人之初為讀本，然因年幼無知，致每遭父親譴責。兼之余父管教甚嚴，所受課目，若不能背誦，則不令歸家。當時我雖非常抱怨，但今思之，則實為教子之道。至八歲時，余父於興寧縣黨部任書記職，私塾停辦，遂轉入光華小學念書。終因小孩貪玩，飽食嬉遊，致一無成就。十一歲就讀水口水東水西二鄉聯立中心國民學校，斯時教務主任馬可光先生管教有方，余亦稍知人事，僅歷二載，實獲益頗多。以後各項功課之基礎，皆立於此。民國三十四年，小學階段告結束，時我已十三歲了。同年秋考入縣立第三中學求學，入學不久，便抗戰勝利。八年之堅苦抗戰，終於獲得了日本的無條件投降。光陰似箭，轉瞬又是三年，又屆初中畢業。斯時我進步很快，曾獲得學校的免半費三期。初中畢業後，得雙親允許繼續升學。遂投考縣立第一中學高中部肄業。可恨毛匪猖狂，手段卑污毒辣，神聖學府，亦為共匪煽動，層起風波，於是學問一無所增。

　　民國三十八年夏，共匪南渡。水口本為不毛之地，亦遭其害。更在七月間，我父親因曾服務黨政機關而慘遭其害。而今思之。令人髮指。我為報家仇雪國恥，終於拜別了年老的慈母，離開了天真活潑的弟弟妹妹，拋開了可愛的家園，加入了革命陣營（陸軍第五軍第十四師第四十一團）。入伍不久，便是「十、廿五」這光榮的日子，造成了金門大捷，我亦稍微吐了一口氣。此一戰役更在狂濤駭浪中挽救了中國的國運。

　　政府自遷台後，革新組織，政治、軍事、經濟及各項事業都蒸蒸日上。國軍的四大公開，補給制度及人事制度的建立，主官任期制度，實踐制度的履行，更証明自由中國的進步，反共抗俄前途樂觀，反攻大陸，勝利在望。

　　這次軍校招考二十五期學生，蒙長官垂愛，保送報考，更蒙學校各長官青

睞，予以錄取，內心非常興奮感激。自感學識淺陋，難於造就。不過，我自命有一顆純潔的心，奮鬥的火焰，接受革命烘爐的嚴格訓練，服從校規，恪守紀律，以充實革命理論，戰鬥技能，將來對國家民族盡更大之努力，完成國民革命反共抗俄第三任務。

（自傳原稿1952年4月寫於台灣鳳山陸軍官校）

陸軍官校學生自傳後記

　　1977年國防部頒布「華廈貸款」專案時，名額有限制。申請者年資條件都差不多，若有士兵年資証明，可以增加積分優先獲得核准。曾經由陸軍官校陳國慶同學陪同找到當兵時的營長李惠民先生，他已上校退休，私人出具信函無效，必須少將官階主官出具公文方可。因此該年申請「華廈貸款」，因名額限制沒有獲得核准。

　　1978年1月16日得到在官校考核科服務的陸軍官校同期同學的協助，在塵封的資料中找出學生自傳，據此簽請官校出具証明書，才能在1978年具備優先條件，獲得國防部上校階級「華廈貸款」三十萬元，用於興建逸園房屋。

　　後來在1987年上校屆滿限齡退伍時，在上校軍階退休軍人保險金之外，另加補償士兵年資及勳章獎章折算獎金等約二萬多元，合併共領到約八十萬元存入優惠存款帳戶中。（即18%年息優惠存款）。

　　自傳中有些不正確的敘述。因為軍官學校報考資格要高中同等學力，我由當兵的營長保荐高中肄業。在自傳中謊稱曾就讀興寧高中一年，或許可以原諒。但是虛構父親慘遭共匪殺害，為報家仇雪國恥，終於拜別了年老的慈母，加入了革命陣營等等，真荒謬！

　　自傳是在1952年4月1日入伍後寫的，上面留存有隊上指導員的圈點，批改。我現在想不通為何當時要那麼樣寫。除了這部分以外，其餘的家庭狀況等等，倒是確實的。

　　2012年11月26日曾立權夫婦邀約參加台北市興寧同鄉會聚餐時，彭佛金談起他在1949年農曆閏7月25日被胡璉部隊抓兵至水口三中集合，8月1日半夜乘車至湯坑，後來走路到揭陽、汕頭，然後上船在海上七天六夜，到金門後編入

部隊。聽到後非常驚訝他竟是和我同一天被抓兵的同鄉,在同一個團當兵。以前幾次興寧同鄉會聚餐,他都沒有談過那些事。而且我亦是第一次知道是在那一天被抓兵的。因為那時候父親在家門前突然遭到胡璉部隊槍殺,母子正不知道以後要怎麼辦的時刻,自己又被抓兵,腦中幾乎茫然無知,只是迷迷糊糊的被迫隨著他們走路罷了,完全不知道是何月何日。

梅芳有時候批評我「心還是留在大陸沒帶出來」,那樣說是不正確的。還不如說「心被狗吃掉了」!不是有人說:「殺父之仇不共戴天」嗎?「國民黨的軍隊」殺了我的父親,自己反而加入了國民黨,又做了「國民黨軍隊」的軍官。我必須承認作的是中華民國的軍官,否則會無地自容。在陸軍官校畢業同學錄上,有許多位同學的相片上蓋了紅色的淘汰印章。為什麼?那是在畢業典禮前一天被淘汰的。晚點名後被留下,當晚就把從民間考進來的,送回老家,從軍中考進來的,送回原部隊,唯一原因是沒有加入國民黨籍。長官說:「陸軍官校是黨的學校,必須加入國民黨,否則就必須開除。」畢業同學錄不能重印,因此在他們的相片上蓋了紅色的淘汰印章。

自傳中所謂拜別了年老的慈母,事實上被抓兵後,在水口三中集結的七天中,因為老母親悲傷過度,連一次面都沒有見到。我還算有一點兒福分,後來還有幾十年反哺的機會。

1987年政府開放准許老兵赴大陸探親後,軍中的聘雇人員還是被禁止的。內心受到很大的衝擊。若僅因返鄉探親之故而辭職,對妻子兒女也是不負責任的做法。因此時常感到無可奈何!

1988年國防部明令准許軍中人員出國觀光。另據聯合報11月21日刊載,「陸軍官校人員一批出國觀光,途經香港與大陸親屬會面。」遂於1989年2月27日滿懷希望的提出自認為「文情並茂」的報告,申請事假到香港和老母親會面,完全沒有料想到在報告送出十多天後,被撥一盆冷水。楊景櫚少將面無表情的將報告退回給我,只說了一句話:「沒有辦法」。我能不心寒嗎?覺得以前被騙「解救水深火熱中的大陸同胞」,連自己的母親都救不了。自己放棄了許多休假的時間拼命工作,卻換得這樣的待遇,真太不值得!

那時候,中科院每逢週六上午,看華視「莒光日」教學節目或小組討論。依照規定我要在小組討論會當上級指導員。有一次莫名其妙的,發下指導綱

領，要我照本宣科，說明開放大陸探親是人道政策，想麻醉人心。我自己正處在萬分苦惱的情境中，這不是強人所難嗎？難怪我會脫稿表示無所謂人道問題，因為邏輯上說不通。若說開放探親政策是人道，則以前不開放就是不人道，准許老兵去大陸是人道，則對那仍然被禁止的人就是不人道。結果被人打小報告，差點兒弄得不可收拾。

　　這篇自傳內容有真有假，謊稱高中肄業，虛構父親被共匪殺害及自己被抓當兵之情節，在那個時代背景之下，或許無可厚非。若以一篇學生作文的觀點來審視，自評應可算為合格作業。

　　這篇自傳是曾經在部隊當兵的唯一記錄資料。未料卻能據此獲得陸軍官校出具公文証明我的士兵年資，派上用場，獲得華廈貸款及退伍士兵補償，則確實有難以言諭的價值。

（後記寫於2013年2月5日美國加州寓所）

移民美國

　　因為梅芳的弟弟李武雄早年到美國留學，然後在美國就業，成為美國公民。遂由李武雄提出申請兄弟姐妹移民美國申請書。

　　1990年，美國在台協會通知，接受我們移民美國的申請，時間上是這樣的湊巧。因為到年底，怡德就要受到兵役法的管制，不能離開台灣出國了。遂於7月14日，梅芳率子女來美定居。我則暫時留在台灣繼續工作。

　　1990年聖誕節假期，梅芳和子女返回台灣相聚，向時任兵役司長的陳定中同學查詢，有無可能讓怡德在台灣渡過新年假期後幾天，再出境到美國，得到千萬不要去碰這個關卡的訊息，他無法幫忙。梅芳和怡德，遂匆匆忙忙的在12月30日速即再離開台灣，二位女兒沒有兵役問題，留下陪我過新年後再赴美國。

　　1991年5月，我請事假二十二天，到美國團聚。

　　1991年底，因為工作環境改變，已經在思考辭職，梅芳返回台灣，協助處理出售逸園房屋的有關事務。

　　1992年2月，中科院批准我辭職。於2月底與梅芳同赴大陸探親，然後來美國定居。移民美國的生活，真是所謂「寒天飲冰水，點滴在心頭。」我常常和

朋友說，移民好比移植樹木。假如是一株小樹，很快就能夠適應新的土壤，茁壯長大。但是，假如移植的是一顆老樹，則它已經在原來的土地上盤根錯節，勉強的將它移植到另一個土地上，其困難度是可想而知的。然而無論如何，移民初期的困難總算是熬過來了。

2009年得悉老家祖屋大廳重修完工，引起再次返鄉的念頭。那趟旅行我很感謝立云侄的照料，從深圳接機到他家住一晚，然後開車陪伴我們到老家，又開車戴我們到梅縣旅遊，然後再開車送回深圳，再在他家住一晚，第二天才送至機場，所以那趟行程非常順利。回到老家的第三天，我們出錢辦桌宴請親友，席開六桌，大家都很高興，曾任國小教員的堂弟裕祥撰寫了〈游子回鄉〉七言詩，準備用紅紙書寫貼在祖屋大廳宴席地點。我表示當時不是隨波逐流到台灣，而是後來「隨波逐流到美國」倒是真的。雖然「到美國」並不是我的夢，但沒有人用槍逼著我走。我只更改了裕祥撰寫的〈游子回鄉〉二句話，情境涵義便完全不同。

裕祥撰寫的〈游子回鄉〉：

> 隨波逐流到台灣，身歷苦難萬萬千。戎馬生涯真兇險，此命差點到黃泉。
> 經國掌權換了天，赴美留學再回台。成家立業育兒女，祈望回鄉報親恩。
> 兩岸解凍暖回春，終於到家見母親。兄弟叔侄互不識，歲月流逝不復回。
> 父母恩情似海深，兒女孝敬責任重。感謝兄弟盡孝道，手足之情心連心。

我建議修改的〈游子回鄉〉：

> 荒謬無奈到台灣，身歷苦難萬萬千。戎馬生涯真兇險，此命差點到黃泉。
> 棄武就文改出路，赴美留學再回台。成家立業育兒女，祈望回鄉報親恩。
> 兩岸解凍暖回春，終於到家見母親。兄弟叔侄互不識，歲月流逝不復回。
> 父母恩情似海深，兒女孝敬責任重。感謝兄弟盡孝道，手足之情心連心。

年金改革之我見～十年河東十年河西

真是十年河東，十年河西啊！想當年幾乎沒人肯幹的行業，曾幾何時，竟變成為「坐享高薪」階級，挨「清算鬥爭」的情境。

1949年有一批「流亡學生」隨著政府走，到了澎湖就大部分被迫當兵。另外，也有許多被部隊從大陸撤退時沿途抓來的兵。這些兵後來的發展情況各異，有的成為榮民之家的「老榮民」，有的轉行當教員，有的當了軍官，甚至於上將都有。他們現在都退休了，而且也很多離世了。

因為以前軍人待遇低，要求向公教人員比照提高，後來國小教員比照軍人免所得稅，然後國中比照國小教員免所得稅。於是軍公教待遇幾乎拉平。現在軍公教都混在一起談。明年開始都要申報所得稅。要申報所得稅的另一意義就是所得待遇夠生活了。

這些日子，被「清算鬥爭」得最多的人，是退休軍公教人員。但是很多批評都是情緒化言詞。為此緣故，筆者願意提供一些數據以作參考。

1954年軍人待遇，管吃住外，月薪少尉110元，中尉130元，上尉150元。1960年上尉月薪300元，1969年少校月薪3,000元，1987年上校月薪及職務加給共約50,000元。歷經三十多年的變化，薪資所得與時俱進，但自此之後，好像就停頓下來了。

如今的社會環境為何變成如此不堪？貧富懸殊不均現象非常驚人。一個被拍賣的二手皮包超過100萬元，大學畢業生起薪才二萬二千元，難怪造成民怨。但是為何不思考何以至此？竟將民怨發洩的對象，指向退休軍公教人員，未免弄錯方向太超過了吧！

馬政府派「傳教士」到監察院，「算命師」到考試院，就是最大的問題。要談改革，這兩個機關，早就應該像「蒙藏委員會」進入歷史。台灣就那麼小的地方，幹麼要擺那麼大的排場。不思根本問題，只管皮毛，砍向退休人員。什麼90制、85制，都不是問題，那兩個「養老院」才是問題。只站在退撫基金立場考慮，而且當「算命師」，宣稱公務人員65歲退休，餘命17年都算出來了。多無聊！「店」是這樣開的嗎？除非這個「店」熄燈打烊，否則就得照

規矩辦事。老夫年屆八十，被他騷擾得「寢食不安」，該告他一狀才對。罪名嗎？就定為「騷擾老年人罪」吧！希望有同感的朋友一起站出來表達意見。

鄒成虎同學回應：

> 世事多變化，怎能奈何它。
> 河東位河西，丐漢成大咖。
> 你我皆已老，苦笑看天下。
> 煩惱隨它去，混亂且由它。

（原文取自《大變動時代的滄海一粟　劉錫輝回憶錄》，
劉錫輝臉書貼文於2017-01-24）

烽火奇蹟，小小的世界。

這是一個「小小世界」的真實故事，在那個烽火連天的歲月，發生在七十年前。話說1948年國共「內戰」時，在筆者老家廣東省還是有點秩序，維持徵兵制度，抽壯丁，被抽中的人，可以出錢找人頂替，筆者一個堂叔劉森茂為了一擔稻米的代價，頂替當兵，隨著部隊遠離，1949年到了台灣，我倆彼此沒有聯絡。

另外，1949年胡璉部隊敗退經過筆者老家，毫無秩序，搶糧抓兵，我被抓當兵，到了金門，參加了古寧頭戰役，整個師的兵，絕大部分是廣東人。

1952年筆者考取陸軍軍官學校，離開部隊前，一個同鄉託我去見他的弟弟，給了通訊地址。我到軍校後通信取得連絡，知道他在某部隊任軍職，已婚，家住台南當時的陸軍第四總醫院後方，約定某個星期日在他的家中見面，我依約前往到他家時，他尚未回家，和他的妻子閒話後出來，在他的家門口看到一個人在水井打水，覺得有點面熟，像是我的堂叔劉森茂，上前搭話，他滿口廣州白話，我穿著軍服出現在他的面前，他料想不到，就是在這樣的烽火歲月中見到了，世界就是如此的小，原來我的堂叔在替他的長官建築房子，第四總醫院後方的空地上違章建築。

1980年代我在中科院工作，家住龍潭，森茂叔以士官長身分退伍後，常常到我龍潭家中，隣居友人介紹一位婦人和他結婚，就選擇落居在附近。

1989年我的老母親由廣東來台灣相聚，因為語言和我的妻子小孩不容易談話，森茂叔和我的老母親正好可以交談，填補我上班工作時的空檔時間，真是蒼天的安排。感恩！

那位約我在台南見面的人，退休後在台北市南京西路開中藥店「榮善堂」，很有名的。他的哥哥退伍後，在屏東美濃客家區當地理風水師，名字叫做「好難逢」，據說在達官貴人間很有名的。

當時撰文的動機是：臉書通知我回顧三年前的今天的貼文，〈一碗飯一世情〉。感嘆曾經對我有恩的長輩都仙逝了。那個烽火連天的歲月，小小的世界，劉光漢和劉森茂都是我老家的長輩，在老家離別多年之後，在烽火連天的歲月，居然在台灣奇蹟相逢。

臉書貼文公開後，網友張嘉富留言：「榮善堂的一位總經理陳史恆先生，是我先母的表哥；廣東興寧人！榮善堂後來改名為『榮善堂中醫院』，我好久沒有去到南京西路的店，不知道現在的情況？而先母的表哥也去逝多年了！」

（2019年5月7日劉錫輝臉書貼文）

一碗飯一世情

媽祖誕辰這天，也是我的生日，參加旅遊團以資慶祝。在旅途中突然收到勤興弟的電郵，訃告光漢叔在媽祖誕辰那天仙逝，享壽九十一歲。光漢叔和我結緣本來就非常特別，但是居然都和媽祖誕辰沾上關聯，則是特別中的最特別。

今年元旦，我幾次打電話給光漢叔都沒有接通，決定二月回台時，一定要去探望，然而到台灣後和勤興弟聯絡時，他婉謝並表示光漢叔健康尚可，只是年紀大，行動有些不便。當時沒有堅持前往探望，如今只有感到懊惱和悵然了！

光漢叔是我同村的長輩，小時候一起上學，他輩分高，因此稱呼他為光漢叔。他在抗日戰爭時期，小學沒有畢業即投考防空學校，怎麼能料想到，我們都會在一九四九年來到台灣。

　　初到台灣那幾年，我們沒有聯絡，不知道彼此都住在台灣。大概是一九五五年，我在台南突然接到光漢叔的來信，約我到台北見面。光漢叔隨軍到台灣後，以無職軍官身分離開軍隊，後來在台北謀生活，認識一些同鄉。我有一位初中同學在台北工兵署辦業務，同鄉朋友邀約到光漢叔住處閒聊，他倆本來不認識，在交談中得悉我在台灣，於是在茫茫人海中取得聯絡，再次相聚。

　　一九六四年我在成功大學讀書，暑假到台北打工，住在三重金新家中。那時光漢叔已婚，住金新家中後面一間，金新住前面一間，我住中間。所謂三間，其實只是一大間，用木板隔開，沒有房門，只用布簾。金新清晨要到市場，所以我的早餐和光漢叔夫婦一起吃，晚餐則和金新一起吃，我沒有付過錢給他們，兩年暑假都是這樣。

　　他們和我沒有血緣關係，承蒙他們的照顧，感激不盡。七十年前和光漢叔一起上小學的記憶已很模糊，後來能在台灣奇蹟重逢，那段日子至今記憶猶新。

　　一碗飯一世情，謹以懷念感恩之心，敬祝光漢叔安息。

（刊登於世界日報家園版2016年5月27日）

▌第九章
出版《回憶錄》及《錫輝文集》

出版《大變動時代的滄海一粟 劉錫輝回憶錄》

　　2013年7月11日在美國加州Cupertino圖書館，出席《陳若曦的七十歲自述；堅持、無悔》讀書會，讀者分別發言，表達讀後感想及看法。有位讀者以他的自傳《馬忠良回憶錄從二等兵到教授》，致贈陳若曦。因為有讀者對戰後派來台灣的軍人軍紀敗壞，軍容不佳，及「二二八」事件發表評論，稍後我即以自己也可以算是「從二等兵到教授」作為引言，表示軍隊大陸敗退時，就已經軍紀敗壞，不是到台灣後才這樣，也是那個年代的悲劇。我身受其害，感觸良多，現在選擇寬恕原諒。讀書會主持人吳玲瑤女士說，所以你才能夠從二等兵到教授，並詢問我有否寫回憶錄，答以已經寫下存在電腦磁碟，自認對社會大眾無甚助益，只想留給子女參考。

　　馬忠良先生是成功大學外文系同學，在美國獲得碩士、博士學位後再回成功大學歷任教授，系主任，訓導長，院長等職而至退休。承蒙馬忠良先生將他的大作惠贈，封面上的標題：從二等兵到教授，八十年的坎坷歲月，八十年的時代記憶。立即抓住了我的視覺，再往腦海裡深進，引起共鳴。讀後更加引發見賢思齊的念頭，乃思考重新編整以前的回憶錄，是否能印出來給親戚朋友分享我的心路歷程。我的回憶錄，大致以〈五十歲感言〉為綱，六十歲來美後寫的〈我的回憶〉為本，七十歲後陸續增加一些隨興之作，寫下〈八十感懷〉之後，即已告知子女，除非有特殊情況，回憶錄不再修改。古人所謂十年煉一劍，我卻十年寫一稿。以前寫的時候，只是忠實記錄心路歷程，平舖直敘，文字洗煉不夠。文稿經馬忠良教授指導及好友陳厚本先生提供意見，子女為了鼓勵，合資支援出版費用，由台灣博客思出版社於2013年12月出版。書名為《大

變動時代的滄海一粟　劉錫輝回憶錄》。

　　2014年是讓我很沮喪的一年。因為在回憶錄中，敘述1949年第十二兵團胡璉部隊敗退經過我老家時，用手榴彈丟入池塘炸魚，父親劉展文只是口頭抗議，竟當場慘遭槍殺，此事因為出版回憶錄而公開，已經結疤的傷痕再度被打開，傷痛不已，乃將事件發生經過向馬英九總統陳情，要求政府向我家族表達歉意，撫平傷痕。此事由總統府轉給行政院交辦，雖然內政部表示可以依照〈國軍軍事勤務致人民傷亡條例〉處理，國防部卻以該部為行政機關無法審認為由推卸責任，真正是求助無門。因未能獲得政府的善意回應，乃寄希望於媒體，將向總統府陳情經過的心路歷程，寫成〈滄海一粟的餘波盪漾〉向《世界日報》投稿，被「不適宜刊登」為由退稿，最後在《臺灣商報》刊出。據悉：《臺灣商報》是為「台商」發行的電子報，並無實體報紙發行，〈滄海一粟的餘波盪漾〉被置入「兩岸藝文」專欄，只是供「台商」茶餘飯後消遣而已。

老兵回憶錄　記錄大時代小故事

記者　李榮

　　《世界日報》記者李榮於2014年2月16日，到美國加州劉錫輝家中訪談，翌日在《世界日報》庫比蒂諾報導〈老兵回憶錄　記錄大時代小故事〉：

　　「1949年農曆閏7月，（國民黨）胡璉部隊從大陸敗退經過廣東時，（我）被抓當兵，原先以為少報一歲，可以放我一馬回家，結果比我更小的都沒有放過。」國共內戰的歷史悲劇，造成許多人顛沛流離家庭破碎，即使兩岸氣氛早已和緩，但逝去的親情卻再也回不來。現年82歲、國民黨撤離大陸那年被抓當兵的劉錫輝，月前出版「大變動時代的滄海一粟」回憶錄，記錄大江大海人生的滄桑苦痛，「誰還我一個公道？」

　　劉錫輝1932年出生廣東，1949年時遭「抓兵」，與數百人一起被押上船到金門，「第二天就發軍服『下部隊』。」別無選擇，三年後他決定繼續軍旅生活，報考官校進修，又先後在台灣的成功大學與美國印第安納州聖母大學（Notre Dame）拿到碩士，一路在中科院服務至退休，官拜上校。

「這書是我坎坷命運的真實告白，也是我給自己的一個交代。」劉錫輝說，就像龍應台在「大江大海一九四九」中所描述，內戰時有太多大動亂時代小人物的滄桑，決策者造成很多人一生的悲劇。時隔60多年，他回憶人牛軌跡，總覺得苦痛悲傷，希望寫書留下文字紀錄。本書為博客思出版社，傷痕文學系列裡的一本。

圖9-1　劉錫輝在官校時的英姿。（記者　李榮／翻攝）

劉錫輝回憶，他並不想當兵，「但是被抓了又有什麼辦法？莫名其妙與母親分離。」就像眾多當時的外省軍人一樣，再見到母親時已是40年後。還能見面已算幸運，更多狀況是早已天人永隔。

他說，大時代有太多悲劇，除被強抓兵以外，當時很多部隊軍紀渙散，例如，胡璉部隊經過他家時用手榴彈炸魚，父親口頭表達不滿，卻被當場槍殺。更痛苦的是，為在軍事體系求生存，他在陸官寫自傳時，還昧著良心稱「父親因服務（國民黨）政機關而慘遭（共產黨）殺害，令人髮指。（我）為報家仇血國恥，加入革命陣營。」

圖9-2　被強抓兵、後來上校退伍的劉錫輝出版回憶錄，記錄大變動時代的小故事。（記者李榮／攝影）

劉錫輝說，這「賣父求榮」的行為，一直是壓在心房上的沉重負擔。如今終於出書攤在陽光下，讓他得到解脫，也以這書告慰父母親在天之靈。

近200頁回憶錄，劉錫輝從幼年記憶寫到退休後移民來美國的生活。人生轉折有太多不可思議，包括他沒受過完整小學教育、高中文憑還是一名老鄉假造的，但後來自學考上陸官、成大，又於一年之內拿到聖母大學航空工程碩士，並在中科院研究天弓飛彈，同時也於多所學校兼課。一個從二兵到教授的故事，也可能是只有變動大時代才有機會發生的事。

　　劉錫輝指出，他出回憶錄公開隱私，希望踏出心中陰影。他也想要表達，政府對於受影響的小人物到底有什麼省思？當時高喊革命、作決策的大官們又知道大家受到的煎熬嗎？

（《世界日報》記者李榮／庫比蒂諾報導February 17, 2014）

滄海一粟的餘波盪漾

　　筆者於2013年七月在美國加州Cupertino圖書館讀書會，認識成功大學退休教授馬忠良先生，因同為成功大學校友的機緣，雖素昧平生，卻一見如故。蒙惠贈他的大作《從二等兵到教授─馬忠良回憶錄》，復蒙鼓勵，筆者乃將已經封存在電腦磁碟中的往事，加以整理出版。

　　《大變動時代的滄海一粟─劉錫輝回憶錄》於去年底出版後，公開出極為隱私的內容：「……1949年我的父親劉展文被胡璉部隊殘殺，我被抓當兵……」。筆者被抓當兵後，因緣際會，在陸軍官校畢業，參加金門島「八二三砲戰」，幾乎喪命。後來先後在成功大學、美國聖母大學畢業，在國防部中山科學研究院工作，退休後來美定居。雖然不是自願當兵，但是一生中的青春仍然奉獻給了國家。在此書出版之前，多年同窗好友及工作伙伴，沒有人知道我那段人生的滄桑無奈。親朋好友閱覽此書後，引發一些迴響。

　　筆者鄰居三十幾年的陳女士表示：「看完你的大作真是感慨萬千，是大時代造成你離鄉背井的遺憾？還是大時代帶給你幸福美滿的後半輩子？我想了一夜不得其解，這就是人生吧！你終究見到了老母、兄、弟、親友，盡到了心意應該了無遺憾。」

　　我當時的立即反應是：在某一方面作比較來看，也許是的！國共內戰的歷史悲劇，造成許多人顛沛流離，家庭破碎，許多人一別就成永訣。若最後能夠幸運的見到了父母、兄、弟、親友，就該謝天謝地。但是，就算終究見到了，只能算是比較幸運一些，是否就該了無遺憾？則恐怕仍然未必！

　　1949年，胡璉部隊敗退經過廣東省時，軍紀敗壞，強奪糧食，抓人當兵。將那個亂七八糟的年代稱為「大時代」，胡作妄為就「可以原諒」了嗎？但若到了竟敢濫殺平民百姓的地步，這那還算是國家的正規部隊。「把他的父親殺

了，再抓他來當兵。」絕對是天理不容之舉，但是，活生生的就發生在我的人生上。這支毫無訓練的胡璉部隊，卻竟能趕上金門島「古寧頭戰役」，獲得國共內戰「兵敗如山倒」後的首次勝利，也是很怪異的事，胡璉將軍因此一戰成名，享盡美譽。但是，經過「十年訓練」之後，同一位指揮官，卻在1958年「八二三砲戰」當天，三位副司令官陣亡殉國。如今仍然在金門島上供奉著的那顆「青天白日勳章」，究竟意義何在？研究戰爭歷史的專家，請將這個史實列入考慮。

筆者被抓當兵後，身心飽受煎熬，茫然不知所以的渡過人生中最艱難的日子。後來逐漸體會妥協才能生存的道理，考取陸軍官校後，經過二年半的訓練，全期總成績第一名畢業；在金門島「八二三砲戰」中幾乎喪命，獲頒陸海空軍褒狀。然而，在金門砲戰中沒有被彈片殺死，回到台灣卻因軍中暴行被士官長殺成重傷，在死亡邊緣搶救回一條命，住台南市陸軍第四總醫院治療將近一年，真是情何以堪。後來考進成功大學，畢業後奉派中山科學研究院，放下悲痛，努力工作，1979年獲頒忠勤勳章，參與天弓飛彈計畫表現優異，1985年獲頒莒光獎章、1986年獲頒雲麾勳章，証明雖然一生遭遇苦難，卻仍然竭盡全力奉獻給國家。這些獎勵，應該算是軍人的莫大榮譽吧！然而，在我的內心深處，總是覺得愧對父親的在天之靈。

1995年1月26日自立晚報刊登一篇簡明仁先生的短文《解脫》，據稱他的父親簡吉先生為了爭取農民權益，在被日本人迫害，囚禁十多年之後，最後卻死在國民黨政府的獄中，而他母親陳何女士又因此一生顛沛流離。簡先生說：很多人問他會不會恨國民黨？他曾仔細思考，卻發現沒有一個確切的對象可以恨，恨也無從恨起！……很多事情常常是一連串的小荒謬所造成的大荒謬，大悲劇。在該文的結尾，簡先生說：「真不知我得到的是解脫的無奈，或是無奈的解脫。」

筆者看到這篇文章後，曾經引用簡先生說的話，向我的父親在天之靈告解，並寫成文字告知子女，以求得自己的心中安寧，亦是「無奈的解脫」。那些塵封的往事，本來已經存放在電腦磁碟中，假如不是很偶然的機遇，出版《回憶錄》，再將已經結疤的傷痛揭開，就不用再度面對這個遺憾，也許就可像鴕鳥埋首沙丘一樣，不再聞問此事。現在，只好依照星雲大師的話去做：

「面對它！處理它！放下它！」（後記：蒙馬忠良教授指正：「文中引用之雋語係出自法鼓山聖嚴法師的手筆、而非出自星雲、而且漏了一句、其原文如下：〈面對它、接受它、處理它、放下它〉」）

今年2月17日在美國加州《世界日報》記者李榮先生，刊登一篇標題為《老兵回憶錄記錄大時代小故事》：敘述十七歲被抓當兵的劉錫輝，出版「大變動時代的滄海一粟」回憶錄，記錄大江大海的滄桑人生，時隔六十多年，他回憶人生軌跡，總覺得苦痛悲傷，希望寫書留下文字記錄。更為悲痛的事是：明知他的父親劉展文慘遭國軍胡璉部隊槍殺，自己被抓當兵。考進陸軍官校寫自傳的時候，因心存恐懼，不敢據實填報，卻昧著良心稱：「父親因服務黨政機關而慘遭『共匪』殺害，為報家仇雪國恥，加入革命陣營。」這個荒謬的「賣父求榮」的行為，一直都是壓在心房上的沉重負擔。這六十多年的滄桑苦痛，「誰還我公道」？

筆者在今年元月，向中華民國總統府陳情，盼望政府為那個年代發生在我家族的事，向我的家族致歉，以便撫平傷痕。經過多次陳情，終於在元月29日獲得總統府的回覆如下：

> 「感謝您再次來信，對於令先尊之遭遇，本府同感遺憾，惟因年代久遠，為利釐清當時真相，仍請您提供相關資料俾利協助，謹將您的訴求再次移請行政院，也請您相信政府機關必會做妥適處理，並祝新年快樂」。

總統府同時轉知行政院長信箱函復內容如下：

> 「一、請台端查明劉展文君出生及籍貫等相關資料。二、資料查證之申請，以當事人或依法授權處理其權益之親屬（應檢附經海基會認證之親屬關係公證書），郵寄台北郵政90014號信箱，俾利資料查證，未便之處，尚請諒察。」

從元月底接到總統府回覆後，便向大陸政府打交道，以謀取相關資料。經過漫長時間的函電往返，終於取得二位證人及鄉鎮公所查證屬實的証明書如下：

> 「1949年農曆潤7月，國民黨胡璉部隊敗退經過廣東省興寧縣水口鎮水西鄉石塘村時，抓兵拉夫，永祥第門前有個池塘，養殖草魚、鯉魚等，胡璉兵竟丟擲手榴彈，讓魚類翻身浮出水面，以便撈取。劉展文手無寸鐵僅口頭表示不滿，竟慘遭槍殺。」

這件經過鄉鎮公所蓋官章查證屬實的証明書，到了縣政府對台辦公室，卻以歷史事件不能驗證作藉口，不受理申請公証書，台灣的海基會於是不予驗證。經過兩岸政府一推一卸之下，鐵一般的事實，眼看就要被弄得「銷聲匿跡」了。

念及「謀事在人成事在天」的古訓，仍然將陳情信掛號投寄政府指定的台北郵政90014號信箱，「相信政府機關必會做妥適處理」，至於怎麼樣算是妥適處理，球完全掌握在政府手裡，只能靜候結果。

筆者於此期間，將事情發展告知一位好友，他的回覆令人感到沮喪不安。他說：「為了你請願要求部長『給個說法』的事，我也在某個機會向某將軍提過。他沒有說曾收到你的陳情書，但在微笑中輕描淡寫地說：『那是不可能的事！最多以私人或由承辦參謀，覆你一紙』。這類非常時機的案太多，政府（公家單位）沒有人敢開『認錯』的先例！『政府指定的信箱』是辦不了大事的「太極」箱或「推事」處，現在你的Dice has been through！就等著看結果吧！祝惡夢結束，好夢成真！」

其實，好夢根本就不存在，何來「好夢成真！」縱使政府肯表達歉意，對於曾經擁有美滿幸福，卻在四十一歲就遭到殘殺的先父，以及痛苦一生的先慈，究竟有何意義？遲來的正義，已經不是正義！至於「惡夢結束」，倒是操之在我，該自行了斷了。就像簡明仁先生說的：很多人問他會不會恨國民黨？他曾仔細思考，卻發現沒有一個確切的對象可以恨，恨也無從恨起！簡先生

說：「真不知我得到的是解脫的無奈，或是無奈的解脫。」筆者深具同感！

我已在《大變動時代的滄海一粟—劉錫輝回憶錄》扉頁表達，謹以此書獻給父親與母親在天之靈。滄海一粟的餘波，應該從此不再盪漾！恢復平靜無波！

此文若蒙編輯青睞刊出，有緣和讀者結緣，將那個大荒謬時代的悲劇，我的坎坷命運的真情告白，喚起世人的警惕，人類從此遠離戰爭，則筆者將感到莫大的榮幸。

（刊登於臺灣商報2014年7月2日兩岸藝文）

再次向蔡政府陳情

2016年民進黨執政，主張轉型正義，尊重人權，抱著微弱的期待，再向新政府陳情先父被胡璉部隊殘殺，希望政府表達歉意，結果是照本宣科，仍舊由國防部回覆：「國防部為行政機關，無法審議。」對此結果深感失望。

軍中虐狗事件發生於2016年6月24日，海軍陸戰隊憲兵涉嫌用鐵鍊吊死流浪狗「小白」案，鬧得社會沸騰。蔡總統得知這件事情很訝異，也覺得很殘忍。多個動保團體到國防部大門口抗議，國防部長馮世寬兩度出面道歉，除向「小白」獻花，向民眾承諾不會包庇。陸軍少將張俊達不滿「一隻狗打趴國軍」，聲言將報請退伍。前海軍司令部參謀長李皓中將寫了一篇驚天地泣鬼神的〈祭小白文〉。

我看到這些新聞報導，非常感慨！隨即在台灣TB新聞網發表〈寧為太平犬莫作亂世人〉。再接受世界日報記者李榮訪談報導：〈嘆人不如狗，國軍老兵：誰還我公道〉。然後，檢附此兩篇文章，向蔡政府再次陳情。但總統府毫不在意，以尊重權責機關處理意見作覆。

我對於政府的這種冷酷傲慢態度，深表不滿。蔡總統得知軍中虐犬這件事情很訝異，也覺得很殘忍，卻對我兩次為父伸冤陳情，均置若罔聞。談什麼尊重人權？談什麼轉型正義？那只是騙人的口號罷了。本案所陳乃為指控國軍殘殺平民，對國軍榮譽非常嚴重的控訴案件，國防部職司國軍風憲，理當查明所陳是否屬實，採取相應措施。若有捏造事端之情事，則應究以刑責，以維護國

軍形象。蔡總統在國軍有光彩時以三軍統帥自居，卻不能維護國軍形象，無異於自欺欺人。

寧為太平犬莫作亂世人

退役中將李皓「祭小白文」，讀後如鯁在喉，不得不吐！

1949年，胡璉部隊從大陸敗退，經廣東省時，軍紀敗壞，丟擲手榴彈入魚塘炸魚，先父劉展文僅口頭表示不滿，竟當場慘遭槍殺。再強迫我當兵。那年，我的父親四十一歲，我十七歲。我後來上校退役。曾經在國防部中山科學院，參與天弓飛彈研發計畫，獲頒雲麾勳章。

2014年向總統府陳情，請求政府為胡璉部隊槍殺先父劉展文表達歉意，撫平傷慟。嚴明上將回覆：「所陳乃刑事案件，國防部為行政機關，無法審認。」

今天看到國防部馮部長向「小白」獻花的新聞報導，真感到悲哀！冒昧恭請李皓將軍代擬「祭『劉展文』文」，請國防部馮部長向「劉展文墓（圖）」獻花致祭。

悼靈犬小白

小白、小白、你有靈！退役中將為你作祭文！退休上校藉助你！感嘆寧為太平犬莫作亂世人！我為父伸冤奔波整年，前朝政府冷漠無情！傷害更深！你的命運雖然不好，立即得到大官獻花鞠躬！小白、小白、你有靈！我六十多年的惡夢，有待你來解鈴！嗚呼哀哉！尚饗！

（刊登於《台灣TB新聞網》
2016-07-04）

圖9-3　劉展文墓（兵荒馬亂天倫劫，坎坷人生歷艱辛。一片丹心伸父冤，《金門島兩次戰役拾遺》作祭文。圖左劉怡德宣讀祭文）

註記

2015年五月初，筆者由美國經由台灣到達上海，暫時住宿小女怡君家中，等待兒子怡德由新加坡前來會合。五月中旬，父子二人由上海乘飛機到達老家附近梅縣機場，立云侄前來接機，行車約一個小時抵達老家，兩位同胞弟弟及子侄輩，已經在家等候，備好餐飲，接待遠方歸來的親人。

第二天上午，筆者同胞兄弟三人及子侄輩等，至父母墳墓前祭拜，由子侄宣讀《金門島兩次戰役拾遺》作為祭文，以表哀思，並且讓家人了解1949年的狀況。行禮後邀請同胞弟弟及堂弟，以及子侄輩等人至餐館聚會，用餐後隨即告別親友，由兒子怡德陪同飛回上海，結束了可能是此生的「返鄉告別之行」，心情雖沉重，不堪回首，但能了卻心願，仍感到不虛此行，十分值得。怡德此次陪伴老爸返鄉，順便了解老爸的出生地狀況，亦是一個難得的機緣。

嘆人不如狗　國軍老兵：誰還我公道

記者　李榮

《世界日報》2016年7月7日　記者　李榮／庫比蒂諾報導

台灣軍隊近日接連「出包」，上月底海軍陸戰隊虐殺流浪狗「小白」，民怨排山倒海，國防部長被迫公開道歉；後又發生飛彈誤射，打中一艘漁船，造成一死三傷。現居庫比蒂諾、今年84歲的劉錫輝看到了這些新聞後內心五味雜陳，想到1949年戰亂時，父親在自家莫名其妙被國民黨部隊槍殺，這兩年他多次陳情，要求政府道歉都沒有結果，他感嘆：「唉，人不如狗，誰來還我公道？」

劉錫輝5日受訪時回憶，1949年國共內戰，國民黨部隊經過廣東家鄉時，向魚塘丟擲手榴彈炸魚，父親劉展文僅因口頭表達不滿，就被強拉到旁邊槍殺。接著，劉錫輝也被「強抓當兵」，為了求生，他進入軍校，最後做到上校退役，曾在國防部中山科學院服務，參與天弓飛彈研發計畫，獲頒雲麾勳章。

那時兩岸氣氛肅殺，他在軍中謊稱父親被共軍所殺，他想報仇所以加入國

民黨軍。騙別人容易、騙自己很困難，多年來他一直良心不安，想要替父親平反。

劉錫輝說，看到國防部長向「小白」獻花，內心實在悲涼。父親同樣是因軍紀渙散，被莫名殺害，他多次陳情，要求政府表達歉意、撫平傷痛，但國防部的回應都是：「所陳乃刑事案件，國防部為行政機關，無法審認。」

「希望政府能解脫我心裡的苦悶，過去馬政府不處理，現在是蔡政府，拜託處理這個問題。」劉錫輝說父親的死是他心中最大的遺憾，期待有一天能夠得到政府道歉，讓他重回到大陸，在父母墳前祭拜。可是從總統府、國防部到內政部都互踢皮球，政府又稱「國軍軍事勤務致人民傷亡損害補償條例」只適用於台澎金馬地區，父親在大陸被殺，無法受理。

圖9-4　劉錫輝（左一）退伍後回到廣東，終於見到母親薛四妹（左二）。被抓兵後，母子相隔40年才見。

（劉錫輝／提供）

圖9-5　劉錫輝說，父親被殺，確切兇手是誰都不知道，他要求有關單位給個說法。

（記者　李榮／攝影）

劉錫輝說，一位軍校同期、後來成為將官的同學對他說，當年兵荒馬亂，這類「非常」案例可能不少，「但政府現在大概不敢處理」。隨著年歲增長，他自知餘生漸短，為父親平反是心願，也是使命，「最近看到小白的案子，我晚上都睡不好，難道是『寧為太平犬，莫作亂世人？』」

（刊登於世界日報2016年7月7日記者李榮／庫比蒂諾報導）

以文會友

《風傳媒》、《臉書》（Facebook）、《信使者》（Messenger），三樣新科技都幫助了我，以文會友，結識了兩位教授，曾建元和倪孟安。他們倆分別在國立臺灣大學、國立臺灣師範大學、從事客家文化研究，因為《風傳媒》刊登了我一篇觀點投書，我轉貼上《臉書》，引起他們的留言，於是，進一步再利用《信使者》交流意見。

以文會友因果循環

不打不相識，也許可以用作為筆者劉錫輝和曾建元教授認識的寫照。其前因後果說來話長，連我自己都不敢相信。

遠在2013年，筆者偶然在一個讀書會認識了馬忠良教授，促成了我將回憶錄《大變動時代的滄海一粟劉錫輝回憶錄》出版。

2014年是讓我很沮喪的一年。因為在回憶錄中敘述1949年胡璉第十二兵團部隊敗退經過我廣東省興寧縣水口鎮水洋村老家時，用手榴彈丟入池塘炸魚，父親劉展文只是口頭抗議，竟當場慘遭槍殺，此事因為出版回憶錄而公開，已經結疤的傷痕再度被打開，傷痛不已，乃將事件發生經過向馬英九總統陳情，要求政府向我家族表達歉意，撫平傷痕。此事由總統府轉給行政院交辦，雖然內政部表示可以依照〈國軍軍事勤務致人民傷亡條例〉處理，國防部卻以該部為行政機關無法審認為由推卸責任，真正是求助無門。遂寄希望於媒體，向報社投稿，也被拒絕刊登。

2015年，《旺報》《兩岸史話》專欄，刊登了拙文〈金門島兩次戰役拾遺〉，文中披露了胡璉部隊殘殺先父的經過，雖然於事無補，但可稍微紓解一些胸中鬱悶。

2016年，《旺報》原定刊出的另一拙稿，因為主筆更換而擱置，八月間刊出曾建元教授的〈忠義護國的胡璉將軍〉，讀後感觸深沉，覺得該篇文章有些不足之處，於是寫了讀後感投寄《旺報》，下落不明後將稿子修改，以〈紀念

古寧頭大捷，還湯恩伯將軍榮耀，還老兵公道〉為題，改投《風傳媒》並蒙刊出。

　　該文敘述重點在於胡璉將軍獨攬了古寧頭大捷的戰果，漠視了湯恩伯將軍的戰功。胡璉部隊大陸敗退時軍紀敗壞，造成許多家庭的悲劇。建設金門島利用士兵形同奴工，老兵未能得到社會的尊重。也許是年代久遠，社會上沒有什麼反應。臺灣只是需要一個「金門王」作為「門神」，姓「湯」姓「胡」，有誰會在乎呢？

　　曾建元教授在《風傳媒》刊出我的文稿後，除了留言表達善意之外，再轉貼拙文到他的《臉書》上，讓我對他的雅量感到敬佩，經由《信使者》交換意見後，感到機緣難得，於是有相約在臺大校友會館見面的機會。

　　曾教授曾經在《信使者》交換意見時，表示對客家文化研究有興趣，而且特別詢問末代興寧縣長兼保安團團長謝海籌先生殉國的事蹟。真的很湊巧，2012年由謝海籌先生二公子天霖，贈我一冊《謝海籌烈士紀念輯》，遂於見面時將該紀念輯轉贈曾教授，當時他忙著應酬，未及多談。

　　第二天早上我心血來潮，回憶起在2014年，北美《世界周刊》有篇〈紅色特工身後六十年〉的文章，敘述紅色特工朱楓被以匪徒處決，後來骨骸遷葬大陸成為烈士。我看到該文後，將謝海籌在大陸受難的事蹟，再加上朱楓的故事，寫成一文。兩位都是曾經被判為匪徒，後來又變成烈士。有感於在那個荒謬年代，同一個人竟然會有「烈士」或「匪徒」截然不同的評價。其實，從歷史長河中來檢視，「烈士」或「匪徒」都不適當，無妨用比較中性的「政治受難人」稱之。寫下〈烈士與匪徒〉一文刊登在《世界周刊》。許業武先生看到後，在《世界周刊》發表〈誰是烈士？誰是叛徒？〉。

　　於是，我乃將許業武文章傳給曾教授參考。奇蹟發生了，他立即覆我一篇他刊登在《縱覽中國》的文章〈六張犁戒嚴時期政治受難者紀念公園的歷史意義〉。他特別提及，關於六張犁戒嚴時期政治受難者紀念公園，他另在《大紀元》發表過〈但開風氣不為師，客家老大邱榮舉〉一文，寫到國軍草菅人命，把墓主季澐名字寫錯成「李雲」，讓家人半世紀找不到遺塚，最後被邱榮舉教授發現這一錯誤。因為這篇文章的啟發，朱楓家屬才能循線，判斷「朱湛文」就是朱諶之，朱諶之就是朱楓。朱楓遺骸因之找到歸葬大陸。這個故事的結

局，可稱得上「因果循環」。

面對它！接受它！處理它！放下它！

　　曾教授邀我參加11月19日在新北市新店舉行胡璉論壇，猜測有人倡議將胡璉故居改為紀念館，以謀胡璉故居的產權爭議之解決，相信出席者多為胡璉的支持者，我若出席表達異見，似乎不宜；若是出席而沉默不語，則將對不起先父在天之靈。因此遵從聖嚴法師開示，「面對它、接受它、處理它、放下它」！對於胡璉的是非功過不再過問，決定不出席胡璉論壇。此次意外的「以文會友」，能夠澈底地解脫我人生旅途上所揹著的精神負擔，真正做到「放下它！」有意想不到的收穫。

（2016年11月28日刊登於《民報》）

相關文章：

1. 劉錫輝〈觀點投書：紀念古寧頭大捷　還湯恩伯將軍榮耀還老兵公道〉《風傳媒》2016年10月24日。
2. 曾建元《兩岸史話》〈忠義護國的胡璉將軍〉《旺報》2016年8月10日。
3. 許業武〈誰是烈士？誰是匪徒？〉北美《世界周刊》2015年1月3日。
4. 劉錫輝〈烈士與匪徒〉北美《世界周刊》2014年12月28日。
5. 曾建元〈六張犁戒嚴時期政治受難者紀念公園的歷史意義〉《縱覽中國》。

胡璉兵團與歷史正義

　　2017年3月初，曾建元教授籌劃「胡璉兵團與歷史正義」座談會，來信邀請我出席，毫不遲疑就應允了，於3月底返回台灣。座談會於4月5日在台北市慕哲咖啡館舉行，由天主教輔仁大學哲學系沈清楷教授主持，我擔任主講人，並將講稿〈胡璉兵團與歷史正義〉在媒體刊出。座談會由《哲學星期五》錄像製作YouTube播出，片長1小時50分鐘，始料未及。

胡璉兵法及老兵的故事

我的一生

我今年85歲，17歲被抓兵到金門，60歲退休後住在美國。這次為響應曾建元教授倡導的歷史正義，特別返回台灣出席《胡璉兵團與歷史正義》座談會作報告。

首先要感謝曾教授，去年8月，他在《旺報》發表〈忠義護國的胡璉將軍〉，我在《風傳媒》發表〈紀念古寧頭大捷，還湯恩伯將軍榮耀，還老兵公道〉唱反調。因為他的雅量，我才有機會認識他。談到胡璉，大家一定會想到金門，在那裡發生過兩次戰爭，我都參加了，今天還能夠站在這裡說話，要感謝老天爺的恩典。

1949年9月，胡璉部隊從江西省敗退，經過廣東省興寧縣找的老家時，用手榴彈丟入池塘炸魚，我的父親劉展文只是口頭抗議，竟當場慘遭槍殺。那年，我的父親41歲，胡璉42歲。接下來，我被抓當兵，像押俘虜一樣，往潮汕方向走走停停，從汕頭上船出海，在海上飄忽七天，10月24日到了金門島，登岸後，沒有穿軍服就立即參加了古寧頭戰役，沒有上前線正式開戰，只參加了清理戰場的工作。

當兵兩年半後，進入陸軍軍官學校25期，1954年畢業，在1030畢業生中，我以總成績第一名畢業。1958年金門島八二三砲戰中，坐我旁邊的董玉玲上尉，被「共匪」的砲彈破片殺死，一線之差我撿到一條命。但是回到台灣後，卻在某個半夜，被天天同桌吃飯的士官長，殺得快沒有命，在醫院裡住了將近一年。

1961年進了國立成功大學，再進機械研究所獲得工學碩士學位。然後在中山科學研究院工作，期間被選派美國聖母大學（University of Notre Dame du Lac）進修，以九個月時間獲得航空工程碩士學位，返國參與天弓飛彈研究計畫，1985年獲頒莒光獎章，1986年獲頒雲麾勳章，證明對國家的培育已經努力作了貢獻回報。

胡璉兵法

在網上有人稱：「胡璉『兵』法，先有官，後才有兵。先派軍、師長，再找團、營、連長，徵兵找到班長，再抓兵。」

1948年底，41歲的胡璉擔任國軍第十二兵團副司令官，在雙堆集打敗仗，乘戰車突圍逃脫，殘部約十餘人，十二兵團全軍覆滅。

1949年5月，42歲的胡璉召集舊部約70人，在江西省重編第十二兵團，任司令官，轄三個軍九個師，據稱在江西省徵兵8,000名。

胡璉《泛述古寧頭之戰》自述：「……5月13日，國防部命令本部恢復第十二兵團番號縮編為第十及第十八兩軍，迅即加入戰鬥序列。……本部此時最大的困難為被服缺乏，械彈無著，新集之兵，尚未訓練，逃散回鄉，不無可慮。乃以六十七軍與第十軍合編為第十軍，劉廉一任軍長，轄十八師師長尹俊，六十七師師長何世統，七十五師師長王靖之。第十八軍軍長高魁元轄第十一師師長劉鼎漢，第十四師師長羅錫疇，第一一八師師長李樹蘭。再三籌思，以目前兩軍，僅十八、一一八及七十五等三個師，尚可維持其軍隊形態。其他皆係烏合，實難應戰。……」

胡璉自撰文中有一則小故事：「……是年6月底，十二兵團偈處於廣昌、石城間，我僅有黃金十條，乃召集軍、師長面分之，各得其一，其餘三條送眷屬到廈門，再轉臺灣。……」可反證所謂轄三個軍九個師是空架子，實際上是二個軍長四個師長，所謂兵團，不過是弱旅八千而已。看到這裡，筆者突然想起《水滸傳》宋江在忠義堂上和眾頭領分金秤銀的故事。那十條黃金是怎樣得來的呢？

陸軍第十四師的組成和解散

前段文字說明，第十四師從江西撤退時係烏合之眾，途經廣東省時強迫平民當兵，被服缺乏，械彈無著，……胡璉自述：「……當乘船到金門料羅灣駁運上岸時，適湯恩伯將軍巡視其地，正由我兵團參謀長楊維翰將軍陪同，湯對楊責備說：『現在戰鬥如此激烈，前方急需部隊增援，應該先令戰鬥兵下船，為什麼讓民伕搶先？』楊答覆說：『這是十四師的部隊，因為尚未領到軍衣，

所以仍穿民服。』湯聽了大為詫異，覺得形同乞丐，怎麼可以臨陣作戰？」

古寧頭之戰，國軍陣亡人員最高階級為十四師四十二團中校代理團長李光前，所率部隊毫無訓練，剛從乘船登岸，即趕上戰場，武器彈藥不足。據胡璉敘述，戰後視察該團查詢情狀，其部下一班長說：「……我第二營僅有輕機槍五挺，兩挺打不響，三挺不連放，團長乃奮身向前，衝入敵群，因而陣亡。……四十一團團長廖先鴻尚未能取得聯絡，該團已入古寧頭西已海邊。……」筆者當兵的是四十一團，所以沒有參加正面作戰，只參加清理戰場。1954年整編，四十一團併入二十三師為六十七團，十四師番號取消了。

金門王與新兵

古寧頭之戰後，胡璉將軍成了金門王。利用幾乎無償的龐大新兵，從事建設金門島：從廣東省興寧縣「徵收」來的興華客運車隊，行駛在新建的中央公路上，車廂旁側的標誌都沒有改變；採集山上豐富的鋁礦，賣給台灣鋁業公司；擁有兩條商船經營金門香港之間航運。在金門城開設粵華合作社；發行限制金門專用的新台幣；專案賠償因初到金門島期間，為構築碉堡工事而被強拆的民房損失；廣植樹木，修建水庫；甚至在八二三炮戰前一年，每一個師及軍砲兵指揮部，各興建一座國民學校；將中央公路舖設水泥路面；凡此種種，都讓金門居民懷念金門王，但有人會懷念那些幾乎無償的新兵？蓋筆者當兵初期沒有領過薪水，不知道被誰污掉了。

老兵的故事

1949年的新兵，到了1987年已經變成老兵，長達三十八年之〈臺灣戒嚴令〉也宣布解除，「禁止與匪區親人聯繫」的政治禁制，在黨外人士與知識分子、人道主義者之搖旗吶喊下，終於有外省人返鄉探親促進會的組成。

1987年的母親節時，老兵穿著書寫「想家」的衣服，以「母親節遙祝母親」名義，手持「抓我來當兵、送我回家去」，「白髮娘望兒歸、紅妝守空幃」等刺眼標語，成群結隊在國立國父紀念館舉行公開活動。

1987年6月，一群由外省來台的老伯們組成的想家合唱團，假台北市立金華女子國民中學體育館活動，他們唱著〈母親您在何方〉的歌曲，道出壓抑近

四十年、想家又不得歸的思鄉情緒。

　　1987年11月終於開放大陸探親，1949年被抓當兵的堂叔都回去探親了，筆者因為仍在中科院服務不能回去，我的母親無法諒解，傳來悲哀的呼喚，我感到萬分無奈，在辦公室如坐針氈，夜晚輾轉難眠。

　　1988年准許軍公教人員請假出國觀光，卻不准去香港會親，更是莫名其妙。對於自己所獻身的政府，感到失望透了！辭職不幹吧！一家子人還得靠這分薪水過生活，你能奈何?!這段時間的煎熬，導致嚴重失眠及胃潰瘍，就是拜政府的「德政」所賜！

　　1989年，透過中國大陸災胞救濟總會的協助，老母親以難民身分到了台灣。雖然相隔整四十年才能夠母子再見面，已經算是老天爺的眷顧了。

　　1990年美國允許我們全家人移民，老婆孩子立即先行抵美落腳，老頭子留下來處理雜務，辦理辭職手續，隨後跟進。

外省抓丁的歷史正義

　　我的平凡人生，不平凡的遭遇，可以用「逆來順受」作形容，踏出坎坷路之後，逐步走向坦途，棄武就文，擁有兩個碩士學位，從事國防科技研究工作，著有功績獲得勳獎，算是對得起自己了！

　　時代力量黨籍立法委員林昶佐國會助理林穎孟在《臉書》上寫著：「轉型正義的主題，不是惡鬥，而是療癒。」我的經歷可作見證，三年前出版回憶錄《大變動時代的滄海一粟：劉錫輝回憶錄》公開了先父慘遭胡璉部隊槍殺的過去，已經結疤的傷痕再度被打開，傷痛不已，乃將事件發生經過向馬英九總統陳情，要求政府向我家族表達歉意，撫平傷痕。馬政府推諉卸責，連道歉都不肯。我認為馬英九總統欠我一個道歉，努力奮鬥三年，撰寫文章在報刊發表，經過這些文字療癒流程，才能將那個荒謬年代的荒謬事件對我所造成的心中悲慟，紓解處理完畢。

　　這次特別返台參加4月5日週三哲學星期五在臺北慕哲咖啡館舉辦的《胡璉兵團與歷史正義》座談，向社會公開那個荒謬年代的荒謬悲劇，希望為歷史作見證，也希望國家給予公道。

（刊登於《民報》2017年3月30日）

戰爭撕裂族群 不死老兵追尋正義

記者 江禹嬋

《大紀元時報》2017年04月09日記者江禹嬋報導：

兩岸的老兵，身處不同土地，卻各自承受著不同的傷痛與苦難。大陸老兵因國共內戰遭政治迫害數十年，台灣老兵則因內戰而遠離家鄉，與親人永不相見。戰爭的殘酷，造成許多悲劇，兵源不足就抓伕，不顧當事人意願，他們被迫離鄉背井，來到陌生地方，努力的掙扎生存在一個不知為何而戰的荒謬時代中。

日前為蔣介石逝世42周年，目前政府積極推動轉型正義，總統蔡英文在世界人權日提到，轉型正義的目標是和解，而不是為了鬥爭，所有人民能夠一起面對過去，國家才能一起走向未來。

轉型正義是一個社會在民主轉型之後，對過去威權獨裁體制的政治壓迫，以及因壓迫而導致的社會（政治的、族群的、或種族的）分裂，所做的善後工作。

倡導歷史正義 化解恩怨情仇

華人民主書院董事、中華大學行政管理學系副教授曾建元談到，他長期關注來台老兵的歷史，尤其是號稱「金門王」的胡璉將軍及其兵團歷史，此係源自於他的父親與岳父；歷史許多的因素造成不同族群、階層的對立，巧的是他太太也是胡璉兵團成員學生的女兒。

許多來台老兵與台灣女子結婚後，不再提起過去，就如同他的岳母對岳父的前半生毫無所悉。那一輩的恩怨情仇，讓曾建元認為他有個很重要的任務，就是「讓台灣人的祖先和解」，因處在這不同族群的交界，因此，希望透過歷史研究，做出更多的反省與理解，進而互相擁抱。

「我的身上有個膿包，我把膿包弄破，膿流出來，我就好了」，曾跟隨胡

璉兵團來台、曾建元的好友，特地從美國回台的85歲退役上校劉錫輝，現身說法講述他傷痛生命下的歷史見證，透過長時間書寫回憶錄，逐漸療傷止痛；他認為，政府欠他一個公道、一個道歉。

劉錫輝17歲從中國被抓兵到金門，跟著胡璉兵團來到台灣，經歷古寧頭大戰，60歲退休後住在美國。劉錫輝說，這次為響應曾建元倡導的歷史正義，特別返台出席《胡璉兵團與歷史正義》座談會作報告。

曾建元透露，自己算是個「紅二代」，因父親雖是台灣人，其實是共產黨地下黨員，同樣地，自己的母親也跟岳母一樣，對身為共產黨地下黨員的父親完全不了解。透過研究才知悉，228之後，父親與一群同學參與地下黨，非常期待中國人民解放軍在1949年時來解放台灣，當時父親很多朋友不幸入獄，才讓父親對共產黨的統治期盼幻滅而清醒。

胡璉來台的軍隊，是先在江西重組，「有官，後才有兵。先派軍、師長，再找團、營、連長，徵兵找到班長，再抓兵。」像劉錫輝一樣被抓伕的大批年輕人，就這樣被迫離鄉背井，胡璉利用幾乎無償的龐大新兵，從事建設金門島。在這期間，這群年輕人沒有領一毛錢的做苦力，為台灣建設。

開放兩岸探親後，劉錫輝在1992年回大陸，朋友親人都羨慕的說：「你都不知道，待在大陸很苦的啊！」甚至有些人認為，「你若不去台灣，你躲得過文革嗎？還能去留學、拿博士學位嗎？」相比大陸老兵的生活困苦、慘遭清算，在台老兵是在孤獨寂寞、思念中煎熬。過去反共保衛台灣，年邁了卻因濃厚的鄉音，被許多台灣人貼上「老芋仔」的標籤；每當劉錫輝聽到同鄉的言語，總是苦悶的認為，對於沒有經歷過的事無法回答，但「你們又怎麼知道我心裡的苦。」

劉錫輝回憶，1949年9月，胡璉部隊從江西省敗退，經過他的老家廣東省興寧縣時，用手榴彈丟入池塘炸魚，父親劉展文只是口頭抗議，竟當場慘遭槍殺。那年父親41歲，胡璉42歲，接下來他被胡璉部隊抓去當兵。

像押俘虜一樣，往潮汕方向走走停停，再從汕頭出海，在海上飄忽7天，10月24日到金門島登岸後，根本沒穿軍服，就立即參加古寧頭戰役，但他沒有上前線正式作戰，只參加清理戰場的工作。他永遠記得，從上船到下船只吃1

碗稀飯，還有同鄉給他的1個地瓜。

　　當兵2年半後，他進入陸軍軍官學校25期，1954年畢業，在1030畢業生中，以總成績第一名畢業。1958年八二三砲戰中，坐旁邊的上尉董玉玲，被「共匪」的砲彈破片殺死，他一線之差的撿到一條命。

　　但回到台灣後，卻在某夜，被天天同桌吃飯的士官長殺得差點送命，在醫院裡住了將近1年。他悲嘆：「以前長官殺了我爸，現在士官長卻殺我。」

　　劉錫輝出院後，把所有心力放在讀書，1961年考上國立成功大學，獲得機械研究所碩士學位，隨後在中山科學研究院工作。

重新認識理解老兵對台貢獻

　　1949年的新兵，到了1987年已變成老兵，長達38年的《台灣省戒嚴令》也宣布解除，「禁止與匪區親人聯繫」的政治禁制，在黨外人士與知識分子、人道主義者搖旗吶喊下，終於有外省人返鄉探親促進會的組成，讓許多老兵得以回鄉，但有些人早已無親可探，又哭著回台。

　　「我對這樣的故事非常感到興趣，後來才告訴我太太、岳母，他父親、丈夫是跟著胡璉兵團到台灣的」。曾建元談到，過去在有政治上考量、保密防諜的背景下，加上因前半生的人生太悲苦，以至不想讓人再提起，或是讓下一代去承受這樣的悲痛。所以他們的故事，太太兒孫都不明瞭，甚至不想聽。

　　不管是否自願，這些老兵對台灣流血流汗，做出巨大貢獻。曾建元認為，現在社會強調轉型正義，人民應該重新去認識、親近他們，理解來台老兵的故事，給予他們擁抱、寬容，這是現在社會非常重要的課題，台灣是多元社會，也期盼因為這層關係，讓不同族群能彼此和解、和平共處。

　　　　（刊登於《大紀元時報》2017年04月09日，《大紀元時報》同意轉載）

圖9-6　中華人民主書院董事曾建元（右）和老兵劉錫輝（左）出席《胡璉兵團與歷史正義》座談會。

（翻攝臉書）

悲憤中自我療癒　台老兵：坦然放下

江禹嬋

【大紀元2017年04月09日訊】（大紀元記者江禹嬋台灣台北報導）

　　目前轉型正義在各國已被重視乃至實踐，當大家聚焦在中正紀念堂是否要拆除、學校裡面銅像存廢之際，似乎有一塊代表歷史無奈與悲哀，且被遺忘的拼圖依然未被重視，就是1949（民國38）年跟隨蔣介石來台的年輕新兵，經過時代的變遷與歷史轉移，如今已變成垂垂老矣甚至凋零的老兵，退役老兵劉錫輝在60歲後，舉家遷往美國定居，透過寫作來療傷止痛。他說：「我開始坦然

面對，且放下了。」

回首過往，劉錫輝談到他的平凡人生、不平凡的遭遇，可以用「逆來順受」來形容，踏出坎坷路後，棄武就文，擁有兩個碩士學位，從事國防科技研究工作，著有功績、勳獎，算是對得起自己了。

有些戰爭的創傷沒有被好好的處理，加上與親人無法相見的痛，在心中凝聚成一股悲憤與無奈。經過父親被長官槍殺，自己卻又遭同袍刺殺差點送命。劉錫輝說，他曾經很憤怒覺得「怎麼就這麼倒楣。」

轉型正義不是惡鬥是療癒

他認為，「轉型正義的主題，不是惡鬥，而是療癒。」他的經歷可作見證，3年前出版回憶錄《大變動時代的滄海一粟：劉錫輝回憶錄》公開了先父慘遭胡璉部隊槍殺的過去，已經結疤的傷痕再度被打開，傷痛不已。

他曾經將事件發生經過向前總統馬英九陳情，要求政府向家族表達歉意，撫平傷痕。馬政府卻卸責，連道歉都不肯。他說：「我認為馬英九欠我一個道歉，努力奮鬥3年，撰寫文章在報刊發表，經過這些文字療癒流程，才能將那個荒謬年代的荒謬事件對我造成的心中悲慟，紓解處理完畢。」

1961年，他苦讀考上國立成功大學，獲得機械研究所工學碩士學位。隨後在中科院工作期間，被選派美國聖母大學進修，以9個月時間獲得航空工程碩士學位，返國參與天弓飛彈研究計畫，1985年獲頒莒光獎章，1986年獲頒雲麾勳章。他說，這證明他對國家的培育已努力作了貢獻回報。

任職中科院　無法赴大陸探親

1987（民國76）年11月開放大陸探親，1949年被抓當兵的堂叔都回去探親了，他卻因在中科院服務，身處國家科學機構不能回鄉。加上1988年1月，時任中科院核研所的張憲義上校，突然在美國中央情報局協助下，棄職潛赴美國。美方隨即會同國際原子能總署，前往核研所拆除重要設施，導致台灣研發核武的計畫功虧一簣。

堂叔回去探親，他卻因在中科院而不能回去，他的老母親一看到堂叔回去，不禁追問：「我兒子在台灣過得怎麼樣啊！」悲哀的呼喚讓劉錫輝感到萬

分無奈，在辦公室如坐針氈，夜晚輾轉難眠。

1988年准許軍公教人員請假出國觀光後，政府卻不准他去香港會親。他說，對於所獻身的政府，感到失望透了；想辭職，一家人還得靠這薪水過生活，這段時間的煎熬，導致嚴重失眠及胃潰瘍。他氣憤地說，「這都要拜政府的德政所賜。」

相較有些老兵終身未見的結髮妻、父母；1989年老母親以難民身分到台灣。劉錫輝說，雖然相隔40年才能再見面，已經算是老天爺的眷顧了。劉錫輝透過寫作方式來進行心靈療癒，現在可以公開的講父親的死，「因為療癒了，所以放下了，坦然面對這就是我的人生。」

華人民主書院董事曾建元談到，劉錫輝過去向國防部、總統陳情，對於被抓的老兵，以及父親被國民黨軍隊槍殺身亡，國家能否給予補償，或某種形式撫慰。但馬總統把案子送到行政院，再送到國防部，又轉內政部後就沒下文。

當時內政部提出《國軍軍事勤務致人民傷亡損害補償條例》訊息，主張若能提供證據，或許可以補償，但這條例僅限民國38年到70年，地點又限台、澎、金、馬有資格，不適用劉錫輝。目前被強制帶來台灣的老兵，還沒有任何條例適用補償，曾建元認為，若政府要討論轉型正義，絕對不能忽視這一塊。

責任編輯／旻真

（刊登於《大紀元時報》2017年04月09日，《大紀元時報》同意轉載）

抓伕：未曾出現的道歉

曾建元

四月五日，蔣中正總統的忌日，哲學星期五在台北慕哲咖啡館舉辦《抓伕：未曾出現的道歉——胡璉兵團與歷史正義》哲學非星期五座談，胡璉第十二兵團老兵劉錫輝上校現身說法，拋出自身一生的悲喜，提供會眾和台灣社會共同思考與反省台灣轉型正義主題討論中的一塊缺角，國家在中國大陸抓伕拉丁擄人從征來台的歷史與責任問題。

厄運降臨：家破人亡又被拉伕

　　劉錫輝為廣東省興寧縣水口鎮石塘村客家人，民國三十八年他十七歲那一年大約農曆閏七月十五日即國曆九月七日前後，國軍胡璉第十二兵團高魁元第十八軍第一一八師（洪都支隊）李樹蘭部敗退南下，經過他家永祥第，見門前池塘有魚，或已飢不擇食，而丟擲手榴彈炸魚撈取。劉錫輝的父親劉展文出而表示不滿，竟慘遭當場槍殺。時劉錫輝在外婆家躲避戰禍，幾天後回家，目睹家中飛來橫禍，驚嚇悲憤不已。農曆閏七月二十五日即國曆九月十七日，又有國軍第十八軍羅錫疇第十四師（武夷支隊）第四十一團廖先鴻部經過永祥第，不由分說地就把走避不及的劉錫輝和他的四個堂叔全部強制帶走，安頓於興寧縣立水口第三初級中學七天，同樣遭遇的全部有三百人。這三百人被押上多部江西興華客運客車送至汕頭，集中在某處倉庫關押，暗無天日，不容逃走。

　　羅錫疇師在汕頭改隸劉雲翰第十九軍，第十九軍於十月十九日，繼十月八日啟航赴金門的高魁元第十八軍、十三日前進舟山的劉廉一第六十七軍，則亦航向舟山，但中途於台灣海峽轉向金門，於二十四日晚登陸料羅灣。劉錫輝等「抓」在海上頭暈，多數人生平第一次出洋，暈船嘔吐，尿屎四溢，狀極狼狽。劉錫輝暈死於甲板，海上期間完全無法進食，直到登陸，才吃了稀飯，休息過後，始知所到之地為金門，而已聽到遠處砲聲隆隆。行軍未久，劉錫輝便體衰不支倒地，得同袍遞來番薯，囫圇生食，才逐漸恢復元氣。

　　劉錫輝所屬第十九軍第十四師一到達金門，正好福州綏靖公署主任兼福建省政府主席湯恩伯由第十二兵團參謀長楊維翰陪同巡視當地，湯對楊責備說：「現在戰鬥如此激烈，前方急需部隊增援，應該先令戰鬥兵下船，為什麼讓民伕搶先？」楊答覆：「這是十四師的部隊，因為尚未領到軍衣，所以仍穿民服。」湯聽了大為詫異，覺得「形同乞丐，怎麼可以臨陣作戰？」無奈之間，仍令第十四師開往戰場，次日該師第四十二團長李光前在西浦頭接到高魁元軍令率團衝鋒，不幸中彈殉國。其實李光前整團槍械裝備皆不足，連軍服都沒有。廖先鴻第四十一團通訊失聯，僥倖躲過接戰。胡璉兵團成功反攻古寧頭，經過二十五日一日血戰，終於獲得大勝，李樹蘭第一一八師驍勇善戰，榮膺虎軍稱號。第四十一團奉命清理戰場，劉錫輝四顧處處是殘破不堪的屍體，這是

他第一次真正站上戰場。他身上仍穿著從興寧一路穿來未曾換洗的民服。自己
究竟是軍人還是軍伕，劉錫輝根本搞不清楚。

政客忽悠：誰關心你的轉型正義

　　劉錫輝後來投考陸軍軍官學校、國立成功大學，在成大和美國聖母大學深
造，長期在中山科學院參與天弓飛彈研發，貢獻卓著，獲頒雲麾勳章。馬英九
總統任內，他曾就國軍槍殺父親一事陳請國家道歉賠償，馬總統將陳情案送行
政院處理，行政院又送內政部和國防部，內政部表示可能可以依照《國軍軍事
勤務致人民傷亡損害補償條例》處理，劉錫輝為此返鄉取得相關證據，國防部
卻以該部為行政機關無法認定事實與證據為由推卸責任，讓劉錫輝白忙一場。

　　事實上，劉錫輝被中國國民黨政府忽悠了，因為《國軍軍事勤務致人民傷
亡損害補償條例》第二條規定其適用範圍和對象為：「民國三十八年政府遷台
後至民國七十年六月三十日止」的「台灣地區人民」，而劉錫輝的父親並非台
灣地區人民，縱使劉錫輝本人的被強制狀態由興寧延續到金門，但他的身分已
是軍人，不是人民，而且第十一條規定：「申請補償金之權利，自本條例施行
之日起，經過二年而消滅。前項期限屆滿後，若仍有受害人本人或死亡者之遺
屬未及申請補償金者，再延長六年」，該條例施行日期為民國八十八年十二月
一日，故依照該條例第十一條之規定，申請補償期限僅至九十年十一月三十日
為止，延長申請期間，也只到九十六年十一月三十日，直言之，那已是上個世
紀就已經失其效用的法律了。羅錫疇的女兒羅瑩雪時任法務部長，她身居廟堂
之上，或許根本就不知道她父親部屬正在無聲與無助地吶喊。

　　民主進步黨重新執政之後，劉錫輝又向蔡英文總統提出陳情，總統府一如
往例，又把他的陳情案送到行政院和國防部，依照文官代為決行的慣例，國防
部給了他同樣的答案，也許承辦人員還是相同的呢。法律的處理，現行制度事
實上恐怕已無空間，這也就是劉錫輝要上書總統的道理，希望能從政治的角度
去處理。

　　拉伕的問題，劉錫輝絕非個案，法律的賠償或許有其事實認定以及國家負
擔上的問題需要處理，但轉型正義的實現不是只有金錢賠償一途，無法可依也
不是政府推諉責任的藉口。民主進步黨政府正在推動轉型正義，或許這正是歷

史交付給蔡英文總統的天命。外省國軍老兵被國家強制從軍，能夠倖存已屬萬幸。古云一將功成萬骨枯，胡璉將軍的盛名、海峽戰爭的告捷，台灣的安危存續，無不奠基在包括拉伕在內無數外省與本省無名軍人的犧牲之上。**轉型正義中最重要的就是歷史正義問題，讓過去的不公不義，能夠還原真相和責任，還受害者是非公道**，胡璉兵團的對台灣有功有過，也許民進黨政府還不願承擔國民黨政府或以國民革命軍黨軍自許的胡璉兵團在中國大陸的責任，但台灣人民共同選出的總統，卻有責任追求台灣這塊土地上人民榮辱與共的一體感和團結。

曾建元
東吳大學法律系學士、政大三民主義研究所法學碩士、臺大國家發展研究所法學博士。臺大優秀青年獎、彭明敏文教基金會暨紀念陳同仁先生論文獎、中華大學優良教師獎、板橋中學傑出校友獎。現任中華大學行政管理學系副教授、臺大國發所兼任副教授暨客家研究中心特約副研究員兼副主任、政黨審議委員會委員、大陸委員會諮詢委員。

　　無論如何，拉伕百般不願從軍，他們事實上已為台灣而犧牲戰場，而我們老百姓則享受著因他們的受難而來的不當得利，這一群人難道不值得我們台灣人民選出的總統向他們和他們在中國大陸的家屬親人說一聲對不起和謝謝嗎？劉錫輝的人生際遇傳奇，讓他得以倖存至今為當年的受難者發聲和代言，想想，無數的少年和青年拉伕，不是已埋骨沙場，就是已沉入台灣民間，或已老成凋零，如不是劉錫輝的執著，台灣今天還有誰知道他們的委屈？

　　我們建請蔡總統站在人道主義和歷史正義的高度，把握推動台灣族群多元一體以及兩岸社會和解共生的歷史機遇，代表中華民國和台灣人民對來台國軍拉伕下的外省受難者及其家屬鄭重道歉與表示感謝，讓這一代外省人與台灣歷史無法分割的流離經驗，能被台灣人民所共同認識與紀念。

　　哲學星期五的座談會上，胡璉孫子胡敏越牧師親筆致函向劉錫輝表達遺憾與虧欠。在國家尚未表態、政治人物虛應故事的情況下，我想，我們台灣民間也許還有些許微薄的力量來開啟拉伕這個歷史問題的解決之道。

（刊登於《民報》2017年4月14日／曾建元）

我的坎坷返鄉路

世界日報從2017年7月起，連續刊登《漫漫返鄉路》徵文啟事：

> 「1949年兩岸分治，造成許多家庭骨肉離散；1987年開放返
> 鄉探親，許多人一償宿願踏上返鄉路。返鄉路上，多少人事已
> 非，多少歡喜遺憾，但這血濃於水的情感是不能抹滅的。今年
> 是兩岸開放探親30周年，誠摯邀請您回顧這一路上的親身經
> 歷，與美世讀者分享。」

《漫漫返鄉路》徵文，截至11月28日為止，共刊出25篇文章，其中三篇：〈我的坎坷返鄉路〉，〈無語問蒼天〉，〈傳宗接代〉，是我執筆撰寫。唯自11月28日刊出〈傳宗接代〉之後，截至12月31日為止，未再見到《漫漫返鄉路》文章刊出，讓我覺得真要感謝蒼天的眷顧。

一九四九年金門古寧頭戰役，一九五八年金門八二三砲戰，筆者都參加了，託天庇佑，很幸運的活下來了，「天留我命必有用」，就來談談我自己的坎坷返鄉路吧！

一九八七年開放大陸探親時，雖然我早已退伍，但因在軍事機關服務，仍舊受到管制，不得返回大陸。然而，我的堂叔也是在一九四九年同時被抓去當兵，從大陸到了台灣，但他卻回去探親了。

我的母親不瞭解情況，見到堂叔就聲淚俱下的追問我究竟是何緣故，不願意回家？聽到堂叔返台後的轉述，白天我在辦公室如坐針氈，夜晚躺在床上輾轉難眠。

我的機運還算不錯，得到大陸難民救濟總會的協助，老母親於一九八九年八月以「難民」身分抵達台灣。

一別四十年，我們在異鄉相見，真是恍如隔世，但沒有相擁而泣的場面，大概是已經「麻木不仁」了吧！

回家路上，詢問之下，才知道老母親從進入香港機場，在候機室和飛機上

圖　一九九二年初我辭掉工作，由妻子陪同回到我生長的故鄉。

都沒有吃過任何食物，連水都沒有喝，因為身上沒有一分錢，又不知道飛機上的餐飲是不需要另外付錢的服務。

回到家中，坐下來後進用食物，談談她的孫子女，閒話家常，不敢去觸碰分別後的苦難。

過了幾天，才慢慢談起一九四九年胡璉部隊在家門口丟擲手榴彈入池塘炸魚，父親出言抗議而當場被槍殺的事，老母親悲不可抑，嚎啕大哭。

待情緒平靜下來後，老母親說了幾句讓我大感意外的話：「共產黨來了之後，你爸爸也是死路一條，因為你爸爸生前替國民黨政府做事。」

天啊！那是什麼樣的謬論？我母親不識字，是誰灌輸給她這樣的「麻醉品」？好讓她減輕痛苦？我擔心老母親再受刺激，不敢追問。

我是在父親遭部隊殘殺後幾天，被另一批部隊抓走的，我的母親當時懷孕即將臨盆，幾天前才目睹丈夫被殘殺，又眼見十七歲的長子被抓走，悲傷過

度，隨後產下一個沒有生命的胎兒。

我在槍兵的威脅下，像失去知覺一樣的離開母親，從此音訊不通，再見到母親已經是四十年後。

我的母親在台灣住了四個月後，再回老家和弟弟家人共同生活。一九九二年初我辭掉工作，由妻子陪同回到我生長的故鄉，探望老母親、叔叔和弟弟等一大家族，在祖屋設席宴請親人，燃放鞭炮祭告祖先。歡聚數日，再度向老母親告辭，但這次是心甘情願的離開。

隨後，我就移居美國。每年我都從美國返回台灣，領取退休俸後，再從台灣經香港轉機到廣東梅縣機場，雇車直接回家和老母親相聚，從未到過大陸的其他地方，一直到二○○○年才興起大陸觀光旅遊、順道返鄉探親之念。

然而好景不常，老母親於二○○二年在家壽終正寢，享壽九十歲，我和弟弟、妹妹等家人隨侍老母親離開人世，得到基督教會執事及教友們的祝福，到天堂安息。

（刊登於《世界日報》2017年8月12日）

無語問蒼天

劉妙松先生是筆者堂叔，大我三歲，但卻從小就是同班同學，一直到初中畢業，然後他繼續讀高中，我失學在家幫助家務。

一九四九年，胡璉部隊從江西省敗退經過廣東省時，我們村中好幾位叔輩和我一起被強迫當兵，十月二十四日到達金門島，趕上了古寧頭戰役。

一九五二年陸軍官校二十五期招生，我倆一起報考，愛打籃球的堂叔獲選為陸軍十四師代表隊選手，荒謬的是體格檢查時，他竟被師部用「體檢不合格」作藉口，剝奪了參加筆試的資格。於是他拒絕再參加師代表隊，從此終其一生沒有再摸過籃球。

一年後終於考進陸軍官校二十六期，我倆再度同學，但他卻低我一期。他軍校畢業後，在部隊擔任基層幹部，以少校副營長職位退伍後，繼續以雇員身分在陸軍總司令部辦理業務，曾擔任《黃埔軍校鳳山復校》編輯人員之一。

一九八七年開放返鄉探親，他因為是軍事機關聘雇人員的身分，仍舊受到管制，不能返鄉探親，從通信中得知他的父母早已身故，長兄健在，為彌補不能返鄉探親之憾，遂反其道而行，於一九九○年邀請長兄赴台小聚，稍解懸念。

一九九二年底，他已經準備辭去工作，以便返回家鄉探親，但是天不從人願，命運就是這樣折磨人。一九九三年元旦假期，堂叔因病就醫，被診斷為膽囊炎，手術治療時發生醫療誤失，造成血胸休克，藥石無效，於一九九三年二月三日離開人世，返鄉路斷，空留遺憾。身後骨灰由妻子與兒女攜返原鄉「拜見」祖先，完成「返鄉」之路。

那年筆者由美國赴大陸探親先在台灣停留，曾經到醫院探視妙松叔，在急診室走道和嬸嬸有過交談，她焦慮不安，但我無能協助，感到無奈，再從大陸回到台灣時，妙松叔已經過世了，喪禮儀式由陸軍總部協助辦理，還算隆重，但是挽回不了生命，又有何意義？

基於妙松叔和我有將近半世紀的情誼，因為我倆境遇相同，已經退伍卻仍留在軍事機關服務，一九八七年開放探親時，同樣是受限不能返回大陸探親，因而對是否應該辭去工作，以便返回大陸探親，常會交換意見。

筆者於一九九二年初辭去公職，返回大陸老家探視慈母，隨後移居美國。對於一九四九年兩岸分治，造成許多家庭骨肉離散，感受良深。

蒼天有靈，敬祝劉妙松叔叔在天堂快樂安息！

（刊登於《世界日報》2017年07月23日）

後記：

《漫漫返鄉路》無語問蒼天；是劉妙松先生的故事。受到徵文篇幅限制，故事稍嫌簡略。劉妙松先生的父親和我的祖父是親兄弟，他是「么兒」，我是「長房長孫」，兩人年紀相差不多。從我有記憶開始，他就帶領我上下學，直至1948年初中畢業，他繼續升高中，我失學在家。1949年他本來在縣城的學校寄宿，卻在老家同時被抓兵，當時我因父親慘遭胡璉部隊殘殺，在茫然不知所以的情況下意志消沉，他勸告我要忍耐，幫助我渡過了那段悲慘的日子。1960年當我在部隊中遭到「軍中暴行」的不幸時，在醫院裡恢復知覺後，是妙松叔

趕到醫院陪伴著我,相對默默無言。走筆至此,眼淚如泉湧,幾乎痛哭失聲,想向叔叔訴說,奈何天人永隔。叔叔啊!我能說什麼呢?只能無語問蒼天喇!

　　2017年爸爸節,劉妙松的女兒在《臉書》貼文:

　　「時光荏苒,今年已是您離開我們的第二十五個父親節了,不久前,錫輝哥在世界日報上寫了一篇關於您一直未能完成的心願,兩岸慘烈的歷史悲劇,埋著令人無話的遺憾。這一生,能夠當您的女兒,是多麼幸福的事,小康的家庭,您也可以讓我從小過得像個公主,有求必應,十指不沾陽春水地養大,朋友們都羨慕我有個思想前衛,由著子女隨性發展的好爸爸,只是這些話,您還在我身邊的時候,沒能來得及說出口。」

第十章
兩岸關係與轉型正義

轉型正義的缺角，古寧頭戰場上的亂葬崗

　　古寧頭戰役造成兩岸分治，歷史從何時起算呢？1945年日本投降，台灣歸還中華民國；抑或1949年10月1日中華人民共和國宣告成立，中華民國遷到台灣。中華民國歷史如未妥善處埋，恐將埋在「歷史亂葬崗」！

　　那場古寧頭戰爭的年代已經久遠，早已遙遠的離開了世人的視野，甚至於遺忘。也許是為了某些原因，金門縣政府倒是希望旅人們，記得那時候發生過的事，那場戰爭的60周年紀念，拍了《金門歷史風雲──古寧頭戰役》影片，國防部還舉行了古寧頭戰役60周年紀念特展。

　　時光易逝，際此「古寧頭大捷」68周年即將來臨的時刻，7月中旬，臉書上有位版主向嘉慈貼文：「還記得軍中樂園被拉伕的老士官長嗎？偶然看到這則新聞中真實主角類似的遭遇，歷史回歸歷史，事實回歸事實，經由老先生的口述，記取教訓教育後人，為何而戰？為誰而戰？為老共老蔣而戰嗎？軍人的天職是保衛國民，『不管任何理由』，不可做出傷害國民的事情。」緊接下面貼出一篇文章，《民報》的「胡璉兵團與歷史正義」。

　　版主向嘉慈用簡單扼要的「百字箴言」，將《軍中樂園》這個電影虛擬人物被拉伕的老士官長，串聯《民報》那篇文章，其寫作技巧令筆者甘拜下風。茲藉助向嘉慈寄給筆者的來信作為一個橋引。

　　「劉老先生您好：

　　　　偶然看到你的新聞，對於你年輕遭遇，還能逆來順受，力爭上游，貢獻所長回饋國民，深感佩服。

晚生民國85年中華工學院畢，民國85至87威武士官隊結訓二零六師服義務役，現任職於新竹科學園區民間公司。二零六師（現二零六旅）源於預備第六師（1955-1976），而預備第六師即源於1954年整編前的第十四師，也就是老先生您的那支武夷部隊。若讓老先生想起不愉快的記憶，晚生先在這邊道歉。

師部為培訓教育班長成立威武士官隊，威武士官隊第一期就是在西元1956年成立，至1976年改師番號為陸軍第二零六師移駐新竹，即為關東橋威武部隊（1976-2011）。

就像志願役的陸官一樣，我雖然是義務役，但受威武士官隊訓，自然會有一股向心力，會對部隊的傳承及歷史感興趣，老先生的經歷，剛好補足我對部隊歷史的一個空隙，歷史有光榮的一面，也有不光榮的一面，我們都要去面對。

時代力量黨籍立法委員林昶佐國會助理林穎孟在《臉書》上寫著：『轉型正義的主題，不是惡鬥，而是療癒。』經由老先生的人生，我覺得更重要的是要記取教訓，教育後人，軍人是保衛國民，不管任何理由不可做傷害國民的事情。

晚生向嘉慈　敬上」

這則向嘉慈自述介紹，對部隊的傳承及歷史感興趣，由威武部隊歷史淵源的共軛武夷部隊，發現到筆者，透過互聯網，不費吹灰之力，橫跨半個地球，竟將萬里之外，年齡相差半百的陌生人找到，確實難以想像。

1949年筆者被武夷部隊抓兵來到古寧頭戰場，1954年該部隊即被解散走入歷史。我後來進入陸軍軍官學校成為職業軍人，退休後移居美國。2013年很偶然的機會遇見馬忠良教授，受到鼓勵出版《大時代的滄海一粟──劉錫輝回憶錄》，公開了坎坷的人生。1949年胡璉兵團洪都支隊行經我的老家廣東省興寧縣水口鎮石塘村永祥第，為了搶我家水塘的魚吃，槍殺了我的父親劉展文。

2014年，向總統府陳情，請求政府比照228事件，採取補救措施。陳情案被政府各機關推諉，歷時4年毫無結果，因而訴諸媒體，發表了一些有關陳情案的文章，進一步認識了曾建元教授，過程曲折離奇。

2017年，曾建元教授和沈清楷教授合作，在台北市舉辦《哲學星期五——胡璉兵團與歷史正義》座談會，邀我返回台灣擔任主講人，講詞在《民報》刊出。向嘉慈運用Google搜查引擎，竟能透過武夷部隊找到〈胡璉兵團與歷史正義〉這篇文章，確實是難以想像的奇蹟。

今（2018）年，我將陳情案及歷年在媒體發表的文字，結集成冊《錫輝文集——滄海一粟的餘波盪漾》，蒙馬忠良教授及曾建元教授惠賜序文，增強了拙書內容的透明度。

鏡頭轉回到時空焦點古寧頭紀念館，那裡有段解釋文字：

> 「古寧頭戰役解放軍合計9,086人登陸，其中包含船工、民夫約350人。關於傷亡，兩邊說法差異甚大。解放軍戰史稱登陸部隊大都犧牲，倖存被俘者僅3,900餘人，但國軍戰史稱俘虜解放軍7,364人。解放軍戰史稱斃傷國軍9,000多人，國軍戰史稱陣亡1,267人，傷1,982人，共3,249人。陣亡最高職務的是19軍14師42團團長李光前中校。……後來古寧頭一帶在清除地雷時，有挖到一些前人的無主墳墓，以及當時國軍及共軍的墳塚，於是將之合葬於紀念館前方的空地，並建立一座萬聖祠祭祀。無論生前站在國共那一方，雙方士兵皆已盡忠職守，希望死後攜手和解，得到安息，更希望台海將來不會再發生戰事，不要再有人命犧牲。」

萬聖祠，正是古寧頭戰場上的亂葬崗。

古寧頭紀念館只記述「歷史有光榮的一面」，筆者在〈胡璉兵團與歷史正義〉談論「歷史不光榮的一面」，二者糾結成古寧頭戰場的「歷史亂葬崗」。何以故？因為中華民國政府只要古寧頭「歷史有光榮的一面」，胡璉部隊趕赴古寧頭之前的違法亂紀罪行，竟用法律《國軍軍事勤務致人民傷亡損害補償條例》排除在適用範圍之外。對比228事件的處理方式，令人悲憤難平。

再比照外國史實：「越戰期間，越共軍民一體，美軍常遭北越婦女或兒童狙擊，終於發生美萊村屠殺事件，當事指揮官威廉・凱利（William Calley）中尉經軍法審判處無期徒刑，師長以下因隱瞞真相，被起訴者十餘人。」足以証

明幾乎在任何情形下，軍隊都不可殺害平民百姓。

中華民國政府保護人民之法律，《國軍軍事勤務致人民傷亡損害補償條例》，排除胡璉部隊抵達古寧頭之前，先父劉展文被國軍殘殺的遺憾，家屬的傷痕無法撫平，國軍的榮譽損失無法彌補，中華民國歷史何以自處？當前追溯自1945年8月的《促進轉型正義條例》，對此若視若無睹，將會被埋在「歷史亂葬崗」！

（刊載於蘋果日報即時論壇2018年8月2日）

我的迷惘

我曾經幾乎犧牲掉生命去保衛這個國家，換得一張「陸海空軍褒狀」，雖然這個國家的軍隊，曾經違法亂紀的殘殺了我的父親，我仍然愛這個國家。

我曾經為這個國家奉獻青春，參與天弓飛彈研發，以對我國國防科技戰力提升上的貢獻，而獲得國家頒贈等同作戰有功的「雲麾勳章」，它曾讓我引以為傲。

可是，當我向這個國家陳情申訴，為當年軍隊的違法亂紀的罪行，對我的家族致歉，而被這個國家的政府冷酷無情對待後，那張「陸海空軍褒狀」，和那張「雲麾勳章證書」，已經變得對我毫無意義了，它只是一張紙而已。我迷惘了！

這個國家的軍隊六十九年前竟用手榴彈炸我家池塘的魚，還泯滅天良殘殺了我的父親，又強押我到達金門島，未穿軍服就被趕赴古寧頭戰場，從此以後，我毫無選擇的變成職業軍人，只能克服內心的掙扎，謀求生存之道。五年前很卑微的向政府陳情，希望為父伸冤來解脫揹負的枷鎖，可是，這個國家雖然有保護人民之法律，《國軍軍事勤務致人民傷亡損害補償條例》，卻認為我的父親是在另外一個國家的地區被殺害的，不在這個法律適用範圍之內。我迷惘了！

我歷經五年為父伸冤陳情，求助無門，只能用寫作來救贖「殺父之仇不共戴天」的罪惡感，公諸於世，求得自我療癒，以文會友，得到曾建元教授和沈清楷教授的協助，去年四月五日在台北市「哲學星期五」舉辦「胡璉兵團與歷

史正義」座談會，胡璉的孫子胡敏越牧師在座談會後給我公開信：

> 「劉伯伯平安：為民國38年九月份先祖父部隊，對您父親之對待深感遺
> 憾與虧欠；那一代中國的歷史造成了許多的苦難；願神的愛親自讓我們
> 能走出傷痛，也求神的恩典祝福劉家後代子子孫孫。敬祝　身體康健
> 晚胡敏越敬上　民106年四月五日。」

今年初，我將歷年陳情過程資料，及公開發表的文章，彙集成冊出版《錫
輝文集　滄海一粟的餘波盪漾》，獻給父親與母親在天之靈。那個強迫讓我揹
負了六十九年的枷鎖，終於解脫放下了。

世事難料，才將那個枷鎖解脫放下，上個月一位陌生人向嘉慈寄來信件，
自述他曾在威武部隊服務，對部隊的傳承及歷史感興趣，由威武部隊歷史淵
源，追溯到武夷部隊，發現到歷史有光榮的一面，也有不光榮的一面，我們都
要去面對，……於是透過互聯網，不費吹灰之力，橫跨半個地球，竟將萬里之
外，年齡相差半百的筆者找到，確實難以想像。

回應向嘉慈的來信，我在《蘋果日報》即時論壇刊出〈退休上校劉錫
輝：轉型正義的缺角－古寧頭戰場上的亂葬崗〉，文中指出歷史不光榮的一
面，……那個古寧頭紀念館前的萬聖祠，正是古寧頭戰場上的亂葬崗。……古
寧頭戰役造成兩岸分治，歷史從何時起算呢？1945年日本投降，台灣歸還中華
民國；抑或1949年10月1日中華人民共和國宣告成立，中華民國遷到台灣。中
華民國歷史如未妥善處理，恐將埋在「歷史亂葬崗」！

胡璉部隊趕赴古寧頭之前的違法亂紀，殘殺平民罪行，竟被排除在中華
民國政府保護人民之法律，《國軍軍事勤務致人民傷亡損害補償條例》適用範
圍之外，中華民國歷史何以自處？當前追溯自1945年8月的《促進轉型正義條
例》，對此若視若無睹，將會被埋在「歷史亂葬崗」！

隔幾天，我意猶未盡又在《蘋果日報》即時論壇刊出〈退休上校劉錫輝：
我的父親69年前被胡璉部隊槍殺〉並貼上臉書，向社會大眾公開：「筆者於日
前為1949年胡璉的部隊殘殺先父劉展文一事，再次向行政院促進轉型正義委員
會陳情，尋求補救之道。……」文章貼出後收到不少網友留言，七嘴八舌，現

用A、B、C不具名轉貼如下：

> A：大時代的悲劇，我相信劉先生的先父這個故事真的只是「滄海中的
> 一粟」，在國共內戰、共產黨在中國的大躍進、文化大革命、六四
> 天安門事件，國民黨在台灣的228事件、白色恐怖、美麗島事件、
> 林義雄先生家的慘案、陳文成博士命案、鄭南榕殉道自焚……等等
> 犧牲的無辜生命都是需要被平反並做出適當賠償的……
>
> B：這兩個中國黨犯下的罪行真的是罄竹難書……天理難容……
>
> C：時代悲劇令人難過。只是當時事情發生在廣東省，而且是因為軍人
> 濫殺善良人民之刑事案件，應該由事發地之法院管轄，也就是廣東
> 省興寧縣的地方法院管轄；如今不論加害及被害人皆已死亡，偵查
> 困難。而且殺人屬於刑事案件，應該由事發地之檢察署偵辦。再就
> 時效而言，可能有管轄權之機關也會以時效為由，而不受理。哎！
> 悲哀！

這些人的回應，正是這個政府求之不得的混水摸魚烏賊戰術，一推六二
五，兩手一攤，你奈我何？「台灣最美麗的風景是人」怎麼不見了？

謝天謝地！我逃過了兩次戰爭的劫難，耆老之年還頭腦清楚，向行政院
促進轉型正義委員會提出陳情，給這個國家的政府一個彌補國軍榮譽的唯一機
會，現在我以非常悲涼、沉痛的心情晾晒出對我毫無意義的「廢紙」，靜候發
展結果。

作者曾獲陸海空軍褒狀

作者曾獲國家頒贈等同作戰有功的「雲麾勳章」

（刊載於蘋果日報即時論壇2018年8月13日）

為何而戰？為誰而戰？

據報導，國防部在金門舉行八二三砲戰60周年紀念大會、公祭儀式，參加
人數高達數百人，不過包括總統蔡英文等府院高層則是完全缺席紀念活動。民

進黨副秘書長徐佳青於節目中表示，八二三是共產黨在跟國民黨打仗，並不是民進黨在打仗，「這樣子的紀念有意義嗎？」。對此，淡江大學蘭陽校園全球發展學院院長包正豪批，按照這個邏輯，也讓自己找到了不繳稅的「公民不服從」理由，「這裡面政府不見了，國家也不見了，只有黨派。」

八二三砲戰究竟為何而戰？為誰而戰？

　　筆者要在這裡說句不中聽的話，徐佳青的「八二三是共產黨在跟國民黨打仗，並不是民進黨在打仗」這句話並沒有錯，因為那時候民進黨還不知道在哪裡?!包正豪教授的評論也沒有錯，因為那時候的共產黨和國民黨都是「黨國不分」。可是，現在民進黨有分嗎？依舊是「黨國不分」，更不幸的是，他們的黨對這個國家名號分不清楚。軍隊很可能不知道為何而戰？為誰而戰？

　　金門八二三砲戰時，韓元輝在小金門擔任第九師副師長（郝柏村任師長），筆者在大金門第619砲兵營第三連任中尉軍官職。韓元輝於2000年出版《金門四十四天的台海戰役》：八二三砲戰期間之長，規模之大，實為戰史所僅見，其過程之奇特，問題之複雜，非單純之軍事作戰計劃所能比擬。八二三砲戰後，華沙會談討價還價，意圖勒索，未能達到目的，中共中央乃於10月確定對金門「打而不登，封而不死」的決策，自找台階下台，10月6日宣佈停火一週，期滿又自動延長停火兩週，到了11月初宣佈「單打雙不打」，終於讓此轟轟烈烈的砲戰，漸漸的消沉下去。自此之後，華沙會談繼續，1979年1月美國與中共簽訂《建交公報》，中共發表〈告台灣同胞書〉停止砲轟金門，八二三砲戰才算正式結束。

台灣人該怎麼紀念我們的823？

　　2018年8月19日新頭殼發佈《管仁健觀點：台灣人該怎麼紀念我們的823？》，筆者於8月22日在蘋果日報即時論壇回應：「砲彈不長眼睛，死傷無分省籍——記823砲戰」，舉出親自參與823砲戰的記錄為證明，死傷無分省籍，砲戰絕對不止44天。所謂11月初宣佈「單打雙不打」，第619砲兵營第三

連上尉副連長董玉玲就是在11月1日陣亡的。有位網民回應：砲戰44天是郝柏村說的，管仁健只是引用。

管仁健引用了報導文學作家，李展平〈誰聞暗夜哭聲？八二三戰役台籍征屬血淚〉裡提到的幾件案例。同樣是在軍中殉職，空軍對遺屬的照顧最體貼，連改嫁的遺孀都還有機會被安排工作，甚至是在令人稱羨的華航。海軍較差，但還是比陸軍好，而陸軍裡的外省籍陣亡官兵又比台籍士兵好。823殉職的台籍士兵，1960年代每年撫卹一千多元，至1970年代期滿時約三萬五千多元。

1990年代立法院通過「戰士授田憑據處理條例」，依級數發放五萬至五十萬的補償津貼，藉以收回授田憑據。823陣亡台籍戰士原本能領最高級數五十萬，但遺屬大多住在偏遠地區，教育程度不高，又不像眷村有軍方的人際關係，可獲得正確信息，以致被不肖黃牛甚至經辦人員哄騙，交出憑據或印章，換得僅二三十萬的「買命錢」。

就筆者所知，管仁健引用資料未免有失偏頗，八二三戰役陣亡官兵，舉陸軍第619砲兵營第三連為例，陣亡一台籍充員應該領受到撫恤金了，陣亡一官一士為外省籍，家屬當時在「匪區」，董玉玲上尉11月1日砲戰中陣亡，1987年開放大陸探親時，他的同鄉探聽到的結果是「兒夭折、妻改嫁、爹已亡」，「戰士授田憑據處理條例」補償金及撫恤金就留存國庫了，「買命錢」分文不得。

兩岸分治始自金門古寧頭戰爭勝利。1949年胡璉部隊在大陸敗退時，大舉抓兵，成千上萬的家庭破裂，骨肉離散，有些被抓的兵未穿軍服走上古寧頭戰場（相關記錄請參考趙域中將《艱苦過往盡在笑談中》），陣亡者就地掩埋，連喪葬費都省了，撫恤金就連提都不用提了；倖存者從此終老他鄉，許多人終生未能再見父母親一面。據了解，台灣現今仍有約5000位孤單無依的老兵，分別住在16個「榮民之家」，他們的坎坷人生，豈只是「晚景淒涼」而已。

軍中樂園與慰安婦

2018年7月中旬，臉書上有位版主向嘉慈貼文：「還記得軍中樂園被拉伕的老士官長嗎？偶然看到這則新聞中真實主角類似的遭遇，歷史回歸歷史，事實回歸事實，經由老先生的口述，記取教訓教育後人，為何而戰？為誰而戰？

為老共老蔣而戰嗎？軍人的天職是保衛國民，『不管任何理由』，不可做出傷害國民的事情。」緊接下面貼出一篇文章，那是筆者在2017年刊登《民報》的「胡璉兵團與歷史正義」。

管仁健和向嘉慈兩個人都是年輕的世代，為何以「軍中樂園被拉伕的老士官長」和李敖寫的〈國民黨與營妓〉拉上關係呢？最近台南市國民黨市黨部旁邊設立了一座慰安婦雕像，竟有人將軍中樂園與慰安婦扯到一起相提並論。難道老兵在社會上的印象是這樣子嗎？向嘉慈筆下的「還記得軍中樂園被拉伕的老士官長嗎？偶然看到這則新聞中真實主角……」那個主角正是筆者在下，看到新聞報導居然有人將「軍中樂園與慰安婦」扯到一起相提並論，非常震驚，很懷疑「台灣最美麗的風景是人」，豈止是感慨萬千而已！

據管仁健說：【他最佩服李敖所寫的〈為老兵李師科喊話〉及〈國民黨與營妓〉……。他決定將〈國軍故事〉付印發行的最關鍵原因，還是一位白色恐怖受難者遺屬的來函：

> 「這半世紀以來，我們一家人始終在陰暗角落裡哭泣；對短視貪婪的政客與嗜血媚俗的媒體來說，『轉型正義』永遠只會在選舉口號與夢中出現。我的父親被他們殺了，已經不能說話，法律不能還我們公道，政客也不能，媒體也不能；如果你再不能替我們說話，連我兒子都不知道他祖父的故事了，請你一定要為那些不能說話的人說話。」

……我已經快五十歲了，……我記錄我們自己的歷史，不信青春喚不回，不容青史盡成灰。活過那段荒謬的時代，我們的青春是無法喚回了；但青史是否成灰，也許才是真正考驗這本書的標準吧？】

荒謬的時代與轉型正義

筆者劉錫輝現年86歲，和管仁健快五十歲相比，活過那段荒謬的時代，真要感恩不盡！見證了60年以前的八二三砲戰，而且在「單打雙不打」的第一時間，很光榮的被選拔作為樣板，砲戰有功官兵十三人之一，返回台灣渡榮譽假

一週,那是用生命拚搏來的榮譽啊!

民國47年10月17日聯合報刊載:砲戰有功官兵定今飛台休假。

【本報訊】金門砲戰有功官兵十三人,獲得國防部核准為砲戰後第一批赴台休假的榮譽,這批榮譽慰勞假的官兵今(十七)日上午乘專機飛抵台北享受他們建功後的愉快休假,他們的姓名為:中尉連附劉錫輝、中尉觀測官華緒龍、上士砲長拾景文、李成良、林良才、曲君華、劉少傑、郝崇芝、上士班長楊壽、中士班長李丁壽、中士瞄準手江銀亮、上等兵計算手林光前、中士砲長王炳清等。

八二三砲戰勝利後,郝柏村與金門另5名師長馬安瀾、林初耀、胥立勳、曹傑與張錦錕同獲四等雲麾勳章乙座,筆者幾乎犧牲掉生命,換得一張「陸海空軍褒狀」。後來,1986年,筆者以中科院天弓計畫室陸軍上校主任工程師職位,負責武器模擬設備之建立並執行模擬工作突破技術瓶頸成效傑出,獲得國家頒贈等同作戰有功的「六等雲麾勳章」乙座,它曾讓我引以為傲,引以為榮。

雖然這個國家的軍隊,曾經在1949年違法亂紀的殘殺了我的父親,我仍然愛這個國家。可是,當我向這個國家陳情申訴,為當年軍隊的違法亂紀的罪行,對我的家族致歉,而被這個國家的政府冷酷無情對待後,那張「陸海空軍褒狀」和那張「雲麾勳章證書」,已經變得對我毫無意義了,它只是一張紙而已。我迷惘了!為何而戰?為誰而戰?

五年前我很卑微的向政府陳情,希望為父伸冤來解脫揹負的枷鎖,可是,這個國家雖然有保護人民之法律,《國軍軍事勤務致人民傷亡損害補償條例》,這個國家的軍隊殘殺我父親的地點,卻不在這個法律適用範圍之內,我迷惘了!為何而戰?為誰而戰?

我為父伸冤陳情歷經五年,求助無門,只能用寫作來救贖「殺父之仇不共戴天」的罪惡感,公諸於世,求取自我療癒。以文會友,得到曾建元教授和沈清楷教授的協助,去年四月五日在台北市「哲學星期五」舉辦「胡璉兵團與歷

史正義」座談會，胡璉的孫子胡敏越牧師在座談會後給我公開信：

> 「劉伯伯平安：為民國38年九月份先祖父部隊，對您父親之對待深感遺憾與虧欠；那一代中國的歷史造成了許多的苦難；願神的愛親自讓我們能走出傷痛，也求神的恩典祝福劉家後代了了孫孫。敬祝　身體康健
> 晚胡敏越敬上　民106年四月五日。」

今年初，我將歷年陳情過程資料，及公開發表的文章，彙集成冊出版《錫輝文集　滄海一粟的餘波盪漾》，獻給父親與母親在天之靈。那個強迫我揹負了六十九年的枷鎖，終於解脫放下了。

可是世事難料，才將那個枷鎖解脫放下，七月中旬一位陌生人向嘉慈寄來信件，自述他曾在威武部隊服務，對部隊的傳承及歷史感興趣，由威武部隊歷史淵源，追溯到武夷部隊，發現筆者被武夷部隊抓兵的事，發現到歷史有光榮的一面，也有不光榮的一面，我們都要去面對，……於是透過互聯網，不費吹灰之力，橫跨半個地球，竟將萬里之外，年齡相差半百的筆者找到，確實難以想像。

回應向嘉慈的來信，我在《蘋果日報》即時論壇刊出〈退休上校劉錫輝：轉型正義的缺角－古寧頭戰場上的亂葬崗〉，文中指出歷史不光榮的一面，…那個古寧頭紀念館前的萬聖祠，正是古寧頭戰場上的亂葬崗。…古寧頭戰役造成兩岸分治，歷史從何時起算呢？1945年日本投降，台灣歸還中華民國；抑或1949年10月1日中華人民共和國宣告成立，中華民國遷到台灣。中華民國歷史如未妥善處理，恐將埋在「歷史亂葬崗」！

胡璉部隊趕赴古寧頭之前的違法亂紀，殘殺平民罪行，竟被排除在中華民國政府保護人民之法律，《國軍軍事勤務致人民傷亡損害補償條例》適用範圍之外，中華民國歷史何以自處？當前追溯自1945年8月的《促進轉型正義條例》，對此若視若無睹，將會被埋在「歷史亂葬崗」！

（刊登於風傳媒2018年9月3日）

參考資料：

1. 韓元輝《金門四十四天的台海戰役》編者自印，於2000年聖誕節。
2. 《管仁健觀點：台灣人該怎麼紀念我們的823？》2018年8月19日新頭殼。
3. 劉錫輝「砲彈不長眼睛，死傷無分省籍──記823砲戰」蘋果日報即時論壇2018年8月22日。
4. 李展平〈誰聞暗夜哭聲？八二三戰役台籍征屬血淚〉。
5. 趙域《艱苦過往盡在笑談中》參戰官兵口述歷史─征戰人物專訪。古寧頭戰役60週年紀念口述歷史。

匪諜之女獲平反，我父遭國民黨軍殘殺得不到道歉

據報導：「促轉會」在世界人權日前夕，進行第二波白色恐怖時期有罪判決撤銷公告儀式，還受難者與家屬一個清白。

涉入「基隆市省工委案」的藍明谷之女、現任「50年代白色恐怖案件平反促進會」會長藍芸若也上台致詞，父親在她2歲時就被槍決了，她一輩子沒見過父親，也長期以為父親是匪諜、是壞人，直到44歲那年一位文史工作者來訪談母親，一切才真相大白。對於今日促轉會公告撤銷有罪判決，藍芸若很感謝促轉會在發生「東廠風波」、風雨飄搖之際仍完成1505件判決撤銷名單，給家屬安慰。

筆者看到這篇報導，認為「促轉會」的作為值得讚許，但卻感慨萬千！抗日戰爭勝利後的國共鬥爭，造成那個荒謬的年代，中國國民黨與中國共產黨互相殘殺，受害者千千萬萬，藍芸若也強調並不認同她的父親當年仰賴的政黨，以致於涉入「基隆市省工委案」的藍明谷被當作匪諜被槍決了。

1949年前後移居台灣的大陸人，白色恐怖時期的受難者，情況更為嚴重，因為他們是逃避共產黨而來，多數人在台灣沒有後代子孫。筆者對白色恐怖時

期的受難者與家屬所受傷害感同身受，但對政府所謂轉型正義，若單指白色恐怖時期的「台灣人」受難者與家屬，作為政治立場的鬥爭工具，則實在不敢苟同。

筆者於今年8月向行政院促進轉型正義委員會提出陳情，事由為1949年9月胡璉部隊在大陸敗退，途經廣東省興寧縣我老家時，軍紀敗壞，丟擲手榴彈入我老家魚塘炸魚，先父劉展文手無寸鐵，僅口頭表示不滿，竟當場慘遭槍殺，再強迫我當兵。

此案從2014年初向總統府陳情，馬英九的總統府函覆：要筆者相信政府會作適當的處理，內政部函覆可依照《國軍軍事勤務致人民傷亡補償條例》辦理，國防部表示「本案事發地點為廣東省，不在條例範圍內」，並推卸責任稱「所陳乃刑事案件，國防部為行政機關，無法審認」。

今年8月向行政院促進轉型正義委員會陳情後，被移文國防部，結果得到國防部相同的答覆。

人命關天，價值等同。中華民國政府對「228事件」受難者與家屬道歉賠償，而筆者陳情多年卻連個道歉都得不到，造成相對的不公不義及不平感。更何況中華民國的軍隊殘殺先父劉展文，而筆者卻被迫在國軍服役，所承受的傷痛，豈只是「殺父之仇不共戴天」足以形容，那種愧疚感和對大陸家族親人的罪惡感形成的枷鎖，實在難以用筆墨形容。

中華民國的國軍，被指控軍紀敗壞殘殺平民，國防部只知推卸責任稱「所陳乃刑事案件，國防部為行政機關，無法審認」，又表示「本案事發地點為廣東省，不在《國軍軍事勤務致人民傷亡補償條例》範圍內」，不顧國家尊嚴，莫此為甚。筆者同樣身歷白色恐怖時期，奉獻一生青春，晚年冀求放下揹負一生的枷鎖竟不可得，真是情何以堪！

（刊載於蘋果日報即時論壇2018年12月13日）

參考資料：

1. 謝孟穎〈白色恐怖平反〉「匪諜的女兒」40年悲歌：我44歲之前一直相信爸爸是壞人〉風傳媒2018年12月9日。

我爸只是碎念一下……國民黨軍卻槍殺他

據三立新聞網報導：

　　促進轉型正義委員會最近恢復許多遭受白色恐怖的受害者名譽，曾經在中科院任職的上校劉錫輝，也投書媒體（編按：該作者已投書在許多媒體鳴冤，但未受矚目），談到他父親被國民黨軍隊殺害的過程。

　　劉錫輝寫到：「筆者於今年8月向行政院促進轉型正義委員會提出陳情，事由為1949年9月胡璉部隊在大陸敗退，途經廣東省興寧縣我老家時，軍紀敗壞，**丟擲手榴彈入我老家魚塘炸魚，先父劉展文手無寸鐵，僅口頭表示不滿，竟當場慘遭槍殺，再強迫我當兵。**」。（編按：劉錫輝自述，民國三十八年九月七日前後，胡璉兵團高魁元第十八軍李樹蘭第一一八師（洪都支隊）行經他家廣東省興寧縣水口鎮石塘村永祥第，為了搶他家水塘的魚吃，槍殺了他的父親劉展文。十天後，第十八軍羅錫疇第十四師（武夷支隊）廖先鴻第四十一團又來到他家，把劉錫輝和他四個堂叔強行押走，強迫參軍。）而針對這樣事情，其實劉錫輝也向前總統馬英九陳情過，而馬英九時代的總統府函覆：**要筆者相信政府會作適當的處理**；內政部函覆可依照《國軍軍事勤務致人民傷亡補償條例》辦理；國防部表示「本案事發地點為廣東省，不在條例範圍內」，**並推卸責任稱「所陳乃刑事案件，國防部為行政機關，無法審認」。**

　　只是今年8月，劉錫輝再向行政院促進轉型正義委員會陳情後，被移文國防部，結果得到國防部相同的答覆。讓劉錫輝相當沮喪，因為除了不斷投書媒體之外，劉錫輝也出版回憶錄，提及這段往事，但也沒有出現太大的迴響。而他曾經的長官李楨林上將，看完回憶錄後去信跟他表示：「……我們成長在國家大動亂的年代，你親睹41歲的父親，被政府軍槍殺，錐心之痛終生難平，我感同身受。我的父親被共黨以「地主」罪名，幾經清算鬥爭後，在1951年「鎮反」運動中被屠殺，他當年50歲。……你身為人子，已盡了力，值得尊敬。你選擇聖嚴「放下它」解脫負擔了結無奈，是智慧的決定。……」。

　　這樣的故事在1949那個大時代裡出現的太多太多，劉錫輝上校不屈不撓，還是要為他父親討公道，**只是發生地在廣東，這筆帳要算清，還得花一番**

工夫！

《三立新聞網》節目中心／綜合報導2018/12/13　13:02:00

投書：國共內戰時掠奪糧食、殘殺平民，國軍至今不用受促轉？

　　兩岸關係起源於1945年中國抗戰勝利，收復遼寧、吉林、黑龍江東三省、台灣、澎湖失地，廢除不平等條約及列強在華特權，日本投降了，無條件放棄台灣的統治權，但是歸還給誰呢？戰勝國的領導人，此時正爭得你死我活，於是乎出現了台灣地位未定論。

　　1949年10月1日，中華人民共和國在北平宣布成立，10月25日一場古寧頭戰爭，中華民國國軍打了勝仗，從此造成兩岸分治。《舊金山和約》簽訂前，日本政府左右逢迎，戰敗者反而主導中日和約的簽署對象，佔盡便宜。戰勝國的領導人們沒有辦法搞清楚，「誰」有台灣的統治權。

　　中華民國政府得到韓戰爆發的好處，1952年與日本政府簽訂《中日和平條約》，日本政府遵守《舊金山和約》，放棄台灣的統治權利等，中華民國政府也放棄戰勝國應該得到的賠償權利。1972年日本與中華民國斷交，片面廢止《中日和平條約》，另與中華人民共和國建立外交關係，簽訂《中日和平友好條約》，當時的國務院總理周恩來就放棄戰爭賠償問題上作出指示：「中日邦交恢復以前，台灣的蔣介石已經先於我們放棄賠償要求，共產黨的肚量不能比蔣介石還小」。此時中華民國政府擁有聯合國席位，但聯合國還是沒有辦法搞清楚「誰」有台灣的統治權。1976年中華民國在聯合國的席位由中華人民共和國政府取代後，「誰」有台灣的統治權就變得更加複雜了。

　　中華人民共和國政府為了它存在的合法化，中國社會科學院用國家繼承的邏輯概念，煞有其事地編了一部《中華民國史》，宣稱中華民國已經在1949年由中華人民共和國繼承。後來被陳水扁稱為老番顛的李登輝，在擔任中華民國總統時，就說過幾句名言：「中華民國成立於1912年，現今仍然健在，老子沒有死，說什麼繼承？真是笑話！」

　　可是，李登輝在當完12年中華民國總統之後，離職時公開宣稱以後要當傳

教士，結果是當了宣傳台灣獨立的教士。而且還不僅止於此，前幾年李登輝投書日本Voice月刊，稱第二次世界大戰期間的台灣人，「身為日本人，為了祖國而戰」，並說「七十年前，台灣與日本是同一個國家，何來『抗日』之說？」並視中華民國為外來政府。這是歷史的錯亂。

民主進步黨執政把1945年到1992年定義為「威權時期」，制訂《促進轉型正義條例》，在行政院設立促進轉型正義委員會，最近公告了兩波計2700多人的政治受難者「除罪」名單，據有關媒體稱：其中有400多人是中國共產黨列冊並立碑紀念的「烈士」。簡言之，中共承認這400多人是當年派來台灣進行滲透的「共諜」，但促轉會在平復白色恐怖受害者時，竟將這些經過軍法審判的「共諜」一起「除罪」。這是法律的錯亂。

1949年9月胡璉第十二兵團部隊途經廣東省興寧縣筆者老家時，軍紀敗壞，丟擲手榴彈入筆者老家魚塘炸魚，先父劉展文手無寸鐵，僅口頭表示不滿，竟當場慘遭槍殺，再強迫我當兵。筆者於2014年初向總統府陳情，馬英九的總統府函覆：要筆者相信政府會作適當的處理。內政部函覆可依照《國軍軍事勤務致人民傷亡補償條例》辦理，國防部表示「本案事發地點為廣東省，不在條例範圍內」，並推卸責任稱「所陳乃刑事案件，國防部為行政機關，無法審認」。

有點像繞口令，中華民國國軍缺糧缺兵，掠奪糧食殘殺了中華民國人民，強迫被害人的兒子當兵，一個月後，在金門島打了勝仗，保住了中華民國。這個中華民國制定了《國軍軍事勤務致人民傷亡損害補償條例》，第二條規定的國軍軍事勤務補償適用範圍，為「民國三十八年政府遷臺後至民國七十年六月三十日止」發生的傷亡事件。於是，國防部對筆者陳情案表示「本案事發地點為廣東省，不在條例範圍內」。這是歷史和法律的雙重錯亂。

職司軍紀風憲的國防部對筆者指控國軍殘殺平民的陳情案件，竟諉稱「所陳乃刑事案件，國防部為行政機關，無法審認」；依據軍法審判確定的「匪諜」案件，促轉會竟「一夜之間」就宣告「除罪」了；這不是很弔詭嗎？轉型正義的公平正義何在？

（刊登於2019年2月14日 https://www.dopost.com/articles-4/20190214-1）

兩岸關係現狀是通緝犯的天堂

筆者於今（2018）年八月間，接受朋友的建議，再次向行政院促進轉型正義委員會陳情，尋求轉型正義之補救。結果就是五年來的老樣子，經歷兩屆政府，浪費時間，「這個國家雖然有保護人民之法律《國軍軍事勤務致人民傷亡損害補償條例》，卻認為我的父親是在另外一個國家的地區被殺害的，不在這個法律適用範圍之內。這不就是另類『通緝犯的天堂』嗎？」

一九四五年第二次世界大戰結束，日本投降了，以前搶奪得到的土地，日本政府無條件「放棄」，但是歸還給誰呢？戰勝國的領導人，此時正爭得「你死我活」，於是乎出現了「臺灣地位未定論」。

兩岸關係現狀是不能統、不能獨以及「一中」不能表的通緝犯天堂。

一九四九年兩岸分治，日本政府左右逢迎，戰敗者反而主導和約的簽署對象，佔盡便宜，奇怪乎?!眼看七十年過去了，戰勝國的領導人還是沒有辦法搞清楚，「誰」有臺灣的統治權？

兩岸關係現狀是「通緝犯的大堂」，以前民主進步黨的口頭禪，「錢進大陸，債留臺灣」，在臺灣被通緝的經濟犯，只要能偷渡到對岸，有錢能使鬼推磨，照樣在那裡吃香喝辣，人模人樣。

另一方面，這個國家以前將「故宮文物」運到臺灣，用保留中華文化作口號，「久借荊州」，擁為己有，現在連「故宮文物」的名號都換了，人事全非，誰能知道後事如何？

至於怎麼樣將大陸人民的黃金運到臺灣，是偷還是搶？我不在乎！我們只認黃金不認人，那位主事者、國民黨「領導人」的是非功過，「蓋棺猶難論定」。前面廢話連篇，旨在敘述兩岸關係現狀，就是不能統、不能獨、「一中」不能表的通緝犯的天堂。

筆者要在此說一個故事：一九四九年有一支中國國民黨的軍隊，敗退途經廣東省興寧縣的筆者老家，扛著「洪都支隊」大旗，招搖過市，到處抓兵及強奪糧食，鄉民奔走相告，四處逃避，那批「兵」丟手榴彈在我老家門口池塘中炸魚，我的父親口頭表示不滿，就被槍殺了。

　　待我回到家中，母子正在欲哭無淚，不知如何是好的時候，第二批扛著「武夷支隊」大旗的又來了，這次我來不及逃，被抓著了。隨後被武夷支隊押著到達金門島，未穿軍服即參與了古寧頭戰役。從此以後，我毫無選擇地變成職業軍人。五年前很卑微地向政府陳情，希望為父伸冤來解脫揹負的枷鎖，內政部函覆可以依照《國軍軍事勤務致人民傷亡補償條例》辦理。可是，國防部表示「本案事發地點為廣東省，不在該條例範圍內」。再次申覆時，國防部卻稱「所陳乃刑事案件，國防部為行政機關，無法審認」。

　　筆者於今年八月間，接受朋友的建議，再次向行政院促進轉型正義委員會陳情，尋求轉型正義之補救。結果就是五年來的老樣子，經歷兩屆政府，浪費時間，這個國家雖然有保護人民之法律《國軍軍事勤務致人民傷亡損害補償條例》，卻認為我的父親是在另外一個國家的地區被殺害的，不在這個法律適用範圍之內。這不就是另類「通緝犯的天堂」嗎？

（刊登於《放‧擂台》2019年1月15日）

兩岸關係與轉型正義──兼向彭蔭剛先生進言

　　促進轉型正義委員會2018年8月24日爆發「東廠事件」，促轉會前副主任委員張天欽，於2018年9月14日為行政院長賴清德予以免職。其餘8月24日與會六位人員中，四人隨後相繼辭職，曾建元研究員在會議中持不同意見，職務雖然未受影響，終因理念關係，於2018年12月31日離開。筆者有幸與曾建元教授於2016年「以文會友」結緣，承蒙曾建元教授熱心協助，受惠良多，特此公開相關結緣經過情節，以表達感謝之意。

　　兩岸關係起源於1945年中國抗戰勝利，收復遼寧、吉林、黑龍江東三省、臺灣、澎湖失地，廢除不平等條約及列強在華特權，日本投降了，無條件放棄臺灣的統治權，但是歸還給誰呢？戰勝國的領導人，此時正爭得你死我活，於是乎出現了臺灣地位未定論。

　　1949年10月1日，中華人民共和國在北平宣布成立，10月25日一場古寧頭戰爭，中華民國國軍打了勝仗，從此造成兩岸分治。《舊金山和約》簽訂前，日本政府左右逢迎，戰敗者反而主導中日和約的簽署對象，佔盡便宜。戰勝國

的領導人們沒有辦法搞清楚，「誰」有臺灣的統治權。

中華民國政府得到韓戰爆發的好處，1952年與日本政府簽訂《中日和平條約》，日本政府遵守《舊金山和約》，放棄臺灣的統治權利等，中華民國政府也放棄戰勝國應該得到的賠償權利。1972年日本與中華民國斷交，片面廢止《中日和平條約》，另與中華人民共和國建立外交關係，簽訂《中日和平及好條約》，當時的國務院總理周恩來就放棄戰爭賠償問題上作出指示：「中日邦交恢復以前，臺灣的蔣介石已經先於我們放棄賠償要求，共產黨的肚量不能比蔣介石還小」。此時中華民國政府擁有聯合國席位，但聯合國還是沒有辦法搞清楚「誰」有臺灣的統治權。1976年中華民國在聯合國的席位由中華人民共和國政府取代後，「誰」有臺灣的統治權就變得更加複雜了。

中華人民共和國政府為了它存在的合法化，中國社會科學院用國家繼承的邏輯概念，煞有其事地編了一部《中華民國史》，宣稱中華民國已經在1949年由中華人民共和國繼承。後來被陳水扁稱為老番顛的李登輝，在擔任中華民國總統時，就說過幾句名言：「中華民國成立於1912年，現今仍然健在，老子沒有死，說什麼繼承？真是笑話！」可是，李登輝任當完12年中華民國總統之後，離職時公開宣稱以後要當傳教士，結果是當了宣傳臺灣獨立的教士。而且還不僅止於此，前幾年李登輝投書日本Voice月刊，稱第二次世界大戰期間的臺灣人，「身為日本人，為了祖國而戰」，並說「七十年前，臺灣與日本是同一個國家，何來『抗日』之說？」並視中華民國為外來政府。這是歷史的錯亂。

民主進步黨執政把1945年到1992年定義為「威權時期」，制訂《促進轉型正義條例》，在行政院設立促進轉型正義委員會，最近公告了兩波計2700多人的政治受難者「除罪」名單，據有關媒體稱：其中有400多人是中國共產黨列冊並立碑紀念的「烈士」。簡言之，中共承認這400多人是當年派來臺灣進行滲透的「共諜」，但促轉會在平復白色恐怖受害者時，竟將這些經過軍法審判的「共諜」一起「除罪」。這是法律的錯亂。

1949年9月胡璉第十二兵團部隊途經廣東省興寧縣筆者老家時，軍紀敗壞，丟擲手榴彈入筆者老家魚塘炸魚，先父劉展文手無寸鐵，僅口頭表示不滿，竟當場慘遭槍殺，再強迫我當兵。筆者於2014年初向總統府陳情，馬英九

的總統府函覆：要筆者相信政府會作適當的處理。內政部函覆可依照《國軍軍事勤務致人民傷亡補償條例》辦理，國防部表示「本案事發地點為廣東省，不在條例範圍內」，並推卸責任稱「所陳乃刑事案件，國防部為行政機關，無法審認」。

有點像繞口令，中華民國國軍缺糧缺兵，掠奪糧食殘殺了中華民國人民，強迫被害人的兒子當兵，一個月後，在金門島打了勝仗，保住了中華民國。這個中華民國制定了《國軍軍事勤務致人民傷亡損害補償條例》，第二條規定的國軍軍事勤務補償適用範圍，為「民國三十八年政府遷臺後至民國七十年六月三十日止」發生的傷亡事件。於是，國防部對筆者陳情案表示「本案事發地點為廣東省，不在條例範圍內」。這是歷史和法律的雙重錯亂。

筆者在求助無門之下，訴諸文字在媒體發表，因而於2016年與曾建元教授「以文會友」結緣，承蒙曾建元教授和《哲學星期五》沈清楷教授合作，2017年4月5日舉辦《胡璉兵團與歷史正義》座談，讓這個議題經由各種類型媒體，在文化界和知識界逐漸擴散發酵。胡璉孫子胡敏越牧師人在大陸江西訪問，特地親筆寫公開信請曾建元教授代向筆者在座談會上宣讀致歉：

> 「劉伯伯平安：為民國38年九月份先祖父部隊，對您父親之對待深感遺憾與虧欠。那一代中國的歷史造成了許多的苦難。願神的愛親自讓我們能走出傷痛，也求神的恩典祝福劉家後代子子孫孫。敬祝
> 身體康健
>
> 晚胡敏越敬上　民106年4月5日」

2017年4月中旬，曾建元教授引介筆者至立法院請求立法委員林昶佐協助，由林委員的國會助理林穎孟等二人接見，研討先父劉展文受難情況，才理解到馬英九政府內政部函覆可依照《國軍軍事勤務致人民傷亡補償條例》辦理，早已失去法律效力，根本就是忽悠的欺騙手法。國防部表示「所陳乃刑事案件，國防部為行政機關，無法審認」。刑事案件的追訴權時效及中華人民共和國發出的証明文件認証，都是障礙。結論：法律上無法救濟，除非政治介入。

　　2018年8月1日曾建元教授到促進轉型正義委員會擔任研究員，筆者向促轉會提出陳情，期待能夠獲得曾建元教授的協助，給政府一個補救遺憾的機會。促轉會收到筆者陳情案後，並未由曾建元教授承辦本案，移文國防部的結果，得到國防部先前相同的答覆。筆者另在《蘋果日報》及《風傳媒》刊出多篇有關文章，發出不平之鳴。對這個國家的所謂「轉型正義」，發出「為何而戰」、「為誰而戰」的感嘆！徒呼奈何！

　　職司軍紀風憲的國防部對筆者指控國軍殘殺平民的陳情案件，竟諉稱「所陳乃刑事案件，國防部為行政機關，無法審認」；依據軍法審判確定的「匪諜」案件，促轉會竟「一夜之間」就宣告「除罪」了；這不是很弔詭嗎？轉型正義的公平正義何在？

　　新的2019年對筆者而言，是非常特別的一年，距離1949年已經70年，從那個荒謬的年代，到這個弔詭的年代，從大陸到臺灣，再從臺灣到美國。2013年出版回憶錄是偶然，為父伸冤是必然，2018年將療癒文字彙集出版也許是機緣，非常獨特的人生旅程。發表文章，深知自己人微言輕，只求留下腳印而已。

　　有幸與曾建元教授結緣，承蒙曾教授熱心協助，得以放下揹負的「殺父之仇」枷鎖，是蒼天的恩典。特此公開相關經過情節，以表達對曾建元教授十二萬分之感謝。

　　曾建元教授2017年12月28日刊登於《新臺灣國策智庫通訊》第61期的大作〈追求向人性回歸的轉型正義——劉錫輝《錫輝文集——滄海一粟的餘波盪漾》序〉文中說到：「……《促進轉型正義條例》規定的轉型正義事項，包括：開放政治檔案；清除威權象徵、保存不義遺址；平復司法不法、還原歷史真相，並促進社會和解；不當黨產之處理及運用及其他轉型正義事項。國軍濫殺和抓兵，情形不同於白色恐怖時期常見的形式司法不法下的政治迫害，而更類似於二二八事件中常見的直接國家暴力，其處理不屬於《促進轉型正義條例》例舉的類型，而屬於其他轉型正義事項。因而政府面對牽涉兩岸人民的問題，要有更高的歷史視角、法律的智慧和悲天憫人的胸懷。而我認為，回歸人性和良心，超越兩岸政治和主權問題的糾葛，讓臺灣土地上的人民在回歸中華民國統治後因為國家暴力濫權所曾經受到的委屈和迫害，得以因真相的澄清而

獲得道歉而寬恕，讓我們的國家在民主化後有一個新的開始，所有的臺灣人民都能在此安居樂業，共同締造自由、公義與幸福的未來，才是我們追求轉型正義的目的。劉展文是臺灣老兵的父親，他無辜犧牲生命，獻出兒子，他的兒子為臺灣的付出已經足夠，該是我們為他們爭取公道的時候，我祈願在這路上盡一個知識分子該有的責任，讓所有的劉展文都能得到中華民國的道歉，讓所有的劉錫輝都不會因為生命與臺灣的牽繫而有所遺憾。」

後記：向彭蔭剛先生進言

日前立法院審查陸軍軍官學校預算案時，因立法委員劉世芳提議修改陸軍官校校歌未果而凍結部分預算，彭蔭剛先生慨捐300萬元，支持陸軍官校校歌維持不改。為了國立中正紀念堂轉型問題，彭蔭剛先生刊登廣告呼籲蔡英文總統不要「去蔣」，在在都顯示彭蔭剛先生的愛國情操，令人敬佩。

1945至1949年代的中華民國，混亂情況不必多作解釋，彭孟緝將軍和胡璉將軍都是那個年代，對保衛大臺灣有重要貢獻的將領，國事亂如麻，難免功過交雜相織。如何讓受難者家屬走出悲傷，是一件浩大工程，所謂轉型正義，相信全國人民都會支持。

筆者的人生旅途，兩度在胡璉將軍麾下服役共約五年，前面文字已經提到先父被胡璉將軍所屬部隊殘殺，胡璉將軍孫子胡敏越牧師親筆寫公開信請曾建元教授代向筆者致歉一事，雖然他不代表政府立場，我老家的弟弟認為「一文不值」，但筆者則是以正面看待，得以放下揹負的「殺父之仇」枷鎖。對於二二八事件的受難者家屬，至今仍然未能走出悲痛，筆者感同身受。

筆者的陸軍官校畢業証書，彭孟緝將軍以副參謀總長兼代參謀總長職銜副署，彭蔭剛先生在陸軍官校受預備軍官訓練時，筆者已經畢業；筆者的砲兵學校初級班畢業証書，彭孟緝將軍以參謀總長職銜頒發；是時適逢彭蔭剛先生在砲兵學校受訓，初級班編定課程受影響調整，因而筆者記憶猶新，有幸成為同學。今以校友兼同學身分，冒昧向彭蔭剛先生進言：可否代彭孟緝將軍向二二八事件的受難者家屬，表示慰勉，化解仇恨呢？誠如胡敏越牧師所言：「那一代中國的歷史造成了許多的苦難；願神的愛親自讓我們能走出傷痛」。您我皆已年老，就放下身段，為兩岸關係稍盡棉薄，共同祝福兩岸中華兒女，共享和

平快樂的生活。

（刊登《新大學》臺灣論壇2019年2月28日）

參考資料：

1. 曾建元〈追求向人性回歸的轉型正義　劉錫輝《錫輝文集　滄海一粟的餘波盪漾》序〉
   刊登於《新臺灣國策智庫通訊》第61期2017年12月28日。

▉ 第十一章
從荒謬的年代到弔詭的年代

從荒謬的年代到弔詭的年代

2014年陸軍官校25期學生畢業60週年慶，筆者夫婦由美國返回台灣參加，有機會和同學會長李楨林上將合影留念。

當年有1030位同學，分編為八個隊。生活起居作息，以隊為單位。在校期間，除了同隊的同學，基本上是不容易互相認識的。筆者和李楨林上將，在校期間不同隊，畢業後各奔前程，經過60年的漫長歲月，才得到的見面機會，是人生旅途中的偶然，因為以前沒有交往，所以連他的名字都寫錯了，「楨」誤為「禎」。

最近我將前幾年寫的文章彙集成冊，書中敘述1949年胡璉部隊從大陸敗退時，軍紀敗壞，用手榴彈丟入我家門口池塘炸魚，我的父親出言批評，竟被當場槍殺，接下來我被該部隊抓走當兵。四年前向政府陳情，期待政府為此事件採取補救措施，撫平我家族所受的傷痕卻未能獲得，只能以寫作方式自我療癒，最後選擇「放下它！」以作解脫。

我的書出版後贈送親友。李楨林將軍看完後來信表示：「……我們成長在國家大動亂的年代，你親睹41歲的父親，被政府軍槍殺，錐心之痛終生難平，我感同身受。我的父親被共黨以「地主」罪名，幾經清算鬥爭後，在1951年「鎮反」運動中被屠殺，他當年50歲。……你身為人子，已盡了力，值得尊敬。你選擇聖嚴「放下它」解脫負擔了結無奈，是智慧的決定。……」。

從李楨林將軍的來信可知，他也是同樣有殺父之仇，也是有錐心之痛，不同的是「殺手」來自何方？是國仇？還是家恨？受害人所承受的傷痛之輕重，有如天壤之別。

圖11-1　2014年陸軍官校畢業60週年慶劉錫輝夫婦與同學會長李楨林上將（中）合影。

　　李楨林原來是山東流亡學生，1949年在澎湖被強迫從軍，李敖在《大江大海騙了你》書中，稱之為「刺刀從軍」下的強迫從軍。1954年陸軍官校25期畢業，後來成為同期畢業生中最高軍階的三位上將之一，曾任國防部作戰參謀次長，陸軍總司令等重要軍職。像他這樣的家庭背景，為國服務的精神，擔負過保衛國家的重大責任，卸除公職後仍然秉持愛國情操，為兩岸和平努力，建立兩岸軍事互信。2014年2月應連戰先生之邀參加北京釣魚台賓館座談，曾就兩岸關係發表建言，令人敬佩。（李楨林〈兩岸關係我見〉刊載於陸軍軍官學校25期畢業60週年特刊第41頁）。

　　李楨林將軍來信中提示：「2016年11月12日是中華民國國父孫中山先生150年周年誕辰，在台灣的中華民國，無聲無息，而我們的黃埔子弟卻應邀參加中華人民共和國在北京舉辦的紀念革命先行者孫中山先生150周年誕辰，其所造成的錯亂和傷害，孰令致之？值得深思。」（據悉：李楨林將軍未參加此

次在北京之活動）。

　　筆者對於台灣目前的社會亂象，感到十分迷惘。李楨林將軍和筆者的年紀相近，都是成長在對日抗戰、國共內戰，動盪不安的時代，他是山東人，我是廣東人，分別從大陸的「天南地北」來到台灣，都是被強迫從軍，走過了荒謬的年代，同時進入陸軍軍官學校25期畢業，將人生的精華歲月奉獻給了國家，如今，卻因國家定位困局難解，進入了弔詭的年代？豈能不令人悲乎？

　　6月16日黃埔軍校校慶即將到來，不知道會如何慶祝？四年前，黃埔軍校建校九十週年，兩岸似乎都在爭「正統」，擴大舉辦慶祝活動。由於大陸在1949年之後已無黃埔軍校傳承，於是那時候有人說：「廟在那邊，神在這邊」。可是，在這個弔詭的年代，國家定位不明，「黃埔精神」如何傳承？憑藉什麼可以說：「神在這邊」！

刊登於2018年6月5日下午4：30《風傳媒》

參考資料：

1. 陸軍軍官學校25期畢業60週年特刊第41頁。

國民黨附隨組織？不知「為誰而戰」的國軍

　　自從民主進步黨完全執政之後，就試圖將中國國民黨的黨產，用《政黨及其附隨組織不當取得財產處理條例》加以凍結、沒收，再將中國青年救國團、中華民國婦女聯合會等民間組織，用「中國國民黨附隨組織」的名義，先凍結資產，再收為政府控制組織。於是，「中國國民黨附隨組織」變成新的政治詞彙在網路出現。但沒想到吧？陸軍軍官學校也是中國國民黨的附隨組織！證據確鑿！

　　民國三十八年，中華民國政府失去中國大陸的統治權，退守台灣。民國三十九年在高雄鳳山恢復成立陸軍軍官學校，雖然不再稱為中國國民黨陸軍軍官學校，但是畢業生都必須加入中國國民黨。

　　民國四十三年，陸軍軍官學校第二十五期學生，畢業前一天晚點名時，

凡是沒有加入中國國民黨的學生，均被勒令退學，畢業同學錄沒有重排印刷，僅在他們的照片上，加蓋紅色的「淘汰」兩個字，那時候仍然是一個黨國不分的年代，「陸軍軍官學校也是中國國民黨的附隨組織」。時至今日，軍隊國家化，黨國一體早已不復存在。

民國九十二年，容鑑光編《黃埔軍校一期研究總成》文中所謂：「……民國三十五年至三十八年，中華民國戡亂四年中，大江南北，國共鏖戰，雙方總兵力高達一千兩百萬人，統軍主帥幾皆黃埔師生，『黃埔打黃埔』；『勝係黃埔；敗亦黃埔』。戡亂東北之戰，蔣校長曾有言：『老師（陳誠、衛立煌）不如學生（林彪）；四期打敗一期（杜聿明、范漢傑、鄭洞國、陳明仁）』。」

「由此証之，中國現代史，實即黃埔史。黃埔軍校與英國皇家軍校、美國西點軍校、日本士官學校，併列世界四大軍校，國脈民命皆由繫。美國之南北戰爭亦為『西點打西點』，然時、空、兵力實不堪與「黃埔打黃埔」比擬。以史為鑑，光耀史寰；誰曰不宜。……」

讀完容鑑光所編著作後，真感到不知其所云為何？美國南北戰爭誰勝誰負，都是美利堅合眾國。中國能比擬嗎？況且民國三十八年，中國共產黨建立中華人民共和國之後，陸軍軍官學校根本不復存在，黃埔軍校只是歷史名稱。

容鑑光稱：「中國現代史，實即黃埔史。」實際上是一個大疑問號？「黃埔打黃埔」實際上是中國現代史中最醜陋的一頁歷史，自相殘殺，生靈塗炭。容鑑光君欲藉此「以史為鑑，光耀史寰」，恐怕是適得其反。連歷史都說不清楚，談何「研究總成」？

民國一百零三年，黃埔軍校建校九十周年，大陸和台灣都在舉行紀念會，搶奪話語權。於是，有人說：「廟在那邊，神在這邊」。那時候，有位記者詢問許歷農將軍的意見，許將軍說：「黃埔軍校只有一個」，別的什麼話都不說。

中華人民共和國政府在一九四九年才成立，中國社會科學院用國家繼承的邏輯概念，煞有其事地編了一部《中華民國史》，宣稱中華民國已經在一九四九年由中華人民共和國繼承。後來被陳水扁稱為老番顛的李登輝，在擔任中華民國總統時，就說過幾句名言：「中華民國成立於一九一二年，現今仍然健在，老子沒有死，說什麼繼承？真是笑話！」

李登輝在當完十二年中華民國總統之後，離職時公開宣稱以後要當傳教

士，結果是當了宣傳台灣獨立的教士。而且還不僅止於此，前幾年李登輝投書日本Voice月刊，稱第二次世界大戰期間的台灣人，「身為日本人，為了祖國而戰」，並說「七十年前，台灣與日本是同一個國家，何來『抗日』之說？」

這是一種非常嚴重的病態現象，追溯四百多年來的台灣人來歷，絕大多數都是從中國大陸沿海地區移居而來，統治者有荷蘭人、西班牙人、明朝延平王國、滿清政府，割讓給日本人統治只有五十年，中華民國在台灣行使統治權，已經超過七十年，為什麼李登輝當了十二年中華民國總統，卻對中華民國絕情絕義，踐踏中華民國的尊嚴，投靠日本人懷抱之中？

現在台灣的政治環境非常特殊，中華民國政府具備主權國的所有條件，卻被說成不是國家。大陸的中國共產黨政府虎視眈眈，念念不忘「繼承」。依照中華民國《憲法》選舉出來的政府，卻念念不忘「改名換姓」，幻想另起爐灶。

於是，曾經是「中國國民黨附隨組織」的陸軍軍官學校，在軍隊國家化之後，再被前總統馬英九「不統、不獨、不武」的政策，弄得失魂落魄，效忠的國家主體模糊不清，國軍為何而戰？更何況當差時待遇不佳，解甲時無田可歸，應該得到的退休金被強奪了，陳情抗議卻反過來被扣上「反年金改革」大帽子。到頭來，除了不知道為何而戰？更不知道為誰而戰？

近年來，很多退役高級將領改變反共立場，跑到對岸交流，或許是感受到中華民國的危機四伏，期望建立兩岸關係軍事互信，避免戰禍發生，用心良苦。但因大陸政府完全否認中華民國存在的事實，往那邊跑的將軍變為沒有國籍頭銜的「空頭將軍」，真是情何以堪？期待中華民國的退役高級將領和對方交流時，要維持中華民國的尊嚴，才能贏得中華民國人民的尊敬。

更期待中華人民共和國對一九九二年兩岸政府所達成的「一個中國原則，內涵各自口頭表述」的共識，不要過於簡化為「一中原則」四個字，然後又用「一個中國就是中華人民共和國」當作「茅坑」佔住，硬把中華民國排除在外，摧毀中華民國政府統治權的合法性。

難道所有居住在台灣的人民都是無國籍的難民？喜歡自稱為我是台灣人，必須加上也是中國人，才能被中華人民共和國接受，才不會受到歧視，不是很奇怪嗎？

（刊出於2018/12/14《蘋果日報即時論壇》）

令人驚駭的將軍謬論

　　2018年筆者出版《錫輝文集——滄海一粟的餘波盪漾》，某退役高階將領看過後，在某個場合表示對筆者很不滿意，其論點是1949年兵荒馬亂，士兵用手榴彈丟入我家門口池塘炸魚，沒有什麼不得了，我的父親劉展文出言批評因而遭到槍殺，是有一點兒遺憾，但不應該歸責胡璉司令官。胡璉功在國家，不應該承擔此責。

　　筆者得悉後感觸良多！胡璉部隊從江西省敗退途經我老家時，並不是作戰行動，而是扛著「洪都支隊」大旗，招搖過市，只是抓兵強奪糧食，縱使我的父親出言抗議，平民手無寸鐵，竟敢開槍射殺，這是軍隊嗎？曾經擔任中華民國高階將領的人竟是如此心態，竟比胡璉之孫胡敏越牧師都不如！真令人驚駭！

　　李楨林上將看過我的書後，曾告訴過我一個小故事：「越戰期間，越共軍民一體，美軍常遭北越婦女或兒童狙擊，終於發生美萊村屠殺事件，當事指揮官威廉・凱利（William Calley）中尉經軍法審判處無期徒刑，師長（含）以下因隱瞞真相，被起訴者十餘人。」他評論道，看來幾乎在任何情形下，軍隊都不可殺害平民百姓。我特別舉李楨林上將為例，是要說明，我國高級將領並不是個個都如此是非不明。

胡璉將軍重建第十二兵團

　　1949年蔣中正在下野前成立14個編練司令部，但目的不在徵兵，而是收容整頓三大戰役後撤退至江南的各個國軍部隊殘部。胡璉被任命為第二編練司令部司令官，迅速整訓舊部，重建兵團。1949年2月中，胡璉決定第二訓練司令部所轄第10軍及第18軍收容地為江山，至月底，共得8,000餘人。在上饒附近之第67軍，亦有番號而人員不足。3月初，胡璉移司令部於江西南城。

　　第18軍李樹蘭第118師第353團團長楊書田在其徵兵日記中即自承，在江西省黎川縣新城鎮徵兵時，曾藉殺人立威，死難者包括自父親李流芳接掌第六保

第一甲甲長以求符合緩徵資格的李長耀、師範畢業生但未服務教職而不符緩徵資格的饒達三，還關押了領導抗徵的大芸鄉前鄉長陳原和，在此同時，他還聲明：志願者，出於自願，不准有絲毫強迫性。其實，對於不願從軍而不幸中籤者，就是強制，而這是不符志願精神的，再者，憑甚麼國軍楊書田團長可以未經法定程序就隨便殺害或關押平民百姓？

胡璉兵團有記錄可查證者，陸軍第118師上校師長李樹蘭，陸軍第118師353團中校團長楊書田，陸軍第14師第42團中校代理團長李光前，當時都是低階佔高階缺，含有升官鼓舞士氣作用。1949年6月底，第十二兵團偵促於廣昌、石城間，胡璉僅有黃金10條，乃召集軍、師長面分之，各得其一，其餘3條送眷屬到廈門，再轉臺灣[2]。這是胡璉的統御術，另外秉持「河水清則無大魚」的觀念，縱容部下違法亂紀，獲取個人擁戴。

泛述古寧頭之戰

古寧頭戰役，正巧發生於金門島防守部隊更換之際。戰後各參戰單位爭功，坊間書籍眾說紛紜。胡璉於古寧頭戰役25周年發表《泛述古寧頭之戰》竟說：「國防部史政局，以前印行之《金門戰役》與《古寧頭殲滅戰》等書，及三民書局出版之部定《現代史》中，所記有關事項，與事實頗有出入。……若史家不深入研討，便大書『×××將軍大敗共匪於金門古寧頭及××將軍奮力抗敵於登步島』，便有失求真求實的精神。我今為此記錄，乃願為歷史作證。」很明顯的，×××意指湯恩伯，××意指胡璉，他所謂「與事實頗有出入」，或許就是這點。國防部史政局怯於上將之威，噤若寒蟬。根據史料記錄，古寧頭戰役，始於10月24日深夜，25日雙方激烈戰鬥，入夜後共軍幾乎全軍覆沒，勝負局面已定，26日清理戰場，27日上午9點戰爭結束，下午4點在草叢中雖然竄出共軍散兵多人，未戰即降。事實上，胡璉《泛述古寧頭之戰》全文約2萬餘字，對古寧頭戰役最關鍵的描述是：「26日上午10點才抵達金門島水頭碼頭登岸，湯總部總務處長來接，始悉匪已登陸，昨且激戰整日。」

謗譽相隨，褒貶互見

　　胡璉於1964年至1972年之間，擔任駐越南大使，駐越軍事顧問團參謀長趙本立離職向胡璉大使辭行，在《越南戰場雜記》裡有很嚴肅的辯論：

　　「……臨走的前一天，（1969年）五月十七日，協調時間向胡璉大使辭行，我上午九時抵大使辦公室，辭行請訓是部屬的禮貌，未想到以上校軍校後期學生（十八期）竟敢和名滿中外的上將大使，軍校前輩（四期）發生面對面的激辯，我真是自不量力螳臂擋車，深值回憶。當我准入大使辦公室，寒暄了幾句之後，有以下對話：

　　大使：趙參謀長，你即將離職回國，我倒有些話想向你說明，我知道，你對上一代軍人並不尊敬，看不起。其實，上一代軍人中不盡是李宗仁、張治中之流的叛黨叛國之輩，而有許多人忠貞如一，為黨為國犧牲奮鬥！

　　答：我有許多做人做事的缺陷，請求人使指教，以便改過自新，但我對大使所說，我不尊敬上代的長官，不知大使是指對何人？何事？我覺得自己能善盡服從之道，並不存在不尊敬與看不起！（大使聽後有些支吾，半響不語，我繼續說。）我懇切地向大使報告，柯團長做的事，有的我不苟同，這或者就是對上一代不尊重？看不起？我團長貪污，大使可知道？聽說過？大使可以問問現在外面任大使侍從官的陳貴少校（陳佔顧問缺），他有沒有拿每月三十元美金的應得生活費，國防部是指名給每人發三十美元生活費，而團長不肯發給各團員而要以之補辦公費名義報銷，我建議團長應發給個人，否則不能報銷。我不願違法副署。如果大使以這件事指我看不起上一代長官，我真無話可說。（駐越顧問既無政戰部，所以報銷公費，要求參謀長簽証，也是例外。）

　　大使：『貪污』是不會沒有的，當我自徐埠會戰突圍回京，受命在江西編組十二兵團（大使任兵團司令）時，我登高一呼，眾集不下十萬之眾，龍蛇雜處，勢所難免，其中有的人好錢，我聽任他貪。趙參謀長！你要知道『河水清時無大魚』，對於大有作為的人，不能對他們在錢上計較。（大使說話時神情愉快，頗有得色。）

　　答：報告大使，我覺得亂世英雄，必潔身自好，方可領導桀敖不馴的群

眾，成為有目標的愛民救國的部隊，否則，『上有好者，其下必有甚焉』，勢將不能愛民而成擾民誤國的烏合之眾。何況貪污可概分，『貪公』或『貪私』。貪公指專貪公費，假造項目，將公款吞為私有，『貪私』是將官兵個人所應得剋扣不發，假藉名義，將官兵的薪餉或生活的給與，吞為己有。而貪官兵私人所應得的，事實不就是『喝兵血』？能不使人憤恨！（我這時有些激動！）豈能令部屬看得起?!大使所能容忍的貪污，大概是指前者的貪公款，我們今天的待遇並不優厚，每人靠這點薄薪養家活口，我覺得不能縱容其貪。

我不能咄咄逼問，雖然這是侮辱性的挑釁，也祇有委屈自己。我告辭步出辦公室，正好遇到武官陳如根上校站在門外，我們握別，看時間已是十時十分，和大使足足談了七十分鐘，我自感晦氣，何竟如此？我錯了嗎？大使是在替他保荐的團長鎩羽而歸，在我身上出口惡氣？有名的上將，胡璉大使，不能更上一層樓的名將，今已作古，其言其行，謗譽相隨，褒貶互見。大抵壞事不易記載，知者不願提起以存厚道。這是中國人的文化傳統，說是『瑕不掩瑜』，『不以一眚而掩大德』，所以代人立傳，都是好話說盡，無半點愧疚之事，這種書也難使人深信不疑。」

『喝兵血』與「無薪役」

筆者看到趙本立將軍所述：「……貪官兵私人所應得的，事實不就是『喝兵血』……」，感慨萬分。臺灣近年有所謂「無薪假」，1949年胡璉部隊抓兵，是「無薪役」，古寧頭戰爭結束後不久，部隊移防至小金門，大約再半年左右，筆者才領到當兵的第一份薪水，五角銀元一枚，稍後被派公差去碼頭扛麵粉袋時，就在碼頭小販攤子換得一個蚵仔餅，記憶深刻猶新。此後未再見到銀元。每個月每個人香煙二包，直至發行「限金門通用」新臺幣，才領到每個月三元新臺幣。那時候，軍隊普遍有吃空缺現象，直到有軍人身分補給證之後才消除此弊端。

胡璉兵團與歷史正義

2017年4月5日，承蒙曾建元教授和沈清楷教授在臺北市哲學星期五舉辦《胡璉兵團與歷史正義》座談會，邀請我擔任主講人，全程錄影在YouTube頻道播放。座談會後，得到胡璉將軍孫子胡敏越牧師的公開信，讓我在為父伸冤陳情遭受政府冷酷傲慢的對待後，感受到一點點溫暖。

古寧頭戰爭後兩岸分裂，造成多少人骨肉離散；多少人一別即成永訣；多少死難冤魂未曾超渡；多少倖存者悲憤難平；這一切的一切，是誰之過？難道一句時代悲劇就能帶得過去嗎？臺獨人士視大陸來臺老兵為中國難民，已經夠荒謬絕倫了，曾經擔任中華民國高階將領的人，其心態居然比胡璉之孫胡敏越牧師都不如，竟認為1949年兵荒馬亂，士兵用手榴彈丟入我家門口池塘炸魚，沒有什麼不得了，我的父親出言批評因而遭到槍殺，是有一點兒遺憾，但不應該歸責胡璉司令官。軍紀是軍隊之命脈，人命關天，高階將領竟棄之不顧，真令人驚駭！

（刊登於2019-11-07《民報》）

參考資料：

1. 曾建元〈追求向人性回歸的轉型正義──劉錫輝《錫輝文集──滄海一粟的餘波盪漾》序〉刊登於《新臺灣國策智庫通訊》第61期2017年12月28日。
2. 胡璉《泛述古寧頭之戰》《傳記文學》雜誌總第186-187號（1977年）。
3. 趙本立《越南戰場雜記》網際網路首發【析世鑒】。

老兵心聲：回不了家？認同哪裡就是家

臉書上看到《李建興專文：我的表弟──四十年回不了家的林毅夫》，文章後面有大群網民「七嘴八舌」，台灣是否言論自由到這個地步？不能尊重別人的意見，做人身攻擊，對於網民的留言，雖然是言論自由，筆者認為值得商

權，稍後再對「回不了家」表達個人的看法。因為在前幾天，筆者有一類似的遭遇，因此曾經在臉書上發表《聲討網上酸民的霸凌》。

網路科技假如善加運用，效果宏遠無比，下面是筆者在這幾天的親身體驗：「時光隧道70年，橫跨半個地球，網路彈指一瞬間。」

70年前，筆者從廣東省隨胡璉部隊十四師（武夷部隊）抵達金門，參加古寧頭戰役，退休後移居美國，因為十四師這條紐帶，竟然透過臉書將素無淵源的網友湊在一起，真是奇蹟！

話說新竹關東橋曾經駐守威武部隊，有一批威武士官隊員，退役後很團結，常常聚會，向嘉慈對部隊的傳承及歷史感興趣，Google得知該部隊前身是武夷部隊，連結到一篇文章，敘述作者與武夷部隊的關係，居然由網路的神奇力量，串連起相隔萬里的兩位網友，結成年紀相差半百的忘年之交。

另外一個奇蹟：今年（2019）初在網路上，筆者收到不認識的網友（小彭）的信，他的爸爸逝世後，他才知道他的爸爸是隨十四師到金門、再到台灣，想要了解更多的資訊，在網上看到一篇《卜爺爺的戰鬥人生》提到十四師，因為我曾經在那篇文章留言，知道他的爸爸和我同一個師，小同鄉，要我提供資訊。這幾天和他在網上交流，被向嘉慈看到了，再次和我連絡後知道我日前返回台灣，於是有了這樣的機緣，和威武士官們相約見面喝咖啡聊天，歡渡快樂時光。

網路奇緣起手式：軍中樂園當話題？

2018年7月中旬，臉書上有位版主向嘉慈貼文：「還記得軍中樂園被拉伕的老士官長嗎？偶然看到這則新聞中真實主角類似的遭遇，歷史回歸歷史，事實回歸事實，經由老先生的口述，記取教訓教育後人，為何而戰？為誰而戰？為老共老蔣而戰嗎？軍人的天職是保衛國民，『不管任何理由』，不可做出傷害國民的事情。」

緊接下面貼出一篇文章，《民報》2017年3月30日刊登的「胡璉兵團與歷史正義」。……稍後，筆者收到向嘉慈的信，於是發表《轉型正義的缺角——古寧頭戰場上的亂葬崗》。

　　林毅夫40年前敵前逃亡，當時這是唯一死刑！如今在大陸進入高層核心，對於大陸經濟發展作出很大貢獻，認同大陸為祖國，哪裡就是他的家了。沒有40年回不了家的問題才對。

　　相對1949年左右從大陸到台灣的老兵而言，無論當時志願與否，兩岸分裂，造成的回不了家，兩岸政府如何面對？大陸方面，曾經有過協助「抗戰老兵回家」的民間運動。對日抗戰期間，台灣尚在日本統治之下，因此，對參加過抗戰再到達台灣的老兵，民進黨政府是採取冷處理的，甚至823砲戰60周年紀念，民進黨副秘書長徐佳青公開表示：那是國民黨和共產黨的戰爭。

　　北美《世界日報》從2017年7月起，連續刊登「漫漫返鄉路」徵文啟事：「1949年兩岸分治，造成許多家庭骨肉離散；1987年開放返鄉探親，許多人一償宿願踏上返鄉路。返鄉路上，多少人事已非，多少歡喜遺憾，但這血濃於水的情感是不能抹滅的。今年是兩岸開放探親30周年，誠摯邀請您回顧這一路上的親身經歷，與美世讀者分享。」

　　「漫漫返鄉路」徵文，共刊出25篇文章，其中3篇是我執筆撰寫。唯自11月28日刊出拙文〈傳宗接代〉之後，未再見到「漫漫返鄉路」文章刊出，讓我覺得真要感謝耆大的眷顧。有感於曾經遭到網上酸民的霸凌，特別在此披露，並且對網上酸民呼籲，言論自由是基於互相尊重，請珍惜台灣的民主自由。

（刊出於《蘋果新聞網》2019年5月16日）

參考資料：

1.《李建興專文：我的表弟——四十年回不了家的林毅夫》風傳媒2019年5月15日。

死難冤魂未渡，倖存悲憤難平

　　拜讀《李建興專文：我的表弟——四十年回不了家的林毅夫》後：受到標題「四十年回不了家」的誤導，筆者回應〈老兵心聲：回不了家？認同哪裡就是家〉。

　　林毅夫40年前敵前逃亡，當時這是唯一死刑！如今在大陸進入高層核心，

對於大陸經濟發展作出很大貢獻，認同大陸為祖國，哪裡就是他的家了。沒有40年回不了家的問題才對。

相對1949年左右從大陸到台灣的老兵而言，無論當時志願與否，兩岸分裂，造成的回不了家，兩岸政府如何面對？大陸方面，曾經有過協助「抗戰老兵回家」的民間運動。對日抗戰期間，台灣尚在日本統治之下，因此，對參加過抗戰再到達台灣的老兵，民進黨政府是採取冷處理的，甚至823砲戰60周年紀念，民進黨副秘書長徐佳青公開表示：那是國民黨和共產黨的戰爭。……

拜讀《鄧鴻源觀點：當年林毅夫為何潛逃到中國？》後，心情非常沈重，願再表述管見，就教高明。

七十年前兩岸分裂，造成多少人骨肉離散；多少人一別即成永訣；多少死難冤魂未曾超渡；多少倖存者悲憤難平；這一切的一切，是誰之過？當然不會是林毅夫，他沒有這樣的能耐。

1971年10月25日聯合國通過「排除中華民國接納中共」案，1978年11月卡特政府宣佈與中共建交同時宣佈與中華民國「斷交、撤軍、廢約」，1979年1月美國與中共簽訂《建交公報》，中共發表〈告台灣同胞書〉停止砲轟金門。八二三砲戰才算正式結束。

1979年5月16日時任金門馬山連長林毅夫「敵前叛逃」，他讓中華民國政府遭到難堪無比的打擊，國防部為了掩飾而虛偽宣布他失蹤，給予他的家屬撫卹金，軍中長官和同袍受到連累，陸軍軍官學校的校友為此蒙羞，國軍為此士氣低迷。

參考新新聞媒體專訪內容：「……六年前，林毅夫在美國接受媒體訪問時曾解釋，當年他會選擇五月十六日這個日子離開，是因為他在二月十六日調離原營隊，當時規定，一個人離開原營隊三個月，之前的長官不負政治責任；若到任新單位不到三個月，當時的長官也不用負責。選擇當天離開，兩位長官因此都沒責任。「比較幸運的是，似乎沒有人因為我到大陸來而受到連累。」他的前一任連長是高華柱，後來擔任了國防部長；後一個連長侯金生，則在他叛逃三個月後申請退伍。」

林毅夫怎麼能夠美化為沒有人受到連累呢？可見他的認知和台灣一樣民眾的心聲落差太大，在李建興專文後面有大量留言，甚至於很多情緒激動的群眾

留言足以為証。

　　李建興專文用「四十年回不了家」作為標題，引人注目，通篇文章都是介紹他的表弟林毅夫，此本無可厚非，但是，2012年他想要返台掃墓時已經討論過這個問題，弄得社會上沸沸揚揚，已經平息下來的風波，為什麼現在又會突然要炒起來呢？

　　四十年來回不了家的問題？林毅夫得天獨厚，他叛逃後，中華民國政府唾面自乾，隱藏真相，四年後就讓他夫妻在美國團聚，比較1949年隨著政府到台灣的人員要到1987年才能赴大陸探親，簡直是天壤之別！

　　據新新聞專訪：……林毅夫至今仍因叛逃而被中華民國通緝中。2012年林毅夫表達返台掃墓意願時，當時擔任國防部長的高華柱說，林毅夫是《陸海空軍刑法》「投敵罪」的繼續犯，若大法官對有關法律有不同解釋，他就會離職，「我在的一天，這件事情就會堅持，我為政策負責。」至於後來與高華柱是否有連繫？林毅夫只笑著說：「心有靈犀吧！」。

　　《鄧鴻源觀點：當年林毅夫為何潛逃到中國？》：「為何今天台灣的社會福利與歐美差那麼多？為何不公不義到處充斥？如為何軍公教有18趴，而其他族群則沒有？為何對國家經濟發展真正有貢獻的勞工與農民，待遇與福利卻遠不如一堆「養尊處優」、三不五時還會「摸魚」或拿紅包的公務員與國營事業員工？不知可有合理解釋？」，這個今天台灣的社會問題與當年林毅夫為何潛逃到中國是風馬牛不相及的問題。敬請鄧教授參考！

　　李建興專文提到林毅夫曾經在叛逃後來信：「臺灣的未來，現在正處於十字路口，長期維持那種妾身未明的身分，對臺灣一千七百萬同胞來說，並非終久之計，因此何去何從，我輩應該發揮應盡的影響力。……」。

　　如今，林毅夫在大陸功成名就，正是他實現當年所說的「應該發揮應盡的影響力」的大好機會，兩岸分裂七十年的冰山，期待林毅夫先生的光芒去融化，當年在馬山前線泳渡海峽，勇氣可嘉，「馬山勇士」雕像早已聳立在金門島上。

（刊出於《蘋果新聞網》2019年5月22日）

參考資料：

1. 李建興專文：「我的表弟──四十年回不了家的林毅夫」風傳媒2019年5月15日。
2. 《鄧鴻源觀點：當年林毅夫為何潛逃到中國？》風傳媒2019年05月19日。

聲討網上酸民的霸凌

今年初，筆者收到不認識的網友小彭的信表示：他的爸爸逝世後，他才知道他的爸爸是一九四九年隨胡璉第十二兵團第十八軍第十四師羅錫疇部隊到金門，再到臺灣，想要作更多的瞭解，在網上看到一篇〈黃埔十八期卜爺爺的戰鬥人生〉提到十四師，而筆者曾經在那篇文章留言，因此希望我提供資訊，乃下載〈胡璉兵團與歷史正義〉準備給小彭參考，發現在《YAHOO奇摩新聞》有三個留言如下：

偉哥，二年前：「此人言論當中充斥著對胡璉的仇恨及不屑，用盡各種方式就是想汙蔑胡璉，我比較想知道胡璉僅帶著十餘人殘部突圍的數據是哪來的？眾所皆知十八軍騎兵團約一千人就在包圍圈外，十八軍四十九師也在包圍圈外，根據十四師師長尹俊所收容的全兵團突圍殘兵數量就有八千人，這個檔案現在還找的到，哪裡來的只有舊部七十人？父親遭殺害固然可憐，但因為父親被殺害就滿嘴胡說八道，那我們是否也可以質疑其父遭殺害的事情也是假的？」

回覆，阿PP，二年前：「所以呢？是馬英九欠你的嗎？戰亂時代歷史就是這樣，大秩序沒了，小秩序就甭談了。……那個時代人命運就如浮萍隨波逐流，飄到哪就在哪兒著根，……你可以感恩，自己現況活著真好，當然也可以繼續恨，緊緊抓住這轉型正義的潮流，繼續把對馬英九的恨，傳給子子孫孫。」

回覆一，金太極，二年前：「為何是馬英九欠你的，不是李登輝？轉型正義是惡鬥？還是療癒？由此可知。」

網路留言刻意扭曲　惡意中傷

網上留言為「偉哥」、「阿PP」、「金太極」者，不知道是何人？

依據《維基百科》，1948年底，十二兵團在雙堆集戰敗，副司令官胡璉乘戰車突破包圍而逃，殘部十餘人。……依據胡璉《泛述古寧頭之戰》自述：

> 「……五月十三日，國防部命令本部恢復第十二兵團番號縮編為第十及第十八兩軍，迅即加入戰鬥序列。……本部此時最大的困難為被服缺乏，械彈無著，新集之兵，尚未訓練，逃散回鄉，不無可慮。乃以六十七軍與第十軍合編為第十軍，劉廉一任軍長，轄十八師師長尹俊，六十七師師長何世統，七十五師師長王靖之。第十八軍軍長高魁元轄第十一師師長劉鼎漢，第十四師師長羅錫疇，第一一八師師長李樹蘭。再三籌思，以目前兩軍，僅十八、一一八及七十五等三個師，尚可維持其軍隊形態。其他皆係烏合，實難應戰。……」

那篇〈胡璉兵團與歷史正義〉是2017年4月5日在台北市哲學星期五座談會的講稿，主辦單位提前於3月30日在《民報》刊出，演講會上，胡璉將軍的孫子胡敏越牧師曾發表公開信向筆者表示遺憾與虧欠。

「偉哥」留言刻意扭曲，惡意中傷霸凌，《YAHOO奇摩新聞》能否處理一下？

2017年7月行政院促進轉型正義委員會成立後，筆者向促轉會提出先父劉展文被胡璉部隊殘殺陳情，並且向《風傳媒》投稿〈為何而戰？為誰而戰？〉，期待社會人士主持正義。該文刊出後有網民惡意留言，感覺到受到酸民霸凌後，乃向《風傳媒》要求撤回另外一篇稿件，可惜晚了一步，已經刊出，因此於9月10日致函《風傳媒》夏珍總主筆：

「在〈為何而戰？為誰而戰？〉刊出後，有人寫出超恐怖的惡意批評如下文：

1. 劉錫輝並不是白色恐怖受難遺屬！

2. 劉錫輝的父親是在大陸時被亂兵所殺，劉錫輝本人在台灣並未受到任何不當待遇！

3. 劉錫輝是地主家庭出身，要不然敗兵和亂兵也不可能在『他家門口池塘』炸魚來吃。試問，如果劉錫輝沒來台灣，他在中國大陸能撐過文革？又能舉家移民美國？更別指望向政府陳情討公道！

4. 所謂敗兵和亂兵比土匪還恐怖，何況國民政府部隊的紀律本來就是出了名的差，與劉錫輝父親類似的悲慘遭遇在大陸時期，沒有100萬例也有50萬例，否則國民政府也不會長期被老百姓厭惡，導致廣大人民在抗日勝利後，立刻轉而支持共產黨！這種時代悲劇，退役上校劉錫輝應該要認清。

5. 退役上校劉錫輝因為父仇而心中有恨，這無可厚非，但國家軍隊從動輒騷擾人民的土匪行逕，到如今動輒被呼來喚去救災，這樣的改變和轉型，我覺得才是對退役上校劉錫輝的父親最大的安慰。至於，劉錫輝父親的案例是否應該受補償，要我說，只要還有戰爭發生的一天，這樣的悲劇就不會停止！劉錫輝強求和平政府對戰爭中所發生的一切悲劇都要賠償，這無異讓和平政府陷入破產危機，讓動亂與戰爭的火苗又有死灰復燃的機會，這顯然不是追求正義，不過就是為求私仇而不顧大義！」

我覺得那是新式白色恐怖！不知道那個人為何而寫？為誰而寫？我也自省「為何而寫？為誰而寫？」，不值得再浪費時間了。昨晚慢了一步，未能撤回〈為何八二三砲戰重量級的連長會變成兇手〉稿件，覺得可惜。謝謝妳！

夏珍總主筆沒有理解到酸民霸凌對作者造成的傷害，輕描淡寫地答覆：「不要介意這些事。夏」。《風傳媒》網頁上的酸民留言則被刪除了。

日前看到李建興專文〈我的表弟——四十年回不了家的林毅夫〉，文章後面有大群網民「七嘴八舌」，台灣是否言論自由到這個地步？對於網民的留言，雖然是言論自由，但是，筆者認為值得商榷，應該有所節制，建議媒體對網民留言，要有遊戲規則，保護作者避免被惡意霸凌。如鄧鴻源以專文〈當年林毅夫為何潛逃到中國？〉，評論和編輯的處理方式即令人敬佩！

前些日子，行政院長蘇貞昌，批評國家通訊傳播委員會什麼事都不管。現對於在網上公然霸凌，會接受檢舉嗎？

（刊登於放擂臺2019-07-26　18:30）

悼念先父受難70周年

　　1949年9月7日前後，胡璉第十二兵團高魁元第十八軍李樹蘭第一一八師（洪都支隊）行經筆者老家廣東省興寧縣，為了搶水塘的魚吃，槍殺了我的父親劉展文。十天後，第十八軍羅錫疇第十四師（武夷支隊）廖先鴻第四十一團又來到我家，把我和四個堂叔強行押走，強迫參軍。2014年我向前總統馬英九陳情，當時總統府函覆：要筆者相信政府會作適當的處理；內政部函覆可依照《國軍軍事勤務致人民傷亡補償條例》辦理；國防部表示「本案事發地點為廣東省，不在條例範圍內」，並推卸責任稱「所陳乃刑事案件，國防部為行政機關，無法審認」。去年8月筆者向行政院促進轉型正義委員會提出陳情，國防部仍舊相同的回覆。

　　今年是先父劉展文受難70周年，歷經多年向政府陳情，未能替先父討回公道，倍感悲傷。「六四天安門廣場事件」30周年，遠在天邊的事，尚能獲得蔡英文總統關注表達意見，期盼蔡總統對近在眼前的筆者陳情案亦能關注，法外施仁，勿仍舊以「國防部為行政機關無法審認」回覆，以彰顯政府保障人權，追求公平正義的新氣象。

　　筆者現年87歲，先父被國軍殘殺，自己卻在國軍賣命，深感愧對先父在天之靈。回憶1949年9月，國軍抓我當兵時，我的母親懷胎十月即將臨盆，她的丈夫才被國軍殘殺，跪到地上乞求留下她的長子而不得，悲傷過度致嬰兒胎死腹中，午夜夢迴思念及此，再難安眠。1992年辭去公職返鄉探親，同胞弟弟向我傾訴：「爸爸被國民黨軍隊殺害，幼年生活潦倒，長大後又因哥哥在國民黨軍隊，不能參加共產黨，就業困難……」。聽到後只能感到辛酸，無言以對。國民黨和共產黨互相殘殺，是何道理？所為何來？往者已矣，來者可追！今日兩岸關係，仍舊劍拔弩張，大有互相毀滅之勢。

　　日前我在《臉書》貼上《三立新聞網》2018年12月13日標題為「我爸只是碎念一下，國民黨軍卻槍殺他」的這篇報導，朋友看到後勸導我「放下吧！」，我是想「放下它」了。胡璉兵團帶著違法的罪惡，於1949年10月24日趕赴金門古寧頭作戰，挽救中華民國於危亡。可是，中華民國政府竟立法自絕

於中國大陸。

　　法學博士曾建元教授大作〈追求向人性回歸的轉型正義〉一文認為：

　　「國軍濫殺和抓兵，情形不同於白色恐怖時期常見的形式司法不法下的政治迫害，而更類似於二二八事件中常見的直接國家暴力，其處理不屬於《促進轉型正義條例》例舉的類型，而屬於其他轉型正義事項。因而政府面對牽涉兩岸人民的問題，要有更高的歷史視角、法律的智慧和悲天憫人的胸懷。而我認為，回歸人性和良心，超越兩岸政治和主權問題的糾葛，讓臺灣土地上的人民在回歸中華民國統治後因為國家暴力濫權所曾經受到的委屈和迫害，得以因真相的澄清而獲得道歉而寬恕，讓我們的國家在民主化後有一個新的開始，所有的臺灣人民都能在

圖11-2　中華人民主書院董事曾建元（右）和本文劉錫輝（左）。

（翻攝臉書）

此安居樂業，共同締造自由、公義與幸福的未來，才是我們追求轉型正義的目的。

　　劉展文是臺灣老兵的父親，他無辜犧牲生命，獻出兒子，他的兒子為臺灣的付出已經足夠，該是我們為他們爭取公道的時候，我祈願在這路上盡一個知識分子該有的責任，讓所有的劉展文都能得到中華民國的道歉，讓所有的劉錫輝都不會因為生命與臺灣的牽繫而有所遺憾。」

　　　　　　　　　　　　　　　　　（刊出於《今日廣場》2019-07-22）

參考資料：

1. 曾建元〈追求向人性回歸的轉型正義〉《新臺灣國策智庫通訊》第61期2017年12月28日。

〈國共內戰後期撤臺國軍拉伕行為之法律評價〉讀後感

　　1949年前後的中華民國處在荒謬的年代，經歷七十年來的轉化，變成為弔詭的年代。曾建元教授和研究生吳靖媛的論文〈國共內戰後期撤臺國軍拉伕行為之法律評價〉，其中之案例舉隅：「一、大時代下的滄海一粟──劉錫輝；二、流離記憶──姜思章；三、浮萍歸根──應小娘；四、劫後餘生──管恩然；五、外省人的二二八──澎湖七一三事件」，是「中華民國到臺灣」的荒謬時期。澎湖七一三強行徵兵事件，馬忠良教授即為其中遭到強徵之一員，其事蹟盡在《從二等兵到教授──馬忠良回憶錄》一書之中。王文燮上將、李楨林上將亦是澎湖七一三強行徵兵事件中被強徵之一員，畢生青春從此奉獻給的國家，是「中華民國在臺灣」。民主進步黨執政訂立《促進轉型正義條例》，強調「二二八事件」及白色恐怖，轉型為「中華民國是臺灣」。

　　在案例舉隅部分，對筆者先父劉展文受難及筆者被抓兵的時代背景，提出詳細說明及文獻佐證；在法理探討部分，對《國軍軍事勤務致人民傷亡損害補償條例》及《促進轉型正義條例》的精闢見解，是基於「中華民國是臺灣」作為法理基礎。

　　蔣中正在國共內戰三大戰役失利後，1949年1月21日下野，卻違反憲政體

制，以中國國民黨總裁身分指揮調動軍隊，搬運國庫黃金及故宮文物來臺灣，保障了中華民國立足臺灣。1950年3月1日復行就職視事，只是形式上演戲，下野還是復職，毫無差別。但是他於1947年以國民政府主席職權調派軍隊來臺灣，平定二二八事件，雖然有責任，卻被指為元兇。臺灣至今仍然在去蔣化的過程中，說不清的功過，未免是歷史錯亂。

國共內戰後期撤臺國軍拉伕行為，是無法無天之行為。曾建元教授之法律評價，恐怕只是學術研討，難被政府接受執行。筆者除了表達感謝之外，還是感謝，不敢抱任何期待，以免再次失望而傷感。

有關轉型正義對胡璉部隊殘殺先父劉展文的適用性探討：先父沒有犯罪亦沒被判刑，先父生前是中華民國公民，遭遇到中華民國軍隊違法亂紀濫殺，是中華民國的軍隊需要轉型正義的究責。國家機關竟鑽法律空隙，實不足為訓。

國共內戰期間，國軍為了補充兵員，而有過拉壯丁、拉伕的作為，即在違反當事人自由意願的情況下，強制男子從軍，強制的手段，甚至包括殺人、放火，以使當事人心生恐懼而不得不服從。

這些被國軍以違背個人自由意志的方式拉伕抓兵而來的軍人，在內戰期間很可能就成了砲灰，倖存者也從此與在中國大陸的家人天涯一方，甚至天人永隔。臺灣開放老兵探親，許多老兵發現，因為中華人民共和國指控其1949年前加入國軍，而對其家人展開政治迫害，田產家園盡皆沒收，讓老兵根本找不到回家的路。歷史的弔詭，在於戰爭倖存者最終在臺灣得以安享晚年，上帝事實上補償了他們個人的犧牲，而在某種程度上，反而還得到故鄉親友的羨慕，但我們要問，這樣就能夠豁免國家的罪行或責任嗎？而那些未能挺過戰爭而犧牲的人，誰補償了他們？

（刊登於《新大學》2020年3月5日）

▌第十二章
金門島兩次戰役拾遺

2014年12月5日北美《世界日報》刊登一則新聞：

> 「金門島古寧頭戰役之共軍遺族，帶著家鄉的酒，到金門島祭
> 奠，希望陣亡官兵安息，也盼望兩岸『沒有戰爭，只有和平；
> 沒有死亡，只有希望。』」

因為筆者被迫參與了這場金門島古寧頭戰役，讀完這則新聞之後，有感於兩岸政府之古寧頭戰役史料，都只是為政治服務，對被迫參戰者不公不義，遂撰寫「金門島兩次戰役拾遺」，為歷史作見證。投稿《世界日報》被退稿，再轉投《中國時報》遲無訊息，幾乎失望之時，接到《旺報》主筆李文輝先生來信，徵詢可否交給《旺報》刊登，喜出望外。感謝《旺報》主筆加入相關照片，有鮮花襯托綠葉之效。（唯受到著作權限制，相關照片末能轉載。）

金門島兩次戰役拾遺（上）

編者按：古寧頭戰役、八二三炮戰是奠定兩岸分治的重要戰役，作者原名劉錫光，1932年在廣東出生，1949年被抓當兵，1952年進陸軍官校25期，初任少尉軍官時被國防部改為現名。先後參與這兩場戰役，戰後就讀成功大學機械系及研究所、進中山科學研究院、赴美深造後返中科院，研發天弓飛彈獲莒光獎章、雲麾勳章，1992年舉家移民美國，以親身經歷回顧金門舊戰場。

17歲的懵懂少年，父親在家門口遭到胡璉部隊槍殺。母子正在徬徨無依，一籌莫展的時候，自己卻被胡璉部隊抓走了。

歷盡劫難出鬼門關

熬過了那最初幾年當新兵的日子，蒙當時營長同意我以高中同等學力資格報考軍校並出具保薦函。混進了黃埔軍校，寫個學生自傳，又出來個「賣父求榮」的賤招。說父親遭「共匪」殺害，為報家仇雪國恥，拜別了年老的慈母，投入革命陣營。而且加入國民黨。長官說「黃埔軍校是黨的學校」。那些「師傅們」認為我是個「好徒弟」，畢業時賞封為第一名高徒。

在金門島八二三炮戰中，一線之差沒有被「共匪」炮彈破片殺死，撿到一條命。在回到台灣的承平時期裡，卻在某個半夜，被天天同桌吃飯的「革命夥伴」殺得混身是血，差一點就進了鬼門關，在醫院裡「躲」了將近一年。

叫化子也該有3年好運吧！總算熬過了苦難的日子，進了大學、研究所，謀得喜歡的差事、找到好老婆，生兒育女，終於出了頭天。對國家的奉獻，大概可以交差了吧！

2014年12月5日北美《世界日報》刊登一則新聞：

> 「金門島古寧頭戰役之共軍遺族，帶著家鄉的酒，到金門島祭奠，希望
> 陣亡官兵安息，也盼望兩岸『沒有戰爭，只有和平；沒有死亡，只有
> 希望。』一位遺族表示，這是首次公開赴金門島祭奠的活動，向世人表
> 明，因為和平，才能在此公開憑弔先人。」

因為筆者被迫參與了這場1949年金門島古寧頭戰役，讀完這則新聞之後感慨萬千。正如龍應台《大江大海1949》出版時，《世界日報》9月20日有篇文章〈流民地圖〉所述：

> 「這個世界，沒有真正的公平可找，戰爭教一大堆18、19歲的年輕人猝
> 然離開家園，奔波勞苦，最終捲進命運與死神的絞鏈中，他們扮演施虐
> 者、受虐者、甚至旁觀者都沒有什麼差別，同是悲劇的終場。」

依據新華網資料：「國民黨軍第12兵團1948年底在雙堆集全軍覆沒，黃維司令官陣亡，胡璉副司令官乘戰車突圍逃出，殘部約十餘人。」

胡璉自撰的《泛述古寧頭之戰》文獻中，敘述從1949年1月在「上海住院養傷」，得到蔣介石總統允許授予「司令官名義，下轄3個軍」，國防部給他一張空頭支票，指定由浙、閩兩省各徵新兵3萬人，江西1萬5千人。1949年5月在江西省上饒恢復12兵團編制，下轄3個軍，胡璉任司令官，各軍師長均有名冊可查，但幾乎是有官無兵。實際上，浙、閩兩省的徵兵3萬人支票無法兌現，江西省的1萬5千人支票大打折扣，約5折而已。

時局態勢迅速變化，胡璉部隊由江西省向廣東省潮州、汕頭地區轉移，途經興寧縣時，有2批部隊到達我的老家，第一批扛著「洪都支隊」（陸軍118師的代號）旗號，到處抓兵及強奪糧食，鄉民奔走相告，四處逃避，我逃避到外婆家，第二天舅舅告知：我的爸爸被槍殺了，因為那批兵用手榴彈在我家門口池塘中炸魚，我的父親口頭表示不滿，就被槍殺了。

待後回到家中，母子正在欲哭無淚，不知如何是好的時候，第二批扛著「武夷支隊」（陸軍14師的代號）旗號的又來抓兵了，這次我來不及逃，被抓著了。

同一批被抓的人約300位，在我曾經就讀的中學集結，幾天後的半夜，被趕上「興華客運」車到了湯坑，再走路到揭陽地區，編成「新兵大隊」，白天在操場集合排隊操練，晚上在教室地面舖上稻草和衣而臥。這就是胡璉《泛述古寧頭之戰》文中所謂的潮、汕整編的部分實況。

形同乞丐臨陣作戰

離開潮州往汕頭移動的情形是，一批人穿著各形各色的衣服，腰間帶著自用的碗筷，肩背著米袋條，由老兵押著，像軍隊？還是像俘虜？沿途走走停停到汕頭，關在碼頭上暗無天日的倉庫裡，幾天後上船出海，據說原先準備開往舟山群島，在海上「漫遊七天六夜」之後，到達金門。

胡璉《泛述古寧頭之戰》文中所述：「當乘船到金門料羅灣駁運上岸時，適湯恩伯將軍巡視其地，正由我兵團參謀長楊維翰將軍陪同，湯對楊責備說：

『現在戰鬥如此激烈，前方急需部隊增援，應該先令戰鬥兵下船，為什麼讓民伕搶先？』楊答復說：『這是14師的部隊，因為尚未領到軍衣，所以仍穿民服。』湯聽了大為詫異，覺得形同乞丐，怎麼可以臨陣作戰？」

　　筆者當時為14師41團「新兵大隊」的一員，身歷其境，登岸後當晚就聽到槍聲，第二天穿上軍服，正式「下放」到連隊，參與了那場古寧頭戰役，清理戰場的工作。

（刊登於《旺報》2015年01月16日）

參考資料：

1. 胡璉《泛述古寧頭之戰》《傳記文學》雜誌總第186-187號（1977年）。
2. 劉錫輝〈金門島兩次戰役拾遺〉《旺報》兩岸史話2015-01-15
3. 維基百科：湯恩伯（1900年9月-1954年6月29日）
4. 趙域《艱苦過往盡在笑談中》參戰官兵口述歷史--征戰人物專訪。古寧頭戰役60週年紀念口述歷史。

金門島兩次戰役拾遺（下）

八二三炮戰不久，胡璉司令官即到「台北住院養傷」。眾人皆知，陣前換將乃為兵家大忌。

　　那幅遍地屍體的殘酷景象，很不幸的見著了，但是很幸運的沒有被捲進命運與死神的絞鏈中，才能夠在經過65年之後，對那場古寧頭戰役的一部分作出見證。這篇記憶猶新的拾遺，借用古人蘇東坡的名句：「不思量，自難忘」，似乎是應景的寫照。

真相出入因人而異

　　這場據說扭轉歷史的戰役，真相究竟如何？筆者雖然參與了，知道的卻不多，不能妄加猜測，只能從後來的資料中檢視。但是，胡璉《泛述古寧頭

之戰》文中竟說：「國防部史政局，以前印行之『金門戰役』與『古寧頭殲滅戰』等書，及三民書局出版之部定『現代史』中，所記有關事項，與事實頗有出入。」

究竟何者為真呢？另外，在紀念古寧頭戰役60周年，《金門歷史風雲──古寧頭戰役》影片中，戴鍔將軍表示的戰況，就可能有些出入。他當時是14師41團第3連連長，「形同乞丐的部隊，怎麼可以臨陣作戰？」筆者當時是14師41團第4連新兵，怎麼樣瞄準放槍都不知道，就被趕上戰場，縱使身歷其境，也提不出證據來評論真相究竟如何！

共產黨人民解放軍的後代，劉亞洲所撰金門戰役檢討：「1949年10月24日，新中國成立的第24天，人民解放軍28軍下屬3個團共9千餘人渡海進攻金門，發起金門戰役，在島上苦戰三晝夜，因後援不繼，全軍覆滅，是解放軍成軍以來，唯一澈底的敗仗。」

胡璉《泛述古寧頭之戰》敘述：「10月24日夜，由基隆登上運送軍品之民裕輪，前往金門，擔任新的任務。27日晨，我軍已盡殲古寧頭村內之敵。但不久發現村北海岸絕壁下尚有匪軍甚多，係昨（26）夜由廈門增援而來，船失，人不能攀登，經我曉喻後，乃棄械而降。至此，一場大戰始告結束。」

上述二則資料足以印證古寧頭戰役，始於10月24日，終於10月27日。胡璉將軍接受新的任務，抵達金門島之前，共軍已經進犯金門島，當時的戰場指揮官為湯恩伯將軍，勝負之局大致上已經決定，胡璉將軍並不是轉敗為勝，不過是「割稻尾」而已。但是，此次「金門島古寧頭戰役」，卻使得1948年底在雙堆集全軍覆沒，乘戰車突圍逃出的敗軍之將──胡璉將軍，經由此「古寧頭戰役」而一戰成名，享盡美譽。

此後數年間，胡璉將軍成了「金門王」。利用幾乎無償的龐大「兵工」，從事建設金門島：從廣東省興寧縣「徵收」來的「興華客運」車隊，行駛在新建的中央公路上，車廂旁側的標誌都沒有改變；採集山上豐富的鋁礦，賣給台灣鋁業公司；擁有2條商船經營金門香港之間航運。

在金門城開設「粵華合作社」；發行限制金門專用的新台幣；專案賠償因初到金門島期間，為構築碉堡工事而被強拆的民房損失；廣植樹木，修建水庫；甚至在八二三炮戰前1年，據說「挪用軍用物資」，每一個師及軍炮指

部，各興建1座國民學校；另外，將中央公路舖設水泥路面；凡此種種，都讓金門居民懷念。

然而，就在戰雲密布的時刻，對岸的共軍已調動大批火炮，進入大磴島的情況下，1958年8月23日傍晚，福建省主席兼金防部司令官胡璉將軍，正在金門島最美麗的「翠谷」水上餐廳，設宴款待國防部長俞大維先生時，完全出乎意料之外的，一陣響徹雲霄的炮彈，從天而降，揭開了八二三炮戰的序幕，3位副司令官當天同時陣亡殉職，胡璉司令官和俞大維部長尚未入座，得以「倖免於難，逃過一劫」。

八二三炮戰不久，胡璉司令官即到「台北住院養傷」。眾人皆知，陣前換將乃為兵家大忌。是功？是過？誰知道！有無檢討為何損兵折將？未見公開披露！最低限度，這次八二三炮戰，已經沒有那場古寧頭戰役的幸運了。

成王敗寇誰主史筆

胡璉將軍最終離開軍職，出使越南，任滿後回到台北新店舊居，因「對往事深切省察，鑑於國防部史政局以前印行之《金門戰役》與《古寧頭殲滅戰》等書，及三民書局出版之部定《現代史》中，所記有關事項，與事實頗有出入。」寫出《泛述古寧頭之戰》。享年71歲，在他身故後，如夫人所生的子女，向法院提起訴訟爭取「正名」，在台北新店的故居，因產權不清而纏訟公堂，積欠國有財產局的租金，至今無法解決。「一世英雄」，也不過是如此這般。

筆者莫名其妙的參與了1949年古寧頭戰役，1952年離開金門島，進入陸軍官校，畢業後在部隊任基層軍官職務，1956年隨部隊再度到達金門島，參與了1958年的八二三炮戰。在這場炮戰中，筆者以炮兵中尉連附的職務參與了「反炮戰」，幾乎喪命，換得一張「陸海空軍褒狀」。

對此金門島發生的兩次戰爭，筆者以參與者、及倖存者的立場，表達意見，期盼世人牢記：一將功成萬骨枯，戰爭沒有勝利者。雖然「勝者為王，敗者為寇」，但是究竟誰是王？誰是寇？最終仍然要接受歷史的裁判，而且要看「歷史」是由誰主筆而定。

（刊登於《旺報》2015年01月17日）

參考資料：

1. 胡璉《泛述古寧頭之戰》《傳記文學》雜誌總第186-187號（1977年）。

2. 劉錫輝〈金門島兩次戰役拾遺〉《旺報》兩岸史話2015年01月15日。

3. 維基百科：湯恩伯（1900年9月-1954年6月29日）。

4. 趙域《艱苦過往盡在笑談中》參戰官兵口述歷史—征戰人物專訪。古寧頭戰役60週年紀念口述歷史。

5. 劉亞洲所撰金門戰役檢討。

重返金門島　追憶戰地時光

　　1949年古寧頭戰役及1958年八二三砲戰是奠定中國、台灣分治的重要關鍵，這兩次戰役，筆者都參與了，但是因為當時職位低，對於戰爭大局真相所知有限，經過半世紀後，2017年6月22日重返金門島，以3天時間尋找記憶中的景象，回顧當年的戰場。然而，世事滄桑變遷，今日的金門只留下一些戰場痕跡，古寧頭戰史館、八二三砲戰紀念館不過是陳列展示一些相關資料，古戰場已經變成國家公園風景區，作為觀光景點，讓觀光客前來觀賞，促進經濟發展，供後人作為謀生資材而已。

　　從台北市松山機場起飛，約一個小時飛抵金門島尚義機場上空時，因雲層厚，未能對金門島鳥瞰，降落跑道後，發現今非昔比，小型機場的通關設施俱全。事先在網上預訂的民宿業者依約定來接機，安抵民宿，放下行李，即赴金城公車站，購妥半日遊車票，其後在導遊引導下隨車舊地重遊。

★古寧頭戰場線半日遊

　　「古寧頭戰場線」從金城車站出發，第一個參觀景點「金門民防坑道」，進出階梯對年長者不宜，導遊勸告我們夫妻倆放棄參加，其他景點如金城體育館、金城衛生所、救國團、李光前廟……只是在車上看一眼，便直接行駛至「和平紀念園區」。古寧頭戰場較重要的遺跡，「北山洋樓」就靜悄悄地呈現

在「古寧頭」巨大牌樓旁邊。

北山洋樓是古寧頭戰場保留的遺跡之一，北山村巷戰紀念誌及北山洋樓周邊彈孔痕跡仍舊可以發現。其他設置於「和平紀念園區」者計有155榴彈砲掩體展示及戰車展示。

古寧頭戰史館內有古寧頭戰役簡介，雙方參戰軍力表，作戰經過，戰後蔣中正校閱軍隊油畫，當年校閱專車展示，由於篇幅限制，未能一一。

「慈湖三角堡」是「古寧頭戰場線」的終點，原路返回金城車站結束半日遊。

★金東地區戰地景點

洋山陣地遺跡、馬山播音站、獅山陣地、八二三砲戰紀念館、花崗石醫院、柏村國民小學是第二天的參觀景點。

洋山和馬山都是位在金東，都是面對中國的最前線，兩地之間距離不遠，以前受到海水相隔，要繞道沙美才能前往，滄海桑田，如今洋山和馬山築堤直達，而洋山和沙美之間的一大片海邊淺灘，已經是築堤而成的人工湖了。

馬山播音站是當年向對岸心理作戰計畫的喊話站；馬山勇士雕像聳立在馬山至沙美途中道路上，讓我想起另一位「馬山勇士」林毅夫，他當年在馬山任守備連長，乘退潮時間，泳渡馬山前海峽，陣前逃亡投敵，如今在中國幹出一番事業，稱為另類「馬山勇士」，也許可稱得上名副其實。

★八二三砲戰

1956年9月筆者砲兵學校初級軍官班訓練結業前，原屬部隊已調往金門駐防。結業後即前往金門第619砲兵營歸建。郝柏村將軍擔任軍砲兵指揮部指揮官，第619砲兵營由郝將軍直接指揮。

初期擔任第2連連附職務，負責在夜間對廈門和大嶝島之間的橋梁建築工程進行不定時的干擾射擊。後來移防到洋山村，改任第3連連附職務，監督構築火砲水泥掩體。

很特別的是，副連長董玉玲較有經驗，卻被派到建造「國民小學」施工隊當隊長，連長盧光義調營部作戰官，據說與督導建造「國民小學」有關。

連上的火砲掩體由連長派我率領各班班長及得力士兵等人，到正在構築火砲水泥掩體的陣地去見學，沒有施工藍圖，僅口頭講述要點。所幸各班長都很能幹，施工方法由他們直接學習，我只負責記錄火砲掩體尺寸。

當時連上裝備為105公厘口徑榴彈砲，奉命準備更換裝備為155公厘口徑榴彈砲，參觀見學的就是155公厘口徑榴彈砲陣地。因此工作並不困難。

那時候，金門防衛司令部正在構築中央公路水泥路面，各師及軍砲兵部隊各負責建造一間「國民小學」。於是聽到一些「謠言」，說是國防部核定每門火砲掩體800包水泥，金防部扣掉400包，營部又扣200包，發到連上只有200包。是真是假，不得而知。連上4門火砲，共領回800包水泥則是事實。連指揮所、通信班掩體，還要從其中勻支運用。

火砲掩體構築完成後，副連長董玉玲上尉從「國民小學施工隊」回到連上，他便督導各班士兵，挖掘地道，連結各砲掩體和指揮所。那種地道很窄小，只能讓一個人匍匐爬行。在砲戰很激烈的情況下，倒也發生過作用。

1958年8月23日傍晚，晚餐已經完畢，正在陣地附近活動。突然聽到砲彈爆炸聲，趕緊跑回指揮所。立即接到營部作戰官下達的反擊命令。前幾天已經分配過作戰任務，不用再重複，各砲就立即發射。

砲戰初期，連上仍舊是105公厘口徑榴彈砲，陣地在靠近海邊的洋山村，射程只夠得上打到大嶝島，對共軍產生的威脅不大，所以沒有受到對方「重視」。可是，更換為155公厘口徑榴彈砲之後，就被對方「提高待遇」了。

有一天，砲陣地被對方集中火力射擊，形容為落彈如雨，毫不為過。其中一發擊中指揮所門口，只聽見轟的一聲，一團漆黑中，破裂的彈片飛進指揮所，只聽到董玉玲上尉哼一聲，便聞到一股血腥混合煙硝的氣味，我人都快暈倒了。

在那個窄小的指揮所中，共坐有連長、副連長、連附及二位士官，我任中尉連附職，與副連長董玉玲上尉並肩而坐，真正是生死之間，一線之隔。接著，連指導員趕來指揮所，派士兵扶我離開指揮所，由他處理董玉玲上尉遺體等事宜。後來指導員告知，當時我臉色蒼白，非常難看。

　　1958年底，部隊準備換防的時候，接防部隊先遣人員副連長及各砲長抵達的第二天，不知道是否對岸得到情報，用隆重的「軍禮」歡送。那一次的震撼教育，可以用「地動天搖」來形容。對方使用延遲爆炸引信，使砲彈進入地下後再爆炸。好幾發擊中指揮所附近，弄得指揮所好像在船上，有時會搖搖晃晃。

　　共軍很明顯地想一舉摧毀我們，因為每次砲戰前一天，營作戰官都會下達指令，火砲的射擊方向就已經定位，在砲戰時一聲令下，就只管發射或停止。因此，火砲掩體的射口都用沙包封閉得很小，幾乎只露出砲管。很奇怪的是，那天竟然會有一門火砲的砲管被擊中，一發砲彈溜進掩體。更奇怪的是竟沒有爆炸！只有一位弟兄被水泥碎粒擦傷，稍微包紮就無大礙。大概是蒼天庇佑，不應該被「共匪」趕盡殺絕。真是奇蹟！

　　再過一天的黃昏時刻，部隊到了料羅灣，上了船，出了外海後，我才放下緊張的心情，覺得可以安全的回到台灣了。

　　現在可能很多人都不記得「八二三砲戰」當天，曾經發生金門防衛司令部三位副司令官同時殉職的事情了。

　　依據披露的報導，他們是在金門太武山戰備坑道出口的人工湖「水上餐廳」殉職的。假如中國的情報更精準些，砲戰延後幾分鐘，等待司令官胡璉和國防部長俞大維先生，都已經進入「水上餐廳」就座，歷史就可能不是這樣寫了。

　　砲兵619營所屬有3個砲兵連，營部連及勤務連。每個砲兵連配4門火砲。當時的布署是營部、營部連、勤務連及第1連，布署在太武山下很隱蔽安全的地點，第2連及第3連布署在靠海邊洋山村後面山坡地上。2個連共有8門火砲，幾乎一線排開。2個連的伙房及炊事班人員都借住民房。這樣說吧！若誇張一點的話，火砲和民房混雜在一起，不算太超過啦！

　　再精準的火砲射擊，都可能有一些偏差，因為火砲陣地距離民房不遠，彈著點落在民房，幾乎是無可避免之結果。第3連的伙房就曾經被擊中過一次，那一頓晚餐，別具風格。除了有沙石以外，還有火藥味道。

★洋山陣地

　　據媒體報導，由金沙鎮公所2006年完成撥用的「洋山二營區」，有近八成私有地……位於現金沙鎮洋山村候車亭後方的「洋山二營區」，總面積約1萬966平方公尺，有2個砲兵陣地，共有8門155榴砲。

　　筆者重訪洋山，陣地已經「夷為平地」，走訪洋山村，遇村民蔡維夢先生，蔡先生現年80歲，談及當年洋山村幾乎每間房屋都受損壞，他接受政府協助遷移到台灣上學。

　　柏村國民小學中間部分由董玉玲上尉擔任施工隊長建造，兩旁教室現已擴建。（筆者為悼念董玉玲上尉副連長，特別前往參觀。）

　　1949年古寧頭戰後，開始建設金門島道路，首建中央公路，另建平行的戰備道路，逐漸改善成為金門島交通路網。中央公路、環島北路、環島南路、三路幾乎平行，兩端環島西路及環島東路相連，另外和其他道路構成金門島交通路網。

　　【筆者因八二三砲戰獲頒陸海空軍褒狀，並於砲戰「單打雙不打」期間，被選拔為作戰有功官兵，於10月7日赴台灣度一周榮譽慰勞假，接受軍人之友社招待。其中有自由活動的一天，我到北投醫院探望在砲戰中受傷、轉送台灣治療的同事賴觀測官。據他告知，有一位和他同一架飛機受傷送回台灣的軍官，在松山軍用機場下機時，大聲高呼「殺胡璉以謝天下！」國防部人員告訴新聞記者，他受傷後精神失常，為了掩飾，被送到精神病院去了。在那個年代的新聞記者不像現在，所以報紙上看不見這個消息。

　　時至今日再披露此事，似乎沒有多大的意義，更何況金門現在已朝觀光區方向發展，有機會的話，我倒盼望能再次前往金門洋山村，看看那幾座火砲掩體還存在否？最可能的狀況是金門中央公路更寬大了，那幾間國民小學更壯大了。那些鋼筋水泥火砲掩體反而沒有了。假如真有「挪用軍用物資」去修中央公路以及國民小學之事，應該是胡璉有「先見之明」，可以含笑九泉了。更何況他已作古多年，用不著「殺胡璉以謝天下！」了。】

　　上面這段文字是筆者在2013年出版《大變動時代的滄海一粟～劉錫輝回憶

錄》中所述，時隔四年，終於有機會再次前往金門，親自瞭解到金門中央公路更寬大了，那間柏村國民小學更壯大了，那些鋼筋水泥火砲掩體反而屍骨無存了。胡璉有「先見之明」，可以含笑九泉了。

歷史有點弔詭的是，1949年金門島打了一次勝仗，稱為古寧頭大捷，當年我被抓當兵沒有穿著軍服就被趕赴戰場，唯自此以後，被抓當兵卻變成「職業軍人」。

那是一個荒謬的年代，所進行的荒謬戰爭，就今日的金門島所留下一些戰場痕跡，古寧頭戰史館、八二三砲戰紀念館不過是陳列展示一些相關資料，古戰場已經變成國家公園風景區，作為觀光景點，讓觀光客前來觀賞，供後人作為謀生資材而已。犧牲者何辜？倖存者所為何來？為何而戰？為誰而戰？

★ 「小金門」風雞的故鄉

烈嶼位於金門與廈門之間，附近有大膽、二膽、復興嶼……等諸小島。金門水頭碼頭有渡輪可達烈嶼九宮碼頭，每隔半小時一航次，兩岸對開，老人優待票台幣30元（1美元），交通還算方便。烈嶼有公車，唯班次不多，有一種電瓶車，座位有限，要預約訂位，老人可享受免費優待。我們搭乘計程車，約定環島2個半小時，觀光景點隨意上下車，費用800元。

風雞是烈嶼的吉祥物，特有的民間信仰之一。烈嶼主要觀光景點：九宮坑道、八二三砲戰勝利紀念碑、烈嶼鄉文化館、湖井頭戰史館……等。

勝利門的「八二三砲戰勝利紀念碑」位於烈嶼湖下交通要道十字路圓環，仿砲彈造型，高聳地矗立著，為紀念八二三砲戰勝利而建造，並刻有碑文記其事蹟。

湖井頭戰史館內收藏陳列國共交戰史料之外，湖井頭還曾經是播音站和觀測所，據說透過高倍望遠鏡，還可以看到對岸「一國兩制」的牌樓。

烈嶼鄉文化館內有張「烈嶼守備區指軍官」圖表，其中「第十四師38.11/39.09尹俊將軍」特別引起筆者注目，回憶當年參與古寧頭戰役後不久，隨部隊移防小金門，當年是「新兵」，誰當師長沒有人在意，團長叫做甘慕良，廣東省五華縣人，有一次全團集合，團長訓話：「當兵比『賣豬仔』要好

得多，希望大家安心在軍中服務……」，只有這個「賣豬仔」仍舊記得，其餘的早就忘得一乾二淨了。14師41團的兵，都是在廣東省抓的，很多在家鄉就彼此認識，其中有筆者堂叔4位，另有許多位同學，當兵生活雖然艱苦，尚能互相照顧，彼此勉勵。

　　這次重遊當年全師集合的大操場，已經像是牧場，只見幾條牛在吃青草，昔日的環境，變遷得無可回憶。

（刊登於世界周刊2017年08月20日）

參考資料：

1. 劉錫輝《大變動時代的滄海一粟～劉錫輝回憶錄》2013年博客思出版。

圖12-1　馬山勇士。

圖12-2　獅山陣地巨砲。

圖12-3　花崗石醫院。

圖12-4　洋山村蔡維夢與劉錫輝合影。

圖12-5　155榴彈砲掩體（洋山陣地類此）。

圖12-6　2017年金門島沙美老街之一景。

圖12-7　2017年金門島沙美老街之一景。

圖12-8 八二三砲戰勝利紀念。

圖12-9 古寧頭。

圖12-10　古寧頭北山巷戰洋樓遺跡。

圖12-11　古寧頭戰史館外海灘。

圖12-12　古寧頭戰車展示。

圖12-13　柏村國民小學。

古寧頭戰役回憶

　　哈佛大學東亞語言文明系中國歷史學教授，現任費正清研究中心主任的宋怡明（Michael Szonyi）著《冷戰下的金門》書中，對古寧頭戰役的描述（筆者稍加刪節）如下：

> 「1949年10月25日凌晨人民解放軍在金門嚨口西邊登陸，適逢一隊中華民國的士兵巡邏發現，於是響起警報（有些當地人說，其實是士兵誤觸地雷，在混亂中照明彈射向天空，意外照亮來襲的解放軍船隊）。……於是海灘成了殺戮地帶。有些解放軍還沒有跨越沙灘就陣亡三分之一。
>
> 　　幾個小時之後，解放軍發現登陸地點錯誤，於是決定往東前進。但為時已晚，駐紮在金門島東部的國軍正移師西部，與解放軍相遇。……接踵而來的是超過二十四小時激烈的街頭巷戰。國軍軍官李光前，三十二歲，湖南人，在抗日戰爭中立下不少戰功。李率隊衝鋒時中彈倒地，或許是遭友軍擊中。（金門新聞記者的記錄顯示，李光前是後腦中彈。）
>
> 　　這支部隊的指揮官是胡璉將軍。1949年9月，胡璉受命重整被共軍擊潰而四散向南敗退的國軍部隊。在古寧頭戰役的文獻中，胡璉獲得極高的評價，這場戰役的勝利幾乎成了他個人的功勞。然而事實上，當胡璉抵達戰場的時候，兩軍早已分出勝負。傍晚時，解放軍彈藥用盡，倖存者大約一千名解放軍撤退到海灘，隨即被國軍團團包圍。夜間，大約有半數解放軍被殲滅。10月27日清晨，殘餘解放軍投降。古寧頭戰役結束。」

　　解放軍將近四千人陣亡，超過五千人被俘，反觀國軍陣亡人數只約超過千人。相較之下，此前國共內戰動員的人數以百萬計，這些數字實在不值一提，古寧頭戰役不過是一場小衝突。但這場戰役在當時非同小可，即便過了數十

年，它的重要性仍不可忽視。

宋怡明教授專著《冷戰下的金門》主要論述的是關於金門島的冷戰歷史及在戰後的社會文化，古寧頭戰役只佔全書360頁中的3頁，李光前陣亡狀況僅寥寥數句，不足為奇。

胡璉《泛述古寧頭之戰》自述：

> 「……5月13日，國防部命令本部恢復第十二兵團番號縮編為第十及第十八兩軍，迅即加入戰鬥序列。…本部此時最大的困難為被服缺乏，械彈無著，新集之兵，尚未訓練，逃散回鄉，不無可慮。乃以六十七軍與第十軍合編為第十軍，劉廉一任軍長，轄十八師師長尹俊，六十七師師長何世統，七十五師師長王靖之。第十八軍軍長高魁元轄第十一師師長劉鼎漢，第十四師師長羅錫疇，第一一八師師長李樹蘭。再三籌思，以目前兩軍，僅十八、一一八及七十五等三個師，尚可維持其軍隊形態。其他皆係烏合，實難應戰。……」

前段文字說明，第十四師從江西撤退時係烏合之眾，途經廣東省時強迫平民當兵，被服缺乏，械彈無著，……。胡璉自述：

> 「……當乘船到金門料羅灣駁運上岸時，適湯恩伯將軍巡視其地，正由我兵團參謀長楊維翰將軍陪同，湯對楊責備說：『現在戰鬥如此激烈，前方急需部隊增援，應該先令戰鬥兵下船，為什麼讓民伕搶先？』楊答覆說：『這是十四師的部隊，因為尚未領到軍衣，所以仍穿民服。』湯聽了大為詫異，覺得形同乞丐，怎麼可以臨陣作戰？」

古寧頭之戰，國軍陣亡人員最高階級為十四師四十二團中校代理團長李光前，所率部隊多數是才抓來的新兵，毫無訓練，剛從乘船登岸，即趕上戰場，武器彈藥不足。據胡璉敘述，戰後視察該團查詢情狀，其部下一班長說：

> 「……我第二營僅有輕機槍五挺，兩挺打不響，三挺不連放，團長乃奮

身向前，衝入敵群，因而陣亡。…四十一團團長廖先鴻尚未能取得聯絡，該團已入古寧頭西已海邊。……」

筆者當時是四十一團的新兵，避開了正面作戰，只參加清理戰場。

1954年7月部隊整編，第十四師由金門島調回台灣，番號被取消了。原十四師四十團併入二十二師改為六十四團，四十一團併入二十三師改為六十七團，四十二團撥交第七軍改為搜索團。筆者於1952年春離開四十一團進入陸軍官校，1954年8月軍校畢業後有十天假期，到宜蘭回老部隊去看堂叔，他們都留在原來的連，原來的排長仍在連上，邀我同桌吃飯，飯後老班長等和我聊天，談起當年在金門島海邊借住民房大廳打地鋪，我在稻草上躺下就呼呼呼大睡，班長溜進民房間內和民婦鬼混，第二天我們班上才會有海蚵加菜的黃色笑話。

前退除役輔導會副主委趙域中將（1949年任十四師警衛連少尉排長）古寧頭戰役60週年紀念口述歷史《艱苦過往盡在笑談中》摘錄如下：

「……有些兵在汕頭上船的時候連軍服都還沒穿上哩，還穿著便衣。……部隊下船之後，就有人帶著我們行軍，也不知道要往哪去，大家根本不知道金門是個什麼樣的地方，也搞不清楚。這兵在船上很餓，到了金門下了船之後，一眼望去都是地瓜田、黃土地、茅草，很荒涼啊！兵下船後一面行軍，一面跑到地瓜田耙地瓜吃，那時候要維持軍紀啊，把兵拉回來不准挖地瓜吃，真是很可憐，連挖個地瓜吃都不准。一直行軍到了竹山，從料羅走到竹山很遠哩，一個在西南角一個在東北角。到了那裡伙夫就埋鍋造飯，弄個行軍鍋支起來煮飯吃，飯剛吃完之後，在老百姓家下了塊門板放在地上睡覺，這是排長才特別優待給你下了塊門板哩，那兵都躺在地上直接睡。下了塊門板才剛躺下，這砲聲就開始響了，師部來了通知：『師長要到前方去，你帶著你這個排跟著師長走。』…後來我們師部就到了132高地，軍長他們那時候都已經到了132高地，兩個軍長在那裡，一個是18軍軍長高魁元，一個是19軍軍長劉雲瀚。132高地對面就是古寧頭了，後來42團，也就是李光前的團，

他就是在林厝陣亡的…我們師長叫羅錫疇，羅錫疇用有線電話跟李光前通話：『你們團進展很慢啊，怎麼還上不去。』李光前30歲不到當團長，壓力很大，他不服這氣，就帶著衝，就陣亡了。這大概是我們14師的狀況。」

（註：羅錫疇的女兒羅瑩雪曾任馬英九政府的法務部長。）

（刊登於《風傳媒》2018-10-28　07:10）

參考資料：

1. 宋怡明（Michael Szonyi）著《前線島嶼 冷戰下的金門》。臺大出版中心2016年7月。
2. 胡璉《泛述古寧頭之戰》（發表於民國六十三年十月二十五日古寧頭戰役二十五週年紀念日）。
3. 趙域《艱苦過往盡在笑談中》古寧頭戰役60週年紀念口述歷史。
4. 摘取自哈佛大學東亞語言文明系中國歷史學教授，現任費正清研究中心主任的宋怡明著《冷戰下的金門》。

見證古寧頭戰役70周年

前言

1949年古寧頭戰役，當時稱為「10月25日古寧頭大捷」，似乎是因連年大敗，難得有一次勝利就稱之為大捷。或者是有意和「10月25日台灣光復節」攪和在一起。近年來，「光復節」已經被執政者有意忽略，引不起人民的注意了。際此古寧頭戰役70周年，特選取四項文獻：一、哈佛大學宋怡明教授著《前線島嶼 冷戰下的金門》，對古寧頭戰役的最關鍵描述；二、胡璉《泛述古寧頭之戰》；三、前退輔會副主委趙域中將，古寧頭戰役60週年紀念口述歷史《艱苦過往盡在笑談中》；四、【難以置信的狗屎運】金門古寧頭戰役；從不同的角度，瞭解那場戰爭的部分真相。

回顧當年，筆者未穿軍服即被趕赴戰場，未曾與解放軍直接作戰，沒有值

得誇耀之詞。比較特殊的是：筆者參加八二三砲戰有功，榮獲陸海空軍褒狀，更在「單打雙不打」期間，被選拔為第一批十三位作戰有功官兵之一員，專機赴台渡榮譽假一週，接受軍友社及各界慰勞招待。昔日「無金馬即無台澎」，如今金馬角色不再，共軍機艦頻繁繞台示威。八二三戰役台籍充員兵為保家衛國而戰，竟拍攝紀錄片稱作《1958年台灣兵砲戰悲歌》，對比之下，是否更應該製作《1949年古寧頭戰場陣亡者悲歌》！感恩蒼天的眷顧，今以耆老之年，見證金門島兩次戰役：戰火無情！戰爭沒有勝利者！

古寧頭戰役是一場小衝突，但非同小可，兩岸從此分治。

　　哈佛大學東亞語言文明系中國歷史學教授，現任費正清研究中心主任的宋怡明（Michael Szonyi）著《前線島嶼 冷戰下的金門》，書中對古寧頭戰役的最關鍵描述：

　　「解放軍將近四千人陣亡，超過五千人被俘，反觀國軍陣亡人數只約超過千人。相較之下，此前國共內戰動員的人數以百萬計，這些數字實在不值一提，古寧頭戰役不過是一場小衝突。但這場戰役在當時非同小可，即便過了數十年，它的重要性仍不可忽視。

　　1949年9月，胡璉受命重整被共軍擊潰而四散向南敗退的國軍部隊。在古寧頭戰役的文獻中，胡璉獲得極高的評價，這場戰役的勝利幾乎成了他個人的功勞。然而事實上，當胡璉抵達戰場的時候，兩軍早已分出勝負。傍晚時，解放軍彈藥用盡，倖存者大約一千名解放軍撤退到海灘，隨即被國軍團團包圍。夜間，大約有半數解放軍被殲滅。10月27日清晨，殘餘解放軍投降。古寧頭戰役結束。」

泛述古寧頭之戰

　　古寧頭戰役，坊間書籍眾說紛紜。真相究竟如何？胡璉《泛述古寧頭之戰》竟說：

　　「國防部史政局，以前印行之「金門戰役」與「古寧頭殲滅戰」等書，及

三民書局出版之部定「現代史」中，所記有關事項，與事實頗有出入。……若史家不深入研討，便大書「×××將軍大敗共匪於金門古寧頭及××將軍奮力抗敵於登步島」，便有失求真求實的精神。我今為此記錄，乃願為歷史作證。」

很明顯的，×××意指湯恩伯，××意指胡璉，他所謂「與事實頗有出入」或許就是這點。根據史料記錄，古寧頭戰役，始於10月24日深夜，25日雙方激烈戰鬥，入夜後共軍幾乎全軍覆沒，勝負局面已定，26日清理戰場，27日上午9點戰爭結束，下午4點在草叢中雖然竄出共軍散兵多人，未戰即降。事實上，胡璉《泛述古寧頭之戰》全文約2萬餘字，對古寧頭戰役最關鍵的描述：「26日上午10點才抵達金門島水頭碼頭登岸，湯總部總務處長來接，始悉匪已登陸，昨且激戰整日」。

艱苦過往盡在笑談中

前退除役輔導會副主委趙域中將，（1949年任十四師警衛連少尉排長），古寧頭戰役60週年紀念口述歷史《艱苦過往盡在笑談中》（詳附錄一）：「……有些兵在汕頭上船的時候連軍服都還沒穿上哩，還穿著便衣。…這兵在船上很餓，兵下船後一面行軍，一面跑到地瓜田耙地瓜吃……」

筆者《大變動時代的滄海一粟 劉錫輝回憶錄》，就有耙地瓜吃的敘述，相當一致。依據胡璉《泛述古寧頭之戰》，十四師41團廖先鴻團長失聯[2]。另據十四師41團第一營營長卜功治敘述：

「當時整個營只有不到四百人，近半還穿便服是抓來的兵還不會放槍，在吳厝待命，胡璉26日早上11點到達古寧頭，命令分三路立刻反攻，41團二個營趁退潮渡湖下反攻南山，第三營走右路碰上共軍傷亡很大，卜功治的第一營走左邊海邊，虜獲共軍近二百人、其中還有一條27日才登陸的汽船，這是共軍當時最後一條支援船，擱淺被虜，後來當大小金門的交通船」。

筆者是十四師41團第二營抓的新兵，還穿著自己的便服即被趕赴戰場，未曾與解放軍直接作戰，筆者當時才十七歲，一個月前，父親被國軍殘殺，自己被抓當兵，還沒有走出悲慟欲絕的情緒，戰爭結束時，參加清理戰場，看到那幅遍地屍體的景象，驚駭恐懼的程度，難以言喻。

【難以置信的狗屎運】金門古寧頭戰役

話說在國共內戰中一路潰敗的國民黨軍隊在退到金門時，是狼狽不堪的。誰也沒有信心守的住離廈門只有一水之隔的金門島。只是有時戰爭女神會對誰微笑，真是沒有人知道。就在重重的巧合與不可思議的運氣下，敗軍殘將的國民黨軍隊竟然陰錯陽差地守住了金門島，並獲得了久違的勝利，爭取到喘息的空間。而原本視拿下金門島如探囊取物的共軍，之前一路的連勝不只讓他們士氣高昂，作戰行動開始後，更沒有犯下什麼戰術上的錯誤，但是就敗在厄運當頭，最後兵敗如山倒。最後開啟了兩岸分治的歷史……。

古寧頭大捷的「虎軍」

古寧頭大捷，陸軍第一一八師被稱為國軍中之「虎軍」，這個師在大陸敗退經過廣東省時，扛著「洪都支隊」大旗，招搖過市，到處抓兵拉伕，搜刮糧食，9月初，經過筆者老家時，丟擲手榴彈入門前池塘炸魚，先父劉展文出聲抗議，竟被當場槍殺，加害者已無可追查，師長李樹蘭是查證確實的部隊指揮官，因古寧頭戰爭勝利，晉升少將。他後來到參謀大學受訓時，仍然目無法紀，因考試違規被退學（如附錄二）。

陸軍第一一八師第353團楊書田團長在其徵兵日記中即自承，在江西省黎川縣新城鎮徵兵時，曾藉殺人立威，死難者包括李長耀、饒達三，（如附錄三），囂張程度令人驚駭。楊書田少將退休後，居然擔任高雄榮譽國民之家主任，讓人覺得格外的諷刺，形成了強烈反諷之場景對照，予人無限省思。

萬聖祠，正是古寧頭戰場上的亂葬崗

古寧頭戰爭，解放軍陣亡將近四千人，國軍陣亡約超過千人，雙方陣亡人員就地掩埋，後來因為臭氣熏天，才遷葬到太武山的大坑中掩埋[4]。據古寧頭紀念館資訊，後來古寧頭一帶在清除地雷時，有挖到一些前人的無主墳

墓，以及當時國軍及共軍的墳塚，於是將之合葬於古寧頭紀念館前方的空地，並建立一座萬聖祠祭祀。據說八二三砲戰，有四萬餘台灣充員兵參戰，243位戰死。報導文學作家李展平深入探訪遺族，發表〈誰聞暗夜哭聲？八二三戰役台籍征屬血淚〉，並拍攝紀錄片，於2019年8月25日放映，稱作《1958年台灣兵砲戰悲歌》（附錄四）。相較之下，古寧頭戰場上的陣亡人員，除了李光前等少數之外，無姓名可查考，為何他們會在那個地方犧牲生命？他們的家人是誰？誰聞暗夜哭聲？八二三戰役台籍充員兵為保家衛國而戰，竟拍攝紀錄片稱作《1958年台灣兵砲戰悲歌》，對比之下，是否更應該製作《1949年古寧頭戰場陣亡者悲歌》！

蔣中正總統引退及復行就職

1949年1月21日蔣中正總統被迫以"因故不能視事"的名義宣告引退，由副總統李宗仁代理總統職位，蔣中正卻以中國國民黨總裁身分調兵遣將，搬運國庫黃金及故宮文物到台灣來。年底中華民國政府退守台灣。1950年3月1日蔣中正總統復行就職視事，中華民國國號及政府體制，僅統治台灣、澎湖、金門、馬祖，就無法適合了。最顯著的是所謂國民大會代表、立法委員、監察委員，考試委員，及蒙藏委員會，動員戡亂時期臨時條例，改變憲政體制，疊床架屋。

為何台灣人逐漸對「光復節」冷感？

2015年是台灣光復70周年，中共大張旗鼓的紀念與慶祝，…，但是反觀台灣，對於台灣光復節卻是興趣缺缺，許多年輕人甚至不知道10月25日是台灣光復節。為何這個與台灣息息相關的日子，台灣人如此冷感？范世平教授在〈為何台灣人逐漸對「光復節」冷感？〉有精闢的分析，總結為三點：一、中共藉由慶祝光復證明統一台灣具正當性；二、中共完全罔顧中華民國存在的事實；三、台灣過於親日的社會氛圍。

中華民國的國家名稱定位

對日抗戰勝利後，因為國民黨、共產黨爭權奪利，導致簽訂《對日和約》時，戰勝國反被戰敗國牽著鼻子走，是說不清楚的一筆爛帳。1949年10月1日中華人民共和國成立，中華民國政府退守台灣，兩岸從此分治。70年來，中華人民共和國完全罔顧中華民國存在的事實，是更說不清楚的一筆大爛帳。時至今日，最重要關鍵就是中華民國的國家名稱定位問題。

古寧頭戰役造成兩岸分治，中華民國歷史從何時起算呢？1945年日本投降，台灣歸還中華民國；抑或1949年10月1日中華人民共和國宣告成立，中華民國遷到台灣。中華民國歷史如未妥善處理，恐將埋進「歷史亂葬崗」！

金門島的兩次戰役

筆者莫名其妙的參與了1949年古寧頭戰役，1952年離開金門島，進入陸軍官校，放下悲慟，潛心學習二年半，以總成績第一名畢業，在部隊任砲兵少尉軍官職務，1956年隨部隊再度到達金門島，1958年的八二三砲戰，以砲兵中尉連附的職務參與「反砲戰」，幾乎喪命，獲得一張陸海空軍褒狀。更在「單打雙不打」期間，被選拔為第一批十三位作戰有功官兵之一員，專機赴台渡榮譽假一週，接受軍友社及各界慰勞招待。

無金馬即無台澎

1958年金門島爆發八二三砲戰，蔣中正總統一再強調「無金馬即無台澎」，尤其在八二三砲戰美國態度猶豫的時刻，金門乃能固守。戰後兩岸關係和平發展。李楨林上將曾經在金門歷任營、旅、師長及司令官等職，深刻體認"無金馬即無台澎"，有金馬始有台海，當年國軍在金馬駐有重兵，換防及運補頻繁，機艦跨越海峽去來自由，共軍機艦甚少出海干擾，如今金馬角色不再，加以近年兩岸情勢惡化，反而共軍機艦頻繁繞台示威，真是不可同日而語。

兩岸軍事互信的前提是政治互信

李楨林上將曾任國防部作戰參謀次長，陸軍總司令等重要軍職。卸除公職後仍然秉持愛國情操，為兩岸和平努力，令人敬佩。2014年2月19日李楨林上將應連戰先生之邀，參加北京釣魚台賓館座談，發表〈兩岸關係我見〉，強調兩岸軍事互信的前提是政治互信，港澳模式的一國兩制，台灣的接受度不高，必須尋求一個台灣較能接受的和平統一方案，作為兩岸共同努力的目標。

2016年11月12日是中華民國國父孫中山先生150年周年誕辰，早年在台灣是國定假日，中樞及機關團體都舉行紀念大會，那年在台灣的中華民國，無聲無息，而我們的黃埔子弟卻應邀參加中華人民共和國在北京舉辦的紀念革命先行者孫中山先生150周年誕辰，其所造成的錯亂和傷害，孰令致之？值得深思。

從荒謬的年代到弔詭的年代

李楨林原來是山東流亡學生，1949年在澎湖被強迫從軍，1954年陸軍官校25期畢業，後來成為同期畢業生中最高軍階的三位上將之一。李楨林上將和筆者的年紀相近，都是成長在對日抗戰、國共內戰，動盪不安的時代，他是山東人，我是廣東人，分別從大陸的「天南地北」來到台灣，都是被強迫從軍，走過了荒謬的年代，同時進入陸軍軍官學校25期畢業，將人生的精華歲月奉獻給了國家，如今，卻因國家定位困局難解，進入了弔詭的年代？豈能不令人悲乎！

老家突然變成「匪區」，音訊不通四十年

筆者原名劉錫光，民國21年生於廣東省興寧縣水口鎮石塘村，名實相符的窮鄉僻壤，八年對日抗戰沒有遭受到災難，卻在1949年9月，突然發生了一個幸福家庭，被「國民革命軍」違法亂紀毀滅的悲慘故事，17歲的少年劉錫光從此改變了一生的命運，他的父親被違法亂紀的敗軍槍殺，他自己被抓當兵，未

穿軍服即被趕上古寧頭戰場，兩岸從此分治，老家突然變成「匪區」，音訊不通，生活在兩個互相敵對的環境之下。

劉錫光自此之後為求生存，就讀陸軍軍官學校變成職業軍官（被改名為劉錫輝），參與八二三砲戰，立下戰功，在砲戰中幾乎殉職，幸運的逃過劫難，但返回台灣的承平時期，卻遭受到軍中暴行，身受重傷，住院療養一年。棄武就文，就讀民間大學及研究所，變換職業從事高科技工作，參與國防科技尖端武器研發，突破技術瓶頸，成效傑出，獲得國家頒發等同作戰有功的雲麾勳章。開放大陸探親，卻受到公職人員的管制，飽受煎熬，童年的美好回憶反而變成痛苦的負擔。為探親而急流勇退，舉家移居美國。因為戰亂被迫離鄉背井，終身揹負「殺父之仇」的枷鎖，沒有選擇職業的自由，隨著國家的發展所給予的機會，讓他能夠逆流而上，在人生旅途中，歷經滄桑，從大陸到台灣，再從台灣到美國。國立成功大學文學院，前院長馬忠良教授表示：「劉錫輝的人生遭遇，堪稱舉世罕見。」

胡璉兵團與歷史正義

近讀許劍虹〈古寧頭大捷的時代意義〉，無限感慨。該篇文章對古寧頭大捷的時代背景，作戰雙方兵力，及戰爭經過，描述甚詳，時代意義更具獨到的見解，值得一讀。在2017年4月5日，出沈清楷教授、曾建元教授合作舉辦的《抓伕：未曾出現的道歉－胡璉兵團與歷史正義》座談會，筆者擔任主講人，許劍虹大作中，多處引用筆者談話內容，作為戰爭經過的見證參考。並且提到：「胡璉將軍之孫胡敏越牧師親筆致函出席活動的劉錫輝老先生，代祖父表達了遺憾與虧欠之意。」

時代悲劇

筆者現年87歲，先父被國軍殘殺，自己卻在國軍賣命，深感愧對先父在天之靈。回憶1949年9月，國軍抓我當兵時，我的母親懷胎十月即將臨盆，她的丈夫才被國軍殘殺，跪到地上乞求留下她的長子而不得，悲傷過度導致嬰兒胎

死腹中，午夜夢迴思念及此，再難安眠。1992年辭去公職返鄉探親，同胞弟弟向我傾訴：「爸爸被國民黨軍隊殺害，幼年生活潦倒，長大後又因哥哥在國民黨軍隊，不能參加共產黨，就業困難……」。聽到後只能感到辛酸，無言以對。

我爸只是碎念一下，國民黨軍卻槍殺他

日前我在《臉書》貼上《三立新聞網》2018年12月13日報導：〈我爸只是碎念一下，國民黨軍卻槍殺他〉，識者以時代悲劇作解釋，勸告筆者放下它！是的，早就應該放下它了！即使政府道歉賠償，對先父已經沒有什麼正義可言了。對於受害者家屬來說，更是沒有什麼公道可言。「二二八事件」也是時代悲劇呀！何況國家已經正式道歉和賠償，為何仍舊沒完沒了，還要設置促進轉型正義委員會，還要追究「二二八事件」元兇？胡璉兵團帶著違法殘殺平民的罪惡，於1949年10月24日趕赴金門古寧頭作戰，挽救中華民國於危亡。中華民國政府竟特別立法《國軍軍事勤務致人民傷亡損害補償條例》逃避責任，難道罪惡就能夠消聲匿跡嗎？這算是哪門子的政府？什麼樣的國家？

衙門八字開，有理無票莫進來

今年是古寧頭戰役70周年，亦是先父劉展文受難70周年，歷經多年向政府陳情，未能替先父討回公道，倍感悲傷。有感於「六四天安門廣場事件」30周年，遠在天邊的事，尚能獲得蔡英文總統表達意見，筆者乃再次陳情，期盼蔡總統對於國軍在大陸所犯的罪行，能夠有個自圓其說的機會。

時代在變，槍戰變成選戰。為了操弄選票，這個國家的總統，對「六四天安門廣場事件」可以說三道四，一副正氣凜然的樣子，再利用香港人反送中的機會，鼓動民眾仇視大陸人民，視「中華民國派」為政敵，對「二二八事件」延伸仇恨，對筆者陳情國軍違法殘殺先父案，卻不願面對，置若罔聞。衙門八字開，有理無票莫進來。顏色不對，一切免談！這個政府還要促進轉型正義，其實，必須轉型的正是這個政府本身。

感謝蒼天的眷顧，耆老之年還能夠臉書貼文〈劉錫輝／悼念先父受難70周年〉[11]，承蒙在金門出生，飽受砲火洗禮的蔡榮根博士評論：「在那兵荒馬亂的年代，劉學長家族遭遇令人掬淚，您功在國家令人敬佩。希望中華民國能還您公道。」筆者非常感謝蔡榮根博士的慰勉，但要悲嘆不知道功在那個國家？中華民國頒發的這張陸海空軍褒狀和這張雲麾勳章證書，面對被國軍殘殺的先父在天之靈，已失去榮宗耀祖的象徵意義，反而無異是增添愧疚的鞭笞！今特訴諸媒體：期待媒體主持公道；期待執政者將心比心；期待台灣最美麗的風景會出現。不信公理喚不醒，莫讓正義燒成灰！

謹以此文獻給先父劉展文在天之靈。

附錄一：

【趙域《艱苦過往盡在笑談中》古寧頭戰役60週年紀念口述歷史】

前退除役輔導會副主委趙域中將（1949年任十四師警衛連少尉排長），古寧頭戰役60週年紀念口述歷史《艱苦過往盡在笑談中》摘錄如下：

「……有些兵在汕頭上船的時候連軍服都還沒穿上哩，還穿著便衣。……部隊下船之後，就有人帶著我們行軍，也不知道要往哪去，大家根本不知道金門是個什麼樣的地方，也搞不清楚。這兵在船上很餓，到了金門下了船之後，一眼望去都是地瓜田、黃土地、茅草，很荒涼啊！兵下船後一面行軍，一面跑到地瓜田耙地瓜吃，那時候要維持軍紀啊，把兵拉回來不准挖地瓜吃，真是很可憐，連挖個地瓜吃都不准。一直行軍到了竹山，從料羅走到竹山很遠哩，一個在西南角一個在東北角。到了那裡伙夫就埋鍋造飯，弄個行軍鍋支起來煮飯吃，飯剛吃完之後，在老百姓家下了塊門板放在地上睡覺，這是排長才特別優待給你下了塊門板哩，那兵都躺在地上直接睡。下了塊門板才剛躺下，這砲聲就開始響了，師部來了通知：『師長要到前方去，你帶著你這個排跟著師長走。』……後來我們師部就到了132高地，軍長他們那時候都已經到了132高地，兩個軍長在那裡，一個是18軍軍長高魁元，一個是19軍

軍長劉雲瀚。132高地對面就是古寧頭了，後來42團，也就是李光前的團，他就是在林厝陣亡的⋯⋯我們師長叫羅錫疇，羅錫疇用有線電話跟李光前通話：『你們團進展很慢啊，怎麼還上不去。』李光前30歲不到當團長，壓力很大，他不服這氣，就帶著衝，就陣亡了。這大概是我們14師的狀況。⋯⋯」

附錄二：

依據維基百科：李樹蘭（1907-1970）陸軍指揮參謀大學受訓，參大所有教材、教法、作業方式等，全從美軍搬過來。以李樹蘭時代背景和過去所受軍事教育，在欠缺英語基礎下，比較不容易適應。但將軍仍非常努力用功，不幸是在一次測驗時，他將教材帶進教室，違反規定，被年輕校級教官指責。李樹蘭認為受訓之目的在研究學習，不在考試，李樹蘭就在教室與教官發生衝突爭執，結果參謀大學上報陸軍總部予以退學。接著部隊整編時，又調為少將高參閒職。

附錄三：

陸軍第一一八師第353團楊書田團長在其徵兵日記中即自承，在江西省黎川縣新城鎮徵兵時，曾藉殺人立威，死難者包括自父親李流芳接掌第六保第一甲甲長以求符合緩徵資格的李長耀、師範畢業生但未服務教職而不符緩徵資格的饒達三，還關押了領導抗徵的大芸鄉前鄉長陳原和，在此同時，他還聲明：志願者，出於自願，不准有絲毫強迫性。其實，對於不願從軍而不幸中籤者，就是強制，而這是不符志願精神的，再者，憑甚麼國軍楊書田團長可以未經法定程序就隨便殺害或關押平民百姓？囂張程度令人驚駭。[12]

附錄四：

吳祝榮臉書〈在等閑書房〉

對抗遺忘──終戰74周年系列活動，第二場《1945戰時悲歌》映後座談，

邀請前國史館編纂李展平老師主講，823砲戰紀念日，825辦理此次講座，理所回顧823砲戰，此戰役有四萬餘台灣充員兵參戰，243位戰死，李展平老師亦深入探訪遺族並拍攝紀錄片，於場域放映，爸爸戰死在金門，其中不乏遺腹子，家族因恐怕分財產將母子被逐家門，或先生砲戰戰死，遺妻紛紛改嫁，也有終生守寡護兒刻苦撐家，228受難賠償金600萬，現役軍人殉職者撫恤金600萬起跳，但是他們的撫恤金不及百萬，在我故鄉新莊也有一位曾參戰823長輩，牆面掛著一面823砲戰，《戰地榮歸》紅色錦旗，失落失憶的角落，這也是《1958年台灣兵砲戰悲歌》。

參考資料：

宋怡明（Michael Szonyi）著《前線島嶼 冷戰下的金門》。臺大出版中心2016年7月

胡璉《泛述古寧頭之戰》（發表於民國六十三年十月二十五日古寧頭戰役二十五週年紀念日）

【難以置信的狗屎運】金門古寧頭戰役（舊稱古寧頭大捷）-假圖天國

〈金門國家公園戰役史蹟保存維護計畫口述歷史訪談及文物典藏計畫成果報告書〉金門國家公園管理處2018-12。頁41-42；臉書：「黃埔十六期，卜爺爺的戰鬥人生。」

范世平《透視北京》〈為何台灣人逐漸對「光復節」冷感？〉Oct 23, 2015

李楨林〈兩岸關係我見〉陸軍軍官學校25期畢業60週年特刊（頁40-41）。

〈劉錫輝觀點：從荒謬的年代到弔詭的年代〉《風傳媒》2018-06-05

許劍虹〈古寧頭大捷的時代意義〉2019。頁5，23，36。

圖12-14 雲麾勳章證書。

圖12-15 陸海空軍褒狀。

曾建元〈抓伕：未曾出現的道歉－胡璉兵團與歷史正義〉《民報》2017-04-14

〈我爸只是碎念一下，國民黨軍卻槍殺他〉《三立新聞網》2018-12-13

〈劉錫輝／悼念先父受難70周年〉《今日廣場》2019-07-22

曾建元、吳靖媛〈國共內戰後期撤臺國軍拉伕行為之法律評價〉

吳祝榮・臉書〈在等閑書房〉2019-08-26

〈管仁健觀點：台灣人該怎麼紀念我們的823？〉《新頭殼》2018-08-19

（刊於《風傳媒》2019-10-13　07:00）

古寧頭戰役70周年　老兵憶殘酷烽火

記者　李榮

2019年10月24日北美洲世界日報　記者　李榮／庫比蒂諾報導：

今年為古寧頭戰役70周年，這是中華民國國軍在內戰後敗退過程中的首場勝仗，也是兩岸關鍵的一戰，雖規模不大，歷史意義非同小可，是開啟兩岸分治的起點，穩定了台灣的局勢。戰火下發生許多人倫悲劇，當年僅17歲就被趕上戰場的劉錫輝，穿著便衣就上了戰場。一晃眼70年，他感嘆戰爭的殘酷與大時代的悲哀。

今年87歲劉錫輝回憶，古寧頭戰役國軍一個營的人數不到400人，近半都是抓來的兵，不只穿便服，一些人連槍都不會用，「不少士兵都餓著肚子，下船後一面行軍，一面跑到地瓜田耙地瓜來吃。」但國軍陰錯陽差地守住金門島，獲得久違的勝利，最後開啟了兩岸分治的歷史。

他回憶，1949年10月24日深夜戰爭開始，25日雙方激烈戰鬥，傍晚時解放軍彈藥用盡，大約1000名倖存的解放軍撤退到海灘，隨即被國軍團團包圍，入夜後共軍幾全軍覆沒，勝負局面已定。27日上午9時戰爭結束，解放軍將近4000人陣亡，超過5000人被俘，中華民國國軍陣亡人數也超過1000人。

劉錫輝說，自己被抓當兵時只有17歲，且家中才剛面臨父親被違法亂紀遭國軍槍決，自己卻為國軍效命，心情十分矛盾。古寧頭戰役後兩岸分治，老家突然變成「匪區」，40多年音訊不通，他也從此生活在兩個互相敵對的環境中。

他感嘆，2015年台灣光復70年，中共大張旗鼓紀念、慶祝，反觀台灣對光復節卻興趣缺缺，「許多年輕人甚至不知道10月25日是台灣光復節。」他表示，對日抗戰勝利後，國民黨、共產黨爭權奪利，導致簽訂「對日和約」時，戰勝國反被戰敗國牽著鼻子走，是一筆「說不清楚的爛帳」，中華人民共和國多年來罔顧中華民國存在的事實，更是說不清的大爛帳，「中華民國歷史如未妥善處理，恐將埋進歷史的亂葬崗！」

因為戰亂被迫離鄉背井，終身揹負「殺父之仇」的枷鎖，劉錫輝感嘆戰火無情，也批評蔡政府未能面對國軍殺父的陳情，「這樣的政府才需要轉型。」

他也批評蔡英文政府，可評論六四天安門廣場事件，又利用香港反送中事件鼓動民眾仇視大陸人民，還以二二八事件延伸仇恨，卻不願面對中華民國國軍殺父的案件，「蔡英文政府想促進轉型正義，其實必須轉型的正是政府本身。」

（刊於2019-10-24北美洲世界日報記者李榮／庫比蒂諾報導）

圖12-16 劉錫輝回憶古寧頭戰役，晃眼70年。
（記者李榮／攝影）

圖12-17 古寧頭戰役後幾年，劉錫輝又回到金門參加了823砲戰，一度幾乎喪命；也曾被選拔為有功官兵，返台休假，登上聯合報。
（劉錫輝／提供）

第十三章
夠了就是夠了

「二二八」過了七十三年之後

最近有關「二二八」事件的文章，好像隨著新冠病毒又流行起來了，其中
《二二八過了這麼久還在吵，我們到底要什麼？呂秋遠細數血腥歷史，令人不
忍聽聞。》，以及《這才是文化刨根！台灣第一哲學博士被消失、首位檢察官
遭棄屍淡水河……揭黨國殺害的菁英們》，這兩篇文章都是「舊調重彈」，內
容悲慘程度，不忍卒讀。

面對歷史傷痕我們要的是什麼？

呂秋遠說：

> 「……你說，過了這麼久，到底我們要什麼？事實上，所有人要的，都
> 只是一個公道而已。……就像是中正紀念堂一樣，空一格蔣公是不是有
> 功有過？這必須是好幾本博士論文才能論定，我沒有資格說。但是，就
> 屠殺台灣人民與扼殺台灣民主發展，他當然有過，而且沒有資格為他蓋
> 紀念館，你有看過猶太人替希特勒蓋紀念館嗎？……」。

筆者陸軍官校畢業，在校時，長官規定空一格蔣公，至於是不是有功有
過？看看現今在桃園市慈湖文化園區，有一排蔣公銅像「站崗」，停車場有位
從高雄市文化中心「大卸八塊」搬遷過來的蔣公坐鎮，替桃園市民賺來不少銀
子，也是功德無量。中正紀念堂也一樣，替台北市民生財有道，也是功德無

量。「大中至正」早已換成「自由廣場」，誰會在乎？

1945年中國抗日戰爭勝利後，國民黨和共產黨的鬥爭，誰對誰錯？這必須是好幾本博士論文才能論定，我沒有資格說。

蔣公保護了臺灣、澎湖、金門、馬祖，沒有被共產黨接管是否有功？我沒有資格說。

對歷史無知也許是一種幸運

白色恐怖受難者林傑鋼之女、同時也是曾任二二八國家紀念館研究專員的林小雲說：

> 「……這些事情小時候家裡完全不說，父母為了保護孩子的成長完全不講，因此她過去從來不知道二二八，更不知道白色恐怖，她甚至在高中以前是個聽到中華民國國歌、國旗歌會很感動的孩子，蔣介石過世時她還在唱「蔣公」是民族救星、世界偉人云云，對過去的歷史完全無知，直到上大學才有感受跟意識。」

筆者要在此對林小雲表示，她的父母親很偉大，讓她還有機會「在唱「蔣公」是民族救星、世界偉人云云」的環境中長大，直到上大學才有感受跟意識。

筆者不敢自稱是偉大的父親，但為了保護孩子的成長，對於自己以往所遭遇到的苦難，在他們大學畢業前是完全不講的。

有人說「歷史是任人打扮的小姑娘」，人生百歲，出生至受教育所知有限，對過去的「歷史」完全無知，說不定是人生的「難得糊塗」時期，因為知道太多了，日子並不好過。

在「二二八」過了七十三年之後，眾多二二八受難者案例之中，有一很獨特的案例：曾群芳老先生，在十七歲那一年，一夕之間，從戰敗國的日本人，又突然變成戰勝國的中國人，接下來，他從對日本殖民政府的反感，到對國民政府的失望，和當時許多知識青年一樣加入共產黨「地下組織」，而受到「二

二八事件」的牽連。但是後來對中華人民共和國更是澈底的失望。

曾建元《少了一個之後》披露，曾群芳先生的遭遇從未在妻子兒女面前談論，直到曾建元讀博士班時才隱約知道。

令人敬佩的曾群芳先生對於不領取補償金的態度是大智若愚：他認為「補償金來自臺灣人納稅繳的錢，補償基金會的基金是從國防部預算來的，但臺灣人沒有欠他。如要賠償，也該由國民黨和濫權枉法的官員個人的財產來賠，加害者的責任，怎麼可以移轉給被害的臺灣人民？這根本不合理。

另外一個原因是，為什麼中華民國政府要向他道歉？他認為根本沒有道歉的必要，因為中華民國沒有冤枉他，他就是反對中華民國外來政權的殖民，原本就是敵對的關係，只是他輸了……」

2020年2月20日，曾建元臉書出現了非常別緻的「雲端訃聞」，他的先尊曾群芳先生於2月19日走完美好的人生旅程了，享壽92歲。

曾群芳老先生，以「歹命好運」為他自己一生作結，選擇「二二八事件前夕」，瀟灑的向人世揮手，留給世人無限的懷念。「虎父無犬子」，曾群芳老先生的長子曾建元教授繼承他的志業，致力於爭取人權、爭民主、爭自由，活躍於政、教、社會各界。

曾群芳先生的追思禮拜將於3月7日在台北市民權東路二段「臺北市立第一殯儀館」舉行。筆者與曾建元教授結緣於2016年，不克親臨致敬，打電話到「自在禮儀公司」代訂花籃敬致悼念，「自在禮儀公司」老闆聽到筆者介紹與曾群芳先生不認識後表示：願意免費提供花籃，表達對曾群芳先生的敬意！因為在台灣信用卡付款，必須有手機驗證碼造成的不方便，筆者欣然接受張慶良老闆的善舉，並此公開表達感謝。台灣最美麗的風景是人！

自從曾建元教授知道筆者的家庭背景及來台經過後，給我很多協助。其中之一是2017年臺灣政治學會年會，曾建元教授和研究生吳靖媛的論文《國共內戰後期撤臺國軍拉伕行為之法律評價》[4]：其中之案例舉隅：「一、大時代下的滄海一粟——劉錫輝；二、流離記憶——姜思章；三、浮萍歸根——應小娘；四、劫後餘生——管恩然；五、外省人的二二八——澎湖七一三事件。」

本省外省都是受害者

筆者認為：何止只是澎湖七一三事件可稱為外省人的二二八，所舉的案例，都是外省人的二二八。

中華民國行政院促進轉型正義委員會，在2018年世界人權日前夕，進行第二波白色恐怖時期有罪判決撤銷公告儀式，還受難者與家屬一個清白。

涉入「基隆市省工委案」的藍明谷之女、現任「50年代白色恐怖案件平反促進會」會長藍芸若上台致詞：「父親在她2歲時就被槍決了，她一輩子沒見過父親，也長期以為父親是匪諜、是壞人，直到44歲那年一位文史工作者來訪談母親，一切才真相大白。」

筆者看到這篇報導，認為「促轉會」的作為值得讚許，但卻感慨萬千！抗日戰爭勝利後的國共鬥爭，造成那個荒謬的年代，中國國民黨與中國共產黨互相殘殺，受害者千千萬萬，藍芸若也強調並不認同她的父親當年仰賴的政黨，以致於涉入「基隆市省工委案」的藍明谷被當作匪諜被槍決了。

1949年前後移居台灣的大陸人，白色恐怖時期的受難者，情況更為嚴重，因為他們是逃避共產黨而來，多數人在台灣沒有後代子孫。筆者對白色恐怖時期的受難者與家屬所受傷害感同身受，但對政府所謂轉型正義，若單指白色恐怖時期的「台灣人」受難者與家屬，作為政治立場的鬥爭工具，則實在不敢苟同。於是，筆者在蘋果日報即時論壇發表《匪諜之女獲平反，我父遭國民黨軍殘殺得不到道歉》[5]，表達不平之鳴。

2016年，筆者和曾建元教授在《Messenger》交換意見時，他表示對客家文化研究有興趣，而且特別詢問末代興寧縣長兼保安團團長謝海籌先生殉國的事蹟。真的很湊巧，2012年由謝海籌先生二公子天霖，贈我一冊《謝海籌烈士紀念輯》，遂將該紀念輯轉贈曾教授，當時他忙著應酬，未及多談。

第二天早上我心血來潮，回憶起在2014年，北美《世界周刊》有篇〈紅色特工身後六十年〉的文章，敘述紅色特工朱楓被以匪徒處決，後來骨骸遷葬大陸成為烈士。我看到該文後，將謝海籌在大陸受難的事蹟，再加上朱楓的故事，寫成一文。兩位都是曾經被判為匪徒，後來又變成烈士。有感於在那個荒

謬年代，同一個人竟然會有「烈士」或「匪徒」截然不同的評價。其實，從歷史長河中來檢視，「烈士」或「匪徒」都不適當，無妨用比較中性的「政治受難人」稱之。寫下〈烈士與匪徒〉一文刊登在《世界周刊》。許業武先生看到後，在《世界周刊》發表〈誰是烈士？誰是叛徒？〉。

於是，我乃將許業武文章傳給曾教授參考。奇蹟發生了，他立即覆我一篇他刊登在《縱覽中國》的文章〈六張犁戒嚴時期政治受難者紀念公園的歷史意義〉。他特別提及，關於六張犁戒嚴時期政治受難者紀念公園，他另在《大紀元》發表過〈但開風氣不為師，客家老大邱榮舉〉一文，寫到國軍草菅人命，把墓主季澐名字寫錯成「李雲」，讓家人半世紀找不到遺塚，最後被邱榮舉教授發現這一錯誤。因為這篇文章的啟發，朱楓家屬才能循線，判斷「朱湛文」就是朱諶之，朱諶之就是朱楓。朱楓遺骸因之找到歸葬大陸。這個故事的結局，可稱得上「因果循環」。

「中華民國」國際難定義

歷史的弔詭是：因為中華民國這個政權，涵義不斷的演化，七十年來，「中華民國到台灣」、「中華民國在台灣」、「中華民國是台灣」、因為中共忽視中華民國的存在，中華民國護照在國際上常常被誤認，於是，中華民國護照封面，舉世無雙，中華民國台灣（Republic of China Taiwan）。中華民國總統被稱作台灣地區領導人，這個台灣地區如何定義？七十年了，差不多三個世代，中國人的智慧何在？

更嚴重的情況是：七十年了，「外省人」在台灣，他們仍舊是孤獨的歷史棄兒，一個民族在大轉折時期的分離體。大陸人、及台灣「原住民」，並沒有正視這群人的命運，歷史形成的傷口，傷痛的分離未能漸次癒合，再次聚首。其中最主要的原因是中華民國存在台灣70年，號稱民國109年，卻是國際孤兒，於是產生這個中華民國台灣變形金剛體。

（刊登於《風傳媒》2020-03-08）

參考資料：

1. 呂秋遠《二二八過了這麼久還在吵，我們到底要什麼？呂秋遠細數血腥歷史，令人不忍聽聞。》風傳媒2020年3月1日轉載呂秋遠臉書。

2. 蔡佳妘《這才是文化刨根！台灣第一哲學博士被消失、首位檢察官遭棄屍淡水河…揭黨國殺害的菁英們》風傳媒2019年01月25日。

3. 曾建元《少了一個之後》曾建元臉書2020年2月21日。

4. 曾建元，吳靖媛《國共內戰後期撤臺國軍拉伕行為之法律評價》本文宣讀於民國106年11月12日上午臺灣政治學會和國立政治大學政治學系假國立政治大學綜合院館舉辦之2017年臺灣政治學會年會暨《民主成長與民主赤字：臺灣解嚴三十年的省思》國際學術研討會《追尋中的正義》場次。

5. 劉錫輝《匪諜之女獲平反，我父遭國民黨軍殘殺得不到道歉》蘋果日報即時論壇2018年12月13日12：00。

6. 劉錫輝《以文會友》2016年11月28日刊登於《民報》。

7. 許業武〈誰是烈士？誰是匪徒？〉北美《世界周刊》2015年1月3日。

8. 劉錫輝〈烈士與匪徒〉北美《世界周刊》2014年12月28日。

9. 曾建元〈六張犁戒嚴時期政治受難者紀念公園的歷史意義〉《縱覽中國》2011年8月4日。

夠了就是夠了

　　時代的巨輪在不停的轉動，古今多少事，都像是一朵浪花，或者是小小的漣漪。太久遠的事情，早已成為歷史，八年對日抗戰，亦逐漸被人遺忘。在台灣，有多少人會關心「南京大屠殺」？但相隔約十年後發生的「二二八」，卻每年都要被某些人炒作一番，而且吵來吵去，連真相究竟如何？都是信者恆信，不信者恆不信。今（2015）年竟還要再重複一番。夠了就是夠了，Enough is Enough，能不能大家都拋下立場，為那些已經知道姓名的受難者表示哀悼，更要為那些不知道姓名的受難者表示哀思。那些不知道姓名的受難者，絕對不只是「台灣人」。近幾天《旺報》刊登「二二八」事件的報導，對於當時的真相的瞭解，應該有所啟發，奈何仍舊是信者恆信，不信者恆不信！

　　據報導：馬總統出席中樞紀念「二二八」事件大會，柯文哲致詞時憶起祖

父柯世元，在「二二八」事件遭到關押，最後貧病離世，不禁涕泗縱橫，多次激動不能自已，馬總統兩次起身向柯文哲伸手，希望握手致意和慰問，卻兩度遭到柯文哲拒絕，席間頗為尷尬。馬總統在很早以前，在公開的場合以總統身分伸手被柯文哲拒絕，柯P就有「死亡之握」的怪論。

這次中樞紀念「二二八」事件人會，深感馬總統作為中華民國的元首，不能為「二二八」事件，發表前瞻性的文告，只知道一再的道歉，是否「自取其辱」？

近讀哈金著作《南京安魂曲》：

> 「首都淪陷……白雲寺有個池塘，水裡有不少鯉魚和鱸魚…日本兵想捉魚，可又沒有網。有個當官的朝池塘裡把手槍子彈打光，也沒打中一條魚。另一個往水裡扔了幾顆手榴彈。轟隆隆一陣巨響之後，鱸魚鯉魚都被震昏了，肚皮朝上地漂在水面上。……」。

筆者讀到此處深感驚訝！「歷史事件」竟會雷同。1949年胡璉部隊在大陸敗退，經過我老家時，同樣的在我家門前水塘裡扔了幾顆手榴彈炸魚。更悲慘的事情是，先父劉展文僅口頭表達不滿，竟在自家門前立即遭到國軍槍殺，接下來我被抓當兵，其相關情節，不堪回憶。

筆者對「南京大屠殺」感受不深，對「二二八」受難者家屬的痛苦，則感同身受。但是，再怎樣追究對「二二八」事件的加害者，都已於事無補。馬總統一再的向「二二八」受難者家屬道歉，不夠多嗎？相較於筆者向馬總統陳情，期盼政府為先父被無辜槍殺事件表達歉意，竟不可得。政府處理事情的大小眼，非常明顯。人的生命應該等值！只能自責沒有當上高官，愧對先父在天之靈。否則，你能怎麼樣呢？還不如對自己說：夠了就是夠了！

（寫於2015年3月。於2017年2月27日在《臉書》貼文發表）

█ 編後語

是機緣亦是偶然，筆者在2013年出版了《大變動時代的滄海一粟　劉錫輝回憶錄》，公開出父親被國軍殘殺，自己又被抓當兵，只能在軍中求生存的人生。

回憶錄出版後的一連串發展，始料未及，向政府陳情為先父討公道，求助無門。為求得心情平衡，以寫作方式療傷止痛。再將在媒體所發表的文章彙集成冊，以《錫輝文集～滄海一粟的餘波盪漾》作為書名，隱含回憶錄續集之意。期待滄海一粟的餘波不再盪漾，從此平靜無波！

轉型正義促進委員會設立後的諸多措施，加深筆者遭受不公不義的感受，乃再度在媒體發出〈為何而戰？為誰而戰？〉及〈匪諜之女獲平反，我父遭國民黨軍殘殺得不到道歉〉等篇的不平之鳴。

前國立成功大學文學院長馬忠良教授表示：

> 「劉錫輝的人生遭遇，堪稱舉世罕見，撤退國軍槍殺其父親的影子，載浮載沉的跟著他七十餘年，身心之痛到了極限。他出過兩本書，上過"萬言"，迄今沒得到平反。對於一位參加古寧頭戰役，八二三砲戰，及得過雲麾勳章的退役老兵來說，實欠公允。既然有轉型正義促進委員會之設立，就應秉公處理，不應以任何藉口敷衍。」

1949年代的中華民國是荒謬的年代，經歷70年來的轉化，變成為弔詭的年代。由於國家定位困難，成為國際上的「孤兒」，國民出國旅遊，護照常被誤認為中華人民共和國，於是中華民國護照，出現舉世無雙的中華民國台灣（Republic of China Taiwan）。

本書附錄：曾建元教授和研究生吳靖媛的論文《國共內戰後期撤臺國軍拉

伏行為之法律評價》，其中之案例舉隅：「一、大時代下的滄海一粟——劉錫輝；二、流離記憶——姜思章；三、浮萍歸根——應小娘；四、劫後餘生——管恩然；五、外省人的二二八——澎湖七一三事件。」那是「中華民國到台灣」的荒謬時期。澎湖七一三強行徵兵事件，馬忠良教授即為其中遭到強徵之一員，其事蹟盡在《從二等兵到教授 —馬忠良回憶錄》一書之中。王文燮上將、李楨林上將亦是澎湖七一三強行徵兵事件中被強徵之一員，畢生青春從此奉獻給的國家，那是「中華民國在臺灣」。民主進步黨執政訂立《促進轉型正義條例》，強調「二二八事件」及白色恐怖，轉型為「中華民國是臺灣」。

　　該論文在案例舉隅部分，對筆者先父劉展文受難及筆者被抓兵的時代背景，提出詳細說明及文獻佐證；在法理探討部分，對《國軍軍事勤務致人民傷亡損害補償條例》及《促進轉型正義條例》的精闢見解，是基於「中華民國是台灣」作為法理基礎，國家定位不明所衍生的結果。曾建元教授和研究生吳靖媛的論文，是本書《從荒謬的年代到弔詭的年代》的最佳寫照。

　　本書摘取《大變動時代的滄海一粟 劉錫輝回憶錄》，及《錫輝文集～滄海一粟的餘波盪漾》主要內容，增加古寧頭戰役及八二三砲戰的回顧，參與天弓飛彈研究發展經歷，加上對「轉型正義」的不平之鳴，敘述平凡的人生，不平凡的時代背景，特殊的境遇，堅毅圖強的精神，留下人生旅途的足跡，或可稱為《劉錫輝回憶錄全集》。

　　本書於去年底完成初稿，今年初，有關「二二八」事件的文章又大量出現，曾建元教授的父親曾群芳老先生，亦是「二二八」事件受難者，對「二二八」事件的獨特見解，令人敬佩，在「二二八前夕」，瀟灑的向人世揮手，以「歹命好運」為他自己一生作結。筆者特別在《風傳媒》刊出〈「二二八」過了七十三年之後〉，以表達致敬，同時列入為本書最後一章夠了就是夠了，當作尾聲。

附錄：
國共內戰後期撤臺國軍拉伕行為之法律評價[1]

曾建元、吳靖媛

A Legal Evaluation of Forced Recruitment of the National Army Retreating to Taiwan During Late Chinese Civil War

曾建元
Tseng, Chien-yuan

國立臺灣大學國家發展研究所法學博士

國立中央大學客家語文暨社會科學學系兼任副教授

Ph D. in Law, Graduate Institute of National Development,

National Taiwan University

Adjunct Assistant Professor, Department of Hakka Language and Social Sciences,

National Central University

吳靖媛
Wu, Jing-yuan

國立臺灣大學國家發展研究所研究生

Graduate Student, Graduate Institute of National Development,

National Taiwan University

[1] 本文宣讀於民國106年11月12日上午臺灣政治學會和國立政治大學政治學系假國立政治大學綜合院館舉辦之2017年臺灣政治學會年會暨《民主成長與民主赤字：臺灣解嚴三十年的省思》國際學術研討會《追尋中的正義》場次，感謝中央研究院法律學研究所博士後研究員邵允鍾的評論。

摘要

蔡英文政府執政以來，轉型正義政策如火如荼地展開，並有《促進轉型正義條例》之研議，規範主體主要針對白色恐怖時期在臺灣之受難者，然而中國國民黨政府的威權迫害並非侷限在臺灣本島，尚包括國共內戰時期為迅速擴張部隊，在中國大陸地區以國家暴力手段強制人民從軍並掠奪民生物資，或戰略上實行焦土策略的各種迫害，各軍團命令紊亂，為迅速補充兵力致使強行抓兵事件屢見不鮮，這些拉伕而來的受難軍人於1949年隨著國軍來臺，與國民黨在臺生根，如今逐漸凋零，卻從未獲得一句道歉，至今中華民國政府也未曾正視這段歷史，遑論賠償問題。

國家內戰時期濫用國家暴力強徵民力、物資等行為應如何評價，進而恢復歷史正義、處理賠償。本文嘗試以法律角度探討國家拉伕行為的性質及正當性，從當時的《兵役法》、行政法上特別權力關係、《憲法》上法律保留原則以及比例原則討論該等基本權之侵害，另探討該時期緊急狀態的適法性，授權立法者訂定處理、賠償之相關法案，提供請求權基礎，以探討目前轉型正義保護主體前開受難國軍軍人之缺憾。

針對國民黨撤臺期間的拉伕行為，因歷史上的政治因素，縱然解除戒嚴，仍鮮少有國軍老兵願意提供相關史料，目前僅有口述歷史或小說、電影碰觸此議題，學術上研究文獻甚少，故本文研究方法以文獻整理為主，而針對國共內戰的背景事實則兼以兩岸文獻分析，以利釐清時間脈絡及整體結構對個案之影響。

本文除了例舉並梳理國共內戰後期之個別案例之外，並輔以當時之法治背景，試圖提供非法遭拉伕之外省老兵在法律上之救濟管道，縱歷史的傷痛無法被彌補，仍然不允許政府毫無作為。

壹、前言

1945年抗戰勝利後，因為爭取接收而導致國民政府與中國共產黨的內

戰再度爆發，美國總統杜魯門（Harry S. Truman）派遣馬歇爾（George Catlett Marshall, Jr）前來中國調停，最後任務失敗。第二次國共內戰全面展開。（林桶法，2009：10-12）

1947年，國民政府主席蔣中正下令第一戰區司令官西安綏靖公署主任胡宗南第1軍團發動陝北戰役攻打中國共產黨陝甘寧邊區首府延安縣，但情報早為胡宗南秘書熊向暉傳送共產黨，共產黨佈署空城計欺敵，胡宗南軍團雖於3月佔領延安，但反而陷入中國人民解放軍西北野戰軍彭德懷部埋伏，第311旅與第135旅皆為解放軍圍殲，1948年2月，國民革命軍整編第29軍劉戡部於宜川戰役再遭西北野戰軍彭德懷部殲滅，解放軍乃得收回延安。同年5月蔣中正就任中華民國總統，國軍陸軍總司令顧祝同指揮45萬兵力，與中國人民解放軍華東野戰軍粟裕部決戰於山東地區，所屬整編第74師在蒙陰縣垛莊鎮孟良崮為解放軍所殲，師長張靈甫喪生。1948年9月濟南戰役，解放軍發動總攻擊，山東省政府主席王耀武被俘，守軍全軍覆沒，國軍失去徐州北面屏障。粟裕進而規劃於12月發動徐蚌會戰，60萬國軍慘敗被殲。（李福鐘，2018：50-51）黃維領軍之第12兵團12萬大軍，則於安徽省宿縣雙堆集為解放軍中原野戰軍劉伯承部幾乎全殲，副司令官胡璉突圍成功，僅以身免。

民國政府為阻截解放軍於長江天險，蔣中正乃以江西省湖口縣為界分東西兩路，由京滬杭警備總司令湯恩伯和國防部長兼華中軍政長官兼華中剿匪總司令白崇禧分別領導長江防衛，（林桶法，2009：50-51）並同時成立14個編練司令部，試圖在江南招募軍隊200萬，以重整旗鼓。時蔣中正在白崇禧的呼籲下，已有意下野為敗戰負責，但仍擬以國民黨總裁身分遙控軍政，乃手諭白崇禧任命愛將胡璉為第二編練司令部司令官。國防部對於第二編練司令部兵員補充計劃，係指定由浙江、福建兩省各徵新兵3萬人，江西1萬5千人，但只有江西省政府主席方天響應，依胡璉之議，取法唐朝府兵制，以「一甲一兵、一縣一團，三縣成師，九縣為軍」之方式，在江西省境徵兵，胡璉為此乃將司令部就近移到江西省南城縣株良鎮，徵兵過程不免遭遇抗拒，胡璉強硬回應，稱「得人者昌」，「如果不能儘快『得到人』，成軍作戰都談不上，還說什麼『昌』、『昌不昌』呢？」而徵得兵員7萬。（李隆昌，2009：46；曾建元、邱榮舉，2016：313-316）

　　徐蚌會戰後國軍全面潰敗，蔣中正於1949年1月21日發表〈引退謀和書告〉下野，副總統李宗仁代理總統，蔣中正則自行佈局撤退臺灣。李宗仁主持南北和議失敗，解放軍於4月全面渡江，上海、南京相繼淪陷，5月20日，臺灣省政府主席兼臺灣省警備總司令陳誠宣布臺灣全省戒嚴。解放軍破九江，進江西，第二編練司令部於5月恢復第12兵團編制，胡璉出任司令官，見據守閩粵贛邊區已勢不可為，乃決定突圍撤出大陸，投奔臺灣。（曾建元、邱榮舉，2016：317-320）

　　時解放軍勢如破竹，長驅直下，國軍兵荒馬亂，急需補充兵員，以資抵抗，於是各兵團不擇手段、各顯神通，肆行抓伕拉丁。1949年10月1日，中華人民共和國建國，12月9日，閻錫山率中央政府由四川省成都市遷移臺灣省臺北市，200萬中國大陸軍民歷經戰禍避秦來臺，兩岸分裂分治至今。

　　國共內戰期間，國軍為了補充兵員，而有過拉壯丁、拉伕的作為，即在違反當事人自由意願的情況下，強制男子從軍，強制的手段，甚至包括殺人、放火，以使當事人心生恐懼而不得不服從。

　　這些被國軍以違背個人自由意志的方式拉伕抓兵而來的軍人，在內戰期間很可能就成了砲灰，倖存者也從此與在中國大陸的家人天涯一方，甚至天人永隔。臺灣開放老兵探親，許多老兵發現，因為中華人民共和國指控其七十年前（1949年前）加入國軍，而對其家人展開政治迫害，田產家園盡皆沒收，讓老兵根本找不到回家的路。歷史的弔詭，在於戰爭倖存者最終在臺灣得以安享晚年，上帝事實上補償了他們個人的犧牲，而在某種程度上，反而還得到故鄉親友的羨慕，但我們要問，這樣就能夠豁免國家的罪行或責任嗎？而那些未能挺過戰爭而犧牲的人，誰補償了他們？

　　從1949年中華人民共和國在中國大陸建國時起，臺灣成了中華民國的主體，作為中華民國實際的被統治者和主權者，臺灣人民，是否可以或必須完全承擔中華民國統治全中國時期的國家權利和義務？或者臺灣人民只能就自己的利害相關部分對中華民國做不完全繼承，換言之，我們是否可以基於《憲法增修條文》對於國家未統一的認定，同意中華人民共和國對中華民國的不完全國家繼承，從而依戰時國際法的交戰團體理論免除內戰期間中華民國對中國大陸地區人民的戰爭責任？但拉伕情形則又不同，他們被拉進國軍參戰，保衛臺灣

和成就兩岸分裂，也成為臺灣人民的一部分，中華民國在臺灣對臺灣外省移民所受國家侵害，能否基於公法上不當得利之法理而對於外省拉伕受難者給予基於轉型正義之補償或賠償，這也是我們所在思考的問題。

1999年我國頒布《國軍軍事勤務致人民傷亡損害補償條例》，該條例第2條規定本法適用之時間及地點之範圍：「民國三十八年政府遷臺後至民國七十年六月三十日止，臺灣地區人民，因國軍軍事勤務致傷亡或財物損害者，得依本條例規定申請金錢補償。但同一事由已依其他途徑獲得賠償、撫卹或其他慰撫及補償者，不予補償」。「前項期間，金門馬祖地區得延至民國八十一年十一月七日戰地政務終止日」。「第一項所稱臺灣地區，指臺灣、澎湖、金門、馬祖及政府統治權所及之其他地區。」這是我國政府對於內戰戰爭問題的既定立場，只針對1949年12月中華民國政府遷臺後臺灣地區人民因國軍之軍事勤務所致傷亡損害給予補償，而此之所稱臺灣地區人民，則理當包括來臺定居的外省來臺拉伕，雖然其損害之發生地不在臺灣地區。上該法律已經停止適用，但如果從轉型正義的角度，民主的臺灣政府對於國民黨政權國家暴行，則仍可以有在追訴權或補償請求權時效消滅以後實現正義的做法。

本文是一個嘗試性、探索性的研究，我們將整理相關部分具體案例，以此作為討論的事實基礎，展開相關法理上的論證。

貳、案例舉隅

一、大時代下的滄海一粟——劉錫輝

劉錫輝老先生的自傳——《大變動時代的滄海一粟：劉錫輝回憶錄》中記載了一段完整的抓兵過程。劉錫輝本名劉錫光，老家在廣東省第九行政督察區（今梅州市）興寧縣（今興寧市）水口鎮石塘村鄉下。1949年5月14日，廣東省第九行政區行政專員兼保安司令李潔之等發表〈我們的宣言〉，宣告粵東起義，18日興寧縣長陳郁萍宣佈易幟，（林天乙主編，1999：779-781）6月19日，興寧縣人民民主政府成立，中國共產黨人李戈侖出任縣長。（興寧縣志編修委員會，1992：36-37）7月初，胡璉第12兵團劉廉一第10軍反攻粵東，包

圍興寧，（胡敏越、陳錦昌，2017：77）8月15日，胡璉任命謝海籌為興寧縣長，伺機反攻。（興寧縣志編修委員會，1992：37）9月7日前後，國軍第12兵團由司令官胡璉率領，由江西省向廣東省轉進，欲前往臺灣。有兩批國軍官兵，經過劉錫輝老家。第一批扛著「洪都支隊」旗號的，正是胡璉兵團高魁元第18軍李樹蘭第118師，官兵向劉錫輝家永祥第門口魚塘丟擲手榴彈炸魚，其父劉展文出面制止，竟當場慘遭槍殺。劉父遺體草草處理後，十天後，第二批來了武夷支隊第18軍羅錫疇第14師下的廖先鴻第41團，不由分說地就把走避不及的劉錫輝和他的四個堂叔全部強制帶走。（劉錫輝，2018：69；曾建元，2017）

　　被抓兵的人在興寧縣立水口第三初級中學集結，由軍人押著，一路走走停停，往潮州、汕頭移動。大概一個月後到了汕頭，關在暗無天日的碼頭倉庫中，然後上船出海，不知道會駛向何方，七天後在金門島登陸。（劉錫輝，2018：70）當乘船到金門料羅灣駁運上岸時，適逢福建省政府主席湯恩伯將軍巡視其地，第12兵團參謀長楊維翰將軍在場陪同，湯對楊責備說：「現在戰鬥如此激烈，前方急需部隊增援，應該先令戰鬥兵下船，為什麼讓民伕搶先？」楊答覆說：「這是14師的部隊，因為尚未領到軍衣，所以仍穿民服。」湯聽了大為詫異，覺得「形同乞丐，怎麼可以臨陣作戰？」。（胡璉，2017：118）劉錫輝當時已轉為第12兵團劉雲瀚第19軍羅錫疇第14師廖先鴻第41團的一員新兵，剛從乘船登岸，即趕赴古寧頭戰場，連軍服都沒有穿，怎麼樣瞄準放槍都不知道。（劉錫輝，2018：70）

　　當時第14師第42團李光前團長，登岸後即率領所屬趕赴戰場，由於在拉伕而得之新兵未經周延訓練而怯戰，李團長只得身先士卒，帶頭衝鋒，壯烈殉國。（劉錫輝，2018：70）可見古寧頭戰役犧牲者中有為數不少被迫從軍者，這些人尚未經過專業訓練即趕赴沙場。犧牲者成為「無名英雄」，倖存者變為無償「軍工」，修路、造林、築水庫，建設金門島，成就了胡璉在金門恩主公的美名。

　　劉錫輝後來經由個人努力，成為我國中山科學研究院的研究人員和大學教授，參與了天弓飛彈的研發，對我國國防科技貢獻卓著，而獲得蔣經國總統頒發雲麾勳章。（曾建元，2018a：90）為殺父的國家研發飛彈，使他難以終身

的成就面對家鄉父老。這是中華民國所造成的問題，他一生的榮辱，確實需要
中華民國對他的殺父之仇有所交代，才得以圓滿。

二、流離記憶——姜思章

　　1949年4月中國人民解放軍渡長江，京滬杭警備總司令湯恩伯上海失守，
國軍殘部撤退到舟山群島，向當地居民徵用柴、米等補給，並要求居民參與修
建碉堡、開闢戰車路、建築機場等軍事工程。（姜思章，2006：16）

　　1950年5月15日，浙江省政府主席兼舟山群島防衛司令部司令官石覺，奉
蔣中正總統令帶領國軍全數祕密撤退臺灣，文獻可稽者，至少有董繼陶暫編
第1軍李煥閣第71師第213團第3營、劉雲瀚第19軍孟述美第18師、劉廉一第67
軍汪光堯第75師蕭宏毅第224團第9連、沈向奎第25軍勞聲寰獨立第45師、朱致
一第87軍周雨寰第222師第7團，以「搶救舟山青年」為名自行強行拉伕，據估
計，全島共有1萬3千5百人被抓伕。時任空軍副總司令王叔銘曾向蔣中正報告
駐守岱山島的勞聲寰獨立第45師拉伕搶劫的惡行，蔣中正在日記中記載曾思考
將該師解散徹辦。（陳玲，2001：72-76, 82-87, 96-100）蓋王叔銘在撤退之時曾
誤被獨立第45師傅西來第135團亂兵拉伕，獨立第45師撤回臺灣省宜蘭縣後，
勞聲寰即遭到撤職。（David, 2012）

　　姜思章本名姜文標，浙江省舟山群島岱山島瀚洲縣（今舟山市岱山縣）東
沙鎮人，舟山撤退當時年僅十四歲，是舟山島上定海縣一所初級中學一年級的
學生，聽說有老師、同學被國軍抓走，學校停課，但自認年紀與身高皆未達從
軍標準，故未刻意藏匿，和幾位同學簡單收拾行囊從學校步行回家，半途中被
貴州部隊抓兵，在他們的哀求下，一位年輕士官釋放了他們，詎料又碰上國軍
第19軍第18師。此次被抓，欲反抗的青年即被賞以兩個重重的槍托，又有患疝
氣的青年向部隊說明此疾病將影響其無法當兵，士兵竟舉槍將其槍斃。目睹此
景，姜思章只能連夜行軍，不敢反抗，隔日即抵達碼頭，旋即被押上極度超載
的駁船。解除封鎖的碼頭，湧進大批前來尋丈夫、兄弟、兒子的女性，哭喊、
哀號、咒罵聲四起。抵達臺灣後，姜思章跟著部隊訓練、出操、做工，同學們
經常在一起抱頭痛哭，並且互相慰勉著：「別怕，蔣總統說過，一年準備，

兩年反攻，三年掃蕩，五年成功。最多三、五年就能回家了。」（姜思章，
2006：15-17, 30）

三、浮萍歸根——應小娘

應小娘本名殷小娘，來自浙江省舟山群島定海縣，1949年春天，國軍已露
敗跡，招募軍人頻頻失利，遂行抓兵。那年大年初一即國曆1月21日半夜，國
軍荷槍實彈闖入他們的村子，應小娘在母親和七位姊姊的哭喊中被強行帶走，
那一夜他未滿二十歲，和妻子莊雪花剛結婚。這一天也是蔣中正因戡亂失利自
總統一職引退的日子。

應小娘和其他同年齡的528位年輕人被推上漁船，一周後抵達臺灣省基隆
港，旋即搭火車前往臺北市，開始每日在前臺灣總督府介壽館前高溫艷陽下的
操課生活，晚上則以教室為家，夜夜在夢裡看見母親和妻子。兩個月後和同伴
們連夜搭卡車逃亡，其中約30位被捕，次日於臺北市馬場町遭槍決。母親與家
人的哭喊聲、同伴的遇害，這些記憶如影隨形伴著應小娘之後的人生。

由於應小娘沒有謀生工具與技能，於是在空軍指揮參謀大學中將校長許思
廉官邸裡幫傭，在許思廉的多方協助下，應小娘的妻子莊雪花得以在1957年渡
臺。應小娘離開許家後靠打零工維生，一家七口居無定所，遑論返鄉探親的高
額交通成本。直至應小娘晚年重病時，留著一口氣，在妻子的陪同下回到定海
縣，在家鄉過世。（應毛林，2006：126-130）

四、劫後餘生——管恩然

管恩然出生在山東省莒縣凝吉鄉，他在山東省城濟南師範學校讀書時，一
位也姓管的同學是地下黨人對他說：「國民黨已經垮了，你知道城外現在有多
亂嗎？」並且暗示他，國民黨即將封校拉伕，把學生都送去斷後，等城內殘軍
與特務撤退結束，接著解放軍就要進城。管恩然為躲避抓兵而輾轉自青島坐船
逃難到臺灣基隆，棲身於臺北火車站旁邊的七洋大樓。大陸來的流亡學生幾千
人全窩在那棟樓裡。後來政府派兵封住七洋大樓，抓了所有可以當兵的男生，

送至海南島。管恩然好不容易逃到臺灣，不願意再回大陸去打仗，他認為自己從軍只會當炮灰。有些被抓去的山東同學後來也沒聽到下落了。

　　管恩然與五位同學逃了二星期，共住一間房子，有天另一個同學來拜訪，想要同住，但因空間過於狹小而被拒絕了，這位同學離開後不到一小時，憲兵即偕同警察將他們全數逮捕，管恩然則被羈押在臺灣省保安司令部軍法處看守所，原本負責胡琴與月琴伴奏的票房因管恩然的被捕而出缺司琴，又對接手的琴師不滿意，票房票友國防部次長秦德純在管恩然入獄半年之後，最後終於忍不住去臺灣省保安司令部軍法處把管恩然保出來，也將關押管恩然的資料文件都加以銷毀。

　　管恩然還是被輾轉解送澎湖防衛司令部司令官李振清第40軍入伍，在此之前，已有5千名國立煙臺聯合中學學生被強徵入第40軍。管恩然很幸運被李振清賞識，任命其為副官，兩年後順利退伍，在臺北縣北投鎮薇閣育幼院謀得教職，此後在臺灣省立臺北師範專科學校、國立臺灣師範大學國文學系升學，轉任國民小學教員至退休。（管仁健，2016：308-319；2016a）

五、外省人的二二八──澎湖七一三事件

　　澎湖七一三強行徵兵事件，被視為是外省人的二二八事件。國立煙臺聯合中學校長張敏之在澎湖七一三事件身亡，夫人王培五最早在《十字架上的校長：張敏之夫人回憶錄》中詳細敘述事發經過。（王培五口述，2000）

　　1948年11月，山東省煙臺地區各中學的師生在海軍總司令桂永清協助下在海上經青島撤退到上海，由教育部整編為國立煙臺聯合中學，原煙臺各中學校長一致迎請青島市政府參事張敏之擔任聯中校本部校長出面領導。張敏之遂率聯中師生遷校，流亡湖南省新化縣橋頭河鎮與安化縣藍田鎮，再於1949年5月遷校廣州。經國防部政務次長兼山東省政府主席秦德純等山東省人士多方奔走，東南軍政長官兼臺灣省政府主席的陳誠乃與山東省政府教育廳達成協議，同意廣州之山東各校中學生遷往臺灣省澎湖縣，由國軍澎湖防衛司令部司令官李振清所屬第40軍給予照顧訓練，而經國防部與東南軍政長官公署同意後，教育部於1949年6月頒佈《山東煙臺聯中、濟南第一二三四五六聯中、昌濰臨中

等八校員生安置辦法》，當中規定17歲以上學生須接受軍訓，16歲以下學生，則編入澎湖防衛司令部附設軍人子弟學校就學。

　　1949年6月底至7月初，山東省各流亡中學師生合計8000多人從廣州黃埔港碼頭登上濟和輪等船班分兩批前往澎湖，國立濟南第一二三四五六聯合中學安置在馬公鎮，其餘各校則安置在西嶼鄉漁翁島。7月13日，第40軍第39師代師長韓鳳儀在澎湖防衛司令部操場集合濟南聯中學生強制編兵入伍，遭到學生抗拒，引起官兵以刺刀刺傷學生李建（樹民）和唐克忠的流血衝突事件，澎防部同時下令安置漁翁島的各校教職員和初級中學一年級男學生和全體女學生遷入澎湖防衛司令部附設軍人子弟學校就學，其餘學生則亦強迫入伍。軍方撕毀了與山東省、臺灣省和教育部間的協議，強徵山東省流亡中學生入伍，引發師生抗爭，許多小怨不斷累積。（呂培苓，2015：64-92）8月18日，李振清向陳誠舉報張敏之等，稱查獲澎湖島內潛伏匪諜份子，旋即逮捕張敏之，展開偵查，（謝莉慧，2018）第39師長韓鳳儀與政治部秘書陳福生乃決定殺一儆百，遂以檢肅匪諜的名義，逮捕、拘禁將近100名師生並祕密審判。張敏之和煙臺聯中第二分校校長鄒鑑、學生劉永祥、譚茂基、明同樂、張世能、王光耀被以匪諜罪名被押到臺北市馬場町刑場槍決，（呂培苓，2015：64-92）另有2名學生王子彝、尹廣居瘐死於獄中，事後再有106名師生遭到逮捕刑訊。（黃翔瑜，2009：292-293）

　　1949年12月12日晨，《中央日報》第4版及《臺灣新生報》第4版均大幅報導集體槍決之事，報導標題為「臺灣豈容奸黨潛匿，七匪諜昨伏法」及「你們逃不掉的，昨續槍決匪諜七名」，副標題則分別為「保安部破獲匪兵運機構，黨羽百餘人均一網打盡」及「對叛徒不寬容」等。另傳有人數及姓名不詳的學生被裝進麻袋拋入海中溺斃（俗稱「拋錨」）。未被槍決或拋錨的師生被移送至臺北市內湖新生總隊接受管訓，在綠島新生訓導處集中營建成後又被移送到綠島，成為綠島第一期政治犯，編為綠島新生總隊第一大隊第二中隊。受難者之家屬也長期受到政府的監控者。（許文堂，2009：73-81；馬忠良，2012：70-80）

　　事發後儘管在臺灣的山東籍政要想為這群受害師生平反，卻因當時白色恐怖時期的時空因素，案件不了了之。1996年，由參與張敏之夫人王培五回憶

錄《十字架上的校長：張敏之夫人回憶錄》寫作的新黨籍高惠宇聯合國民黨籍葛雨琴兩位山東省籍立法委員接下了平反的棒子，並獲得白色恐怖受難者民主進步黨籍立委謝聰敏的聲援，（王鼎鈞，2006）1997年謝聰敏領銜與包括高惠宇、葛雨琴等7位立委共同提案制定《戒嚴時期不當叛亂暨匪諜審判案件補償條例》，獲得69位立委聯署響應，（陳英泰，2017：155）其後經戒嚴時期不當叛亂暨匪諜審判案件補償基金會之審查，被害人與其家屬始得平反。

參、法理探討

　　1945年8月抗戰勝利後，國民政府召開政治協商會議，邀請包括中國共產黨在內的各民主黨派與社會賢達共商戰後復員與和平建國大業，而後依照政協共識推進制憲，1946年制憲國民大會通過《中華民國憲法》，1947年1月由國民政府公布，而於12月25日施行，國家自此步入憲政時期，而在此之前，中華民國則處於以黨治國之訓政時期，依1931年國民會議通過而經國民政府公布實施之《訓政時期約法》規定，訓政時期國家政權係由中國國民黨全國代表大會代替人民行使國民大會職權，組織國民政府，表現出黨國體制的非民主特徵，但《訓政時期約法》同樣擁有人權章典，和一般憲政主義憲法一樣，顯示人民的基本權利仍應受《訓政時期約法》之保障，國民義務也應有《訓政時期約法》法源之課與，與行憲後關於人權之維護並無不同。

　　關於兵役部分，《訓政時期約法》第26條規定：「人民依法律有服兵役及工役之義務」，國民政府於1933年即公布施行《兵役法》，期間歷經多次修正，由此可知，當時國民革命軍之徵兵，即應依法行政，依循《兵役法》或《兵役法》授權主管機關訂定之行政命令為之。退萬步言，1947年底既已行憲，《憲法》第20條有「人民有依法律服兵役之義務」之規定，國軍之徵兵更應依法從事，否則即有強制使人民為無義務之作為之情形，而有侵害《憲法》保障之基本權，諸如：第8條人身自由、第10條居住遷徙自由等之實。抓壯丁或拉伕係針對不特定之人所為，當時國防部及各部隊之見人便隨機強徵的行為不僅違法，該等國家侵害人民基本權之行為更與《憲法》意旨不符。

一、《兵役法》

我國之《兵役法》於1933年已有初步立法，迄今共修正11次，本文討論之國共內戰後期之數次修法，分述如下：

民國初建，軍閥割據兵制混亂，當時已有徵兵制之倡導。惟各地軍閥私自募兵，擁兵自重，迄北伐後全國統一，兵役制度方漸有雛形。1933年6月國民政府頒布《兵役法》，1936年3月生效，但實施條例的頒布和準備工作為時甚久，直到抗戰後期的1943年才真正實施徵兵。依《兵役法》之規定，兵役分為國民兵役和常備兵役，18歲至45歲男子有服兵役之義務，在不服常備兵役時服國民兵役。20至25歲之役男入伍後服現役3年、正役6年、續役至40轉為國民兵役，至45歲除役。徵兵僅限完成地方自治之地區實施，其餘地區則依志願募兵。（張創新，2005：535）

1937年對日抗戰肇始，《兵役法》肩負徵兵重責。國民政府遂於1943年全面實施徵兵，將服役定為全民義務，每年徵集常備兵入營服役，並緊縮免役、緩役範圍。國民兵區分初期國民兵役、甲種國民兵役、乙種國民兵役三種。滿18歲為國民兵及齡，20歲為常備兵現役及齡。常備兵由徵募並行改為徵兵制為主，志願兵為輔，軍士及特種兵3年外，常備兵現役改為2年，並增列服兵役權利義務以及女子服役規定。

1946年10月修訂《兵役法》，擴充兵役範圍，將兵役由原來的陸軍兵卒役，擴增為陸海空三軍，並增列為軍官佐役、軍士役和兵卒役三等，而為使戰時作戰補充順暢，則在常備兵和國民兵外增列補充兵種，補充兵役中之現役，是視國防需要，自適合常備兵役之超額男子每年徵集一部入營者，而由常備師或管區施以四個月至六個月之訓練，期滿退伍，改服預備役，至屆滿45歲止除役。同年12月25日制憲國民大會三讀通過《憲法》，並於次年施行，《憲法》第20條規定：「人民有依法律服兵役之義務」，使我國的兵役法制進一步獲得《憲法》上的依據而完備。（洪錦成、施奕暉，2013：30-45）

1946年10月《兵役法》頒布施行，國共內戰實際上已經開打，中華民國則全面實施徵兵，該法關於徵集兵源之直接相關條文如下：

第1條：「中華民國男子依法皆有服兵役之義務。」

第3條第1項：「男子自年滿十八歲之翌年一月一日起役，至屆滿四十五歲之年十二月三十一日除役。」第19條：「男子年滿十八歲者為國民兵役及齡，年滿二十歲者為常備兵役、補充兵役之現役及齡。常備兵與補充兵屆現役及齡之年，應受左列徵兵處理，由縣市政府會同地方民意機關及其有關機關辦理之。一、身家調查。二、體格檢查。三、抽籤。四、徵集。」

在義務役之外，關於志願役，則規定於第32條：「依志願而服兵役者，其服役以命令定之」

從當時法條可得知，男性滿18歲即符合初級國民兵入伍資格，並且應按照一定流程辦理徵召，包含身家調查、體格檢查、抽籤決定役別以及最後的徵集。初級國民兵服役兩年，在徵集所在地接受軍事預備教育。男子年滿20歲，則服常備兵役兩年，常備兵在戰時依年次召集，擔任捍衛國家之作戰任務，超額的常備役男，則改服補充兵役，由國家視需要徵召入伍，交常備師或管區訓練四至六個月。

抗戰後國家正待重建，國民革命軍進行裁軍復員，以撙節國家經費開支，所以實際上並未真正實施徵兵，而解放軍卻利用機會大量招攬滿洲國軍、蒙古軍、和平建國軍解散後以及國民革命軍整編後的復員軍人大肆擴軍，國民政府發現裁軍政策有錯，導致國民革命軍與解放軍軍力急速消長，於是在1948年2月頒佈了《國軍收復地區兵員徵集暫行辦法》，規定凡國軍收復地區年滿20至35歲的壯丁，一律徵集入伍，並授予前線高級長官以徵兵的便利處置權。在針對新收復地區實施的這一徵兵制度下，所有壯丁皆須應召入伍，而無緩徵之彈性，國民革命軍乃可任意抓捕壯丁強制從軍。（夏靜，2009：87-88）

蔣中正在三大戰役失利後下野，下野前成立14個編練司令部，但目的不在徵兵，而是收容整頓三大戰役後撤退至江南的各個國軍部隊殘部。等到解放軍全面渡江向全國進軍，各個編練司令部隨即改組為兵團。但此時要徵兵，在軍心渙散、民心已去，且地方行政與軍政瀕臨瓦解的情況下，談何容易。作為撤臺國軍戰鬥主力的胡璉第12兵團，便是在江西由第二編練司令部改組而成，所募集到的7萬新兵，全都不是經由法定管道補兵，（李隆昌，2009：56）在法律上都是依《兵役法》第32條招募成軍的志願役。如果真正遴行徵兵，則江西

全民皆兵，而由年滿20歲及齡者應召入伍，但胡璉兵團重建之初，以當時內戰形勢，國防部江西省贛北師管區和江西省政府都已沒有能力依法定程序進行徵兵，老百姓也不可能願意讓子弟全部投入敗象已露的國軍。胡璉仿唐朝府兵制由每甲十二戶中出一丁當兵，服役兩年間該丁家屬由其餘十一戶照顧，則不必拘泥於以及齡役男強制入伍，而每　甲只要有一人願投國軍，或者經公平抽籤而應徵，其餘各戶男丁便可緩徵，這也減輕了軍民普遍的對立關係。1949年3月25日第二編練司令部宣達《「一甲一兵」徵兵暫行辦法》，並將該辦法送請國防部報備，（李隆昌，2009：56）在江西展開徵兵，因而是一種特殊的便宜性募兵措施。而既然是志願役，理論上便應依役男之自由意願，實則不然，第18軍李樹蘭第118師第353團團長楊書田在其徵兵日記中即白承，在江西省黎川縣新城鎮徵兵時，曾藉殺人立威，死難者包括自父親李流芳接掌第六保第一甲甲長以求符合緩徵資格的李長耀、師範畢業生但未服務教職而不符緩徵資格的饒達三，還關押了領導抗徵的大芸鄉前鄉長陳原和，在此同時，他還聲明：志願者，出於自願，不准有絲毫強迫性。（李隆昌，2009：61-62）其實，對於不願從軍而不幸中籤者，就是強制，而這是不符志願精神的，再者，憑甚麼國軍楊書田團長可以未經法定程序就隨便殺害或關押平民百姓？

　　在戰爭兵荒馬亂之際，志願役制度被濫用，無論如何還是假藉著志願役的形式，本文前引之案例，多半屬於此，但還有一種更罔顧人權的作法，便是抓平民來頂替已逃亡或戰歿的官兵軍籍。內戰後期，國家既已行憲，兵役法制亦已實施，則依法行政原則對國軍補充兵源之作法仍應有所拘束。縱使一時雖有形式上之法典，惟並無有力之執行機關及救濟管道，無法給予受害者以正當法律程序之權利保障，國家於戰爭停止而有能力處理之時，乃不應不給予這些無兵役義務而為國犧牲的個人以一定之賠償或補償，對於違法亂紀殘害人權的國軍部隊和軍官，儘管其可能有所戰功，也不應掩飾其不法，視若無睹，以為理所當然，此方是憲政主義國家維護國民人格尊嚴和基本人權的應有作為。

二、《國軍軍事勤務致人民傷亡損害補償條例》

　　我國最早針對國軍軍事勤務致人民傷亡損害補償的立法，係1999年頒布之

《國軍軍事勤務致人民傷亡損害補償條例》。該條例第2條明文規定本法適用之時間及地點之範圍：「民國三十八年政府遷臺後至民國七十年六月三十日止，臺灣地區人民，因國軍軍事勤務致傷亡或財物損害者，得依本條例規定申請金錢補償。但同一事由已依其他途徑獲得賠償、撫卹或其他慰撫及補償者，不予補償」。「前項期間，金門馬祖地區得延至民國八十年十一月七日戰地政務終止日」。「第一項所稱臺灣地區，指臺灣、澎湖、金門、馬祖及政府統治權所及之其他地區。」

基此，從時間上來說，我國的軍事勤務補償只有針對1949年12月9日中央政府遷臺之日起至1981年6月30日間進行的軍事勤務；在地域上來說，明定為臺灣地區，並定義臺灣地區為「臺灣、澎湖、金門、馬祖及政府統治權所及之其他地區」，此之「其他地區」，概念上應當以屬於臺灣地區而不屬於中國大陸的地區為是，否則，法律表述方式當為「臺灣地區與其他地區」，而不會只寫「臺灣地區」。因此，政府在1949年12月9日之後還實際統治一段時期的大陸地區戰爭損害，都不給予軍事補償。這些地區包括雲南省蒙自縣與開遠縣周邊地區（至1950年2月20日）（崔毅，2016）、西康省西昌縣（至1950年3月27日）（郭廷以，1980：790）、海南特別行政區（至1950年5月1日）（中共中央黨史研究室，2011：36）、福建省東山縣（至1950年5月12日）（吳羊璧，2009：382）、浙江省舟山群島各縣（至1950年5月19日）、和廣東省萬山縣（至1950年8月）等地，（中共中央黨史研究室，2011：36-37）這些地區在自然的地理概念上不屬於臺灣地區，但由中華民國政府實際統治到1955年2月的浙江省大陳列島（含一江山、漁山列島、披山島、南麂列島），其地位與福建省金門縣與馬祖列島1956年正式實施戰地政務之前在全國戒嚴令下處於戒嚴體制的狀態並無二致，福建省政府管治金馬的情形和浙江省政府管治大陳的情形亦無不同，福建省屬的金門與馬祖在《動員戡亂時期臨時條款》和《憲法增條條文》上屬於自由地區，復依《臺灣地區與大陸地區人民關係條例》而規定為臺灣地區。值得注意的是，1995年1月施行之《戒嚴時期人民受損權利回復條例》第2條所指之臺灣地區，僅限於臺灣本島和澎湖縣，其他針對中華民國戒嚴時期人民受損權利回復保障之地區，則採列舉規定，而僅限於1948年民國37年12月10日起至1992年民國81年11月6日止宣告戒嚴期間之金門、馬祖、東

沙、南沙地區，後者是1948年12月中華民國全國戒嚴令實施之地區，而臺灣省和新疆省、西康省、青海省及西藏地方則都被排除在全國戒嚴範圍之外，這一立法割斷了屬於全國戒嚴地區中在1949年12月9日之後仍受中華民國短暫統治而最後喪失的所有離島如舟山、東山、萬山、海南、大陳與持續受統治至今的金門、馬祖、東沙、南沙地區在法律上的同等地位，也表明了國家當前對於轉型正義保護地區範圍的立場，就是臺灣地區概念涵蓋下的臺灣、澎湖、金門和馬祖。

就屬人的效力來說，《國軍軍事勤務致人民傷亡損害補償條例》所要保護的對象是「臺灣地區人民」，也就是臺灣、澎湖、金門、馬祖、東沙、南沙設籍的人民。國軍軍事勤務發生的地點，並不一定在臺灣，也可能在大陸，1949年12月9日之後，國軍還在大陸地區戰鬥，國軍撤臺之後，也曾有多次反攻大陸之役，如1952年1月第一次突擊福建省莆田縣湄洲鄉、1952年10月突擊福建省莆田縣南日鎮、1953年2月第二次突擊福建省莆田縣湄洲鄉、1953年7月突擊福建省東山縣，（胡璉，2017：127-150）在1949年12月9日之後國軍軍事勤務所致人民傷亡的損害補償對象範圍，則僅以臺澎金馬地區人民為限。就此而言，劉錫輝廣東省興寧縣家中遭國軍侵害事件係發生於1949年9月政府遷臺之前，縱退萬步言，劉錫輝事後來到臺灣成為臺灣地區人民，因為事件發生時間不在可請求補償期間內，因而他仍無權提出補償請求。

三、《促進轉型正義條例》

所謂「轉型正義」，是指一個社會從威權體制轉型為民主社會之後，對於政府在威權統治時大規模侵害人權的種種政治壓迫，及其導致的政治、族群或種族的分裂，為了正義回復與社會和解所做的善後工作。（陳清秀，2017：299）我國民主化後，關於戒嚴時期國家不法的善後，曾有1995年《戒嚴時期人民受損權利回復條例》和1997年《戒嚴時期不當叛亂暨匪諜審判案件補償條例》的立法，但這兩個條例，只針對中華民國現所統治的大臺灣地區進行補償，包括實施〈臺灣戒嚴令〉後的臺灣本島，以及實施〈全國戒嚴令〉後的臺灣各離島，因此，如果國家不法是發生在戒嚴之前，或者是在戒嚴期間由中華

民國統治的中國大陸地區，則依法並非是當下國家所欲將事的轉型正義工作範圍。

2017年12月，《**促進轉型正義條例**》公布實施，其所要處理的轉型正義事項，為威權統治時期國家違反自由民主憲政秩序之不法行為與結果，而威權統治時期，依第3條之規定，則指自中華民國34年8月15日起至81年11月6日止之時期，即1945年8月15日至1992年11月6日之間，規定的期間不同於〈全國戒嚴令〉和〈臺灣戒嚴令〉，也未明文限定於臺灣地區，亦即未明文排除中國大陸地區，故而就文義解釋而言，其適用範圍並未排除國軍在國共內戰時期特別是1949年撤退之際最為張狂的拉伕事件。

《**促進轉型正義條例**》第2條第2項規定**促進轉型正義委員會**的職權業務事項有五種：一、開放政治檔案；二、清除威權象徵、保存不義遺址；三、平復司法不法、還原歷史真相，並促進社會和解；四、不當黨產之處理及運用；五、其他轉型正義事項。而關於國家公權力之不法，第6條第1項規定：「威權統治時期，違反自由民主憲政秩序、侵害公平審判原則所追訴或審判之刑事案件，應予重新調查，平復司法不法，以彰顯司法正義、導正法治教育，並促進社會和解。」「前項之平復司法不法，得以識別加害者並追究其責任、回復並賠償被害者或其家屬之名譽及損失，及還原並公布司法不法事件之歷史真相方式為之。」同條第2項規定：「下列案件，如基於同一原因事實而受有罪判決者，該有罪判決暨其刑、保安處分及沒收之宣告，於本法施行之日均視為撤銷，並公告之：一、依二二八事件處理及賠償條例、戒嚴時期不當叛亂暨匪諜審判案件補償條例與戒嚴時期人民受損權利回復條例之規定，而獲得賠償、補償或回復受損權利之受難者。二、前款以外之案件，經促轉會依職權或依當事人之聲請，認屬依本法應予平復司法不法之刑事有罪判決者。」第3項規定：「依前項規定撤銷之有罪判決前科紀錄，應塗銷之。」第6條揭櫫了促進轉型正義委員會的重要任務——「平復司法不法、還原歷史真相，並促進社會和解」。舉凡與此相關之加害人責任追究、被害人審判平反、名譽回復及損害賠償，皆必須透過符合自由民主憲政秩序之公開及公正之程序進行，始能達成前揭目的。其中，還原歷史真相、促進社會和解，為遭拉伕來臺並生活在臺灣的外省國軍官兵最在意的一環，因為加害者個人已經不在人世，只餘國家責任。

昔日十八、九歲的青年在大時代下被迫離開家鄉，時至今日已八、九十歲，白髮蒼蒼、齒牙動搖，對他們而言，轉型正義並不需如一般社會通念所知的以金錢上之損害補償為已足，對這一段歷史給予交代和應有的定位，讓他們身為人子的遺憾和糾結兩岸間的國仇家恨，能夠有一個還諸天地的段落。戰爭可怕、遺忘戰爭而鼓吹戰爭更可怕。

目前關於《促進轉型正義條例》的討論，一般皆定調在二二八事件以及白色恐怖時期等發生在臺灣的政治事件，惟從法律的文義解釋而言，立法者於設定適用範圍時，並未限制中華民國國軍對於人權之侵害地點，係發生在中國大陸或在臺灣。而綜觀國軍拉伕事件的相關處理法律及條例，無論是《訓政時期約法》、《憲法》、《兵役法》或《促進轉型正義條例》，在文義上皆有其可作為事件之是非認定上的適用餘地，惟目前尚無相關涵攝的討論，遑論實務上成功處理的案例。《促進轉型正義條例》明定針對司法不法事件之法律效果逕以立法撤銷，並命令自現行政府工作檔案中全面註銷其記錄，而對於未以司法形式做成的國家行政不法事件，《促進轉型正義條例》則遺留下尚待進一步立法決定如何處理的漏洞。因此，縱使吾人認定國軍拉伕為軍事行政之不法事件，現行法律並無法提供任何國家賠償或補償的法源。但不論如何，《促進轉型正義條例》第11條第1項規定：「促轉會應於二年內就第二條第二項所列事項，以書面向行政院長提出含完整調查報告、規劃方案及具體實施步驟在內之任務總結報告；有制定或修正法律及命令之必要者，並同時提出相關草案。」由此可知，如果促轉會認為國軍在中國大陸地區的拉伕行為不法，則至少作為「其他轉型正義事項」，促轉會有權在總結報告中向行政院提出關於平復之建議方案。《促進轉型正義條例》對於司法不法案件以直接立法撤銷的過渡性政治途徑加以解決，是為了避免司法途徑的曠日廢時，雖然拉伕之軍事行政不法事件數量可能遠遠超出不當審判或匪諜案件的被告當事人，但因已是七十年前的陳年舊事，在當事人存活至今人數有限的情況下，促轉會如有心處理，對於此一問題，則就應當爭取時間，以免老兵凋零，時不我予。現代憲政國家，是不能容任人民之生命、身體、自由法益受國家不法嚴重侵害而就其無從透過通常之救濟管道獲得正義之情形視若無睹的。

《促進轉型正義條例》的立法，無論就侵害發生的時間或地域，顯然都有

突破現行法制的空間，而可期待於立法方案之提出，但如果因此而將抗戰結束旋即爆發的國共內戰致中國人民傷亡事件都要實質上由現在中華民國所在的臺灣人民來扛，對臺灣人民而言將是極為沉重而不公平的負擔。法理上，可認為中國大陸人民係以另建中華人民共和國的方式清算中華民國的內戰責任，所以中華民國只需要處理臺灣地區人民的問題，凡是在大陸被強制拉伕入伍而來到臺灣落籍的國軍官兵，其受國家強制服無義務之兵役的被害狀態乃存續到其退伍，乃應有理由請求國家給予特別的賠償，而其在被強迫入伍的過程中，財產和家人的傷亡，自然也都在可請求賠償的範圍之內。（曾建元，2018：17）

肆、國際轉型正義經驗之借鑒

自1980年代開始，全世界將近一百個國家陸續從威權獨裁轉型為民主政體。眾多的國家也同時面臨處置威權遺緒的問題，這使得轉型正義工程成為世界性的現象。（陳俊宏，2015：18）但是臺灣的轉型正義放在國際經驗來看，則尚存在著因國家分裂而發生的國家同一性問題，也就是1949年10月1日中華人民共和國建國前後，統治領土縮小為臺灣澎湖金門馬祖的中華民國，和在此之前統治全中國的中華民國是否為同一個國家，又或者，以臺澎金馬人民為主體的中華民國在臺灣，需不需要對中華民國在中國大陸的國家不法行為承擔責任。

我們將中華民國的轉型正義問題分成中國大陸和臺灣兩個部分來討論。中華民國在臺灣國家不法的平反，是典型的轉型正義問題，因為國民的主體都是臺灣地區人民，臺灣人民在國家民主化後，以國家主權者的地位，要求追究國家及其個別官員先前在威權統治時期所犯下的國家不法責任；但中華民國在中國大陸的國家不法，則要分兩個方面來思考。首先，中華民國在中國大陸的領土，在1949年10月1日分離獨立而成立中華人民共和國，中華人民共和國則代表中國大陸地區人民對中華民國在中國大陸的國家不法進行究責，1950年10月10日，中國共產黨中央發出《關於糾正鎮壓反革命活動的右傾偏向的指示》，於12月展開鎮壓反革命運動，並在1951年2月21日頒布《中華人民共和國懲治反革命條例》，針對所謂國民黨反動派殘餘勢力進行為期三年的肅清，（田澤

沛主編，1991：423-424）更依該條例對反革命份子的財產全部沒收，收歸國有。中華民國在中國大陸的國家責任被中華人民共和國完全清算，就此而言，只需要處理與臺灣人民的問題，這也就意味著1949年12月遷都臺北以後的中華民國與之前的中華民國是不完全的國家同一性關係，只承擔臺灣地區的國家責任。（曾建元，2019：7）鎮壓反革命運動處理了遺留在中國大陸的中華民國政府文武官員的責任問題，當然，中華人民共和國的作法極為粗暴和殘忍，並未完全依照正當法律程序而為，反而造成許多的冤、錯、假案，形成中華人民共和國的國家不法。但無論如何，逃往臺灣的中華民國政府文武官員在中國大陸的國家不法責任，則因兩岸的長期分裂分治，而仍有待解決。

　　《促進轉型正義條例》的重要性，就在於將對於中華民國的國家不法的責任追究，至少明確地回溯到1945年8月15日，這就使得抗戰後至1949年10月兩岸分裂之前中華民國在中國大陸的國家不法責任有了機會被納進臺灣促進轉型正義的議程當中被思考和處理，那麼，究竟轉型正義的落實，在國際經驗上有甚麼普遍的標準，而像臺灣這類獨特的分裂國家，應該要承擔分裂前國家不法責任到何種程度，才不會形同對同為受難者群體的臺灣人民的過度負擔或變相懲罰？

　　國際上處理轉型正義的標準做法，可見於2004年8月，聯合國秘書長安南（Kofi Atta Annan）向安全理事會（Security Council）提交的《衝突中和衝突後社會的法治和過渡司法：秘書長的報告》（*The Rule of Law and* Transitional Justice in Post-Conflict Societies：Report of the Secretary-General）（S/2004/616），該報告清楚指出：「**轉型正義之理念，乃是一個社會處理大規模濫權的遺緒，所進行和建立的所有程序和機制。其目標在確立責任、服膺正義並成就和解。**」其更進一步強調：「**在進行轉型正義時，戰略必須是全面的，包括兼顧起訴個人、賠償、尋求真相、改革機構、人事審查和革職的問題，或這些行動的任何適當組合。**」（Kofi Atta Annan, 2004：4；李怡俐，2016：17；《民報》社論，2016）2010年3月聯合國出版《秘書長指導說明：聯合國處理轉型正義的途徑》（Guidance Note of the Secretary-General：United Nations Approach to Transitional Justice），確認轉型正義的處理，應具備以下五大要素：一、調查真相、起訴元凶、確定元凶按照國際法律精神與法條受罰；二、確保獲知真相

的權利；三、修復；四、重整參與迫害的組織與制度；以及五、全國性討論與諮商，以促成和解。（United Nations, 2010：7-10）中華民國在臺灣的國家不法，正是多數臺灣本地人民最為關心的轉型正義社會工程的工作重點，儘管到目前為止，臺灣做得最為成功的，可能就只有對受害者的迫害補償，而於對加害者進行法律或道德上的追訴，以及對真相的釐清、調查，可說是付之闕如。（陳俊宏，2017：184）無疑地，這和國民黨主導臺灣民主轉型的進程有所關係，所以國民黨以執政地位遮蔽了轉型正義工程不利於它自身的許多面向，直到民進黨2016年全面執政，轉型正義的基礎即歷史真相的全面還原，方因2019年7月《政治檔案條例》的通過而出現曙光。

　　至於中華民國在中國大陸的國家不法，關於其究責，則因中華人民共和國建國之後推動意義相當於中國轉型正義工程的三年鎮壓反革命運動而得以減免。參照2010年聯合國提出的轉型正義途徑，我們試就此分析如下：

一、關於國家不法責任，有公務員個人元凶責任和國家的代位責任。究責的方式，可分為刑事罰、行政罰、和公務人員侵權之個人民事賠償責任及國家連帶保證的國家代位賠償責任。中華人民共和國建國之前即於1947年10月10日由中國人民解放軍總部發布了《中國人民解放軍宣言》，宣布「逮捕、審判和懲辦以蔣介石為首的內戰戰犯」，又於1948年11月1日頒布了《懲處戰爭罪犯命令》，具體規定以戰犯論處的各項罪行及其懲治辦法，進而於12月25日公布了以蔣中正為首的兩批內戰戰犯名單，（張晉藩主編，1988：523）建國之後，又於1951年2月後頒布了《中華人民共和國懲治反革命條例》、《政務院關於沒收反革命罪犯財產的規定》，（何勤華、李秀清，2003：449）以特別刑事法律鎮壓反革命份子，並且沒收其財產。則對在中國大陸未能出走的國家不法行為者個人而言，刑事責任已因中華人民共和國之懲治了結，行政責任亦因刑事責任了結而受吸收，至於公務員侵權責任，則因財產全部皆遭沒收，除其具有刑罰制裁之性質外，兼帶有新國家為被害人代位求償的性質，而全部了結。個人侵權責任已了，連帶之中華民國國家賠償責任亦可不再議。而非出於公務員個人違法濫權，而係中華民國國家暴力之實施對中國大陸人民造成的損害，中華

民國對中國大陸人民的國家補償責任，也因中華人民共和國全面接管
中華民國在大陸之資產，而使補償責任是否應當由在中國大陸作為中
華民國部分繼承者中華人民共和國來承擔的判斷權力，也就隨之移轉
給了以解放為名將中華民國逐出中國大陸的中華人民共和國。而對於
退守臺灣的中華民國而言，其對於中國大陸人民的國家不法責任，則
只剩下逃往臺灣的戰犯和公務員的刑事責任和行政責任，此因民事侵
權賠償責任已因中華民國在中國大陸資產遭到充公而獲得代償，除非
有故意或重大過失之情形，國家可再向個人求償，但這也只是國家與
加害行為人之間的關係，且法律上請求權時效已消滅，況且與受害者
無關。惟加害行為人個人之刑事責任和行政責任，目前依中華人民共
和國刑事法制並無法源得以追訴，而事實上，從蔣中正以下絕大部分
人員都早已凋零，也沒有對象了。因此，中華民國對中國大陸人民的
國家不法的法律責任，已經完了，而如果說還有甚麼欠缺而有待補償
者，可以說，已經只剩下倖存的加害者和國家的道義責任了。

二、關於事實真相的還原：究責的基礎在於不法的事實，不法事實的確
認，需要人證和物證，國家不法涉及大規模的國家行為，因而必然存
在著作為發號施令依據的公文和相關往來的公文函件，所以國家檔案
的公布攸關歷史真相的還原而至關緊要。《政治檔案條例》只對於保
留在臺灣的國家檔案有規範實效，但對於流落在中國大陸的國家檔
案，除了中華人民共和國國家檔案局所屬中國第二歷史檔案館收藏的
1949年以前中華民國歷屆中央政府檔案可以洽請該館取得外，其他散
落各地的中央與地方政府檔案的取得與公開，就只能任由因緣命定。
中華人民共和國的各級政府檔案、文獻、當事人的證詞等等資料，也
都是認定事實的重要證據。

　　因為發生地不在臺灣，相關檔案文件也多半未及隨中央政府搬遷
至臺灣，更遑論相關人證，這就造成了真相還原的極大困難，但這些
現實上的困難，並不會因此就豁免了政府在真相調查上的責任。聯合
國人權理事會（Human Rights Council）以2008年9月18日第9/11號決議
和2009年10月1日第12/12號決議確認瞭解真相權（Right to the Truth）

為基本權利，這是淵源自2007年聯合國大會通過的《保護所有人免遭強迫失蹤國際公約》（*The International Convention for the Protection of All Persons from Enforced Disappearance*）的新興權利，不僅針對武裝衝突中的強迫失蹤事件，也針對大規模或蓄意侵犯人權的情況，而要求公眾和個人有權在本國的國內法律體系範圍內並在可行的最大限度上獲得有關其政府的行動和決策過程的資訊，並要求各國應保存與嚴重侵犯人權和嚴重違反國際人道主義法行為有關的檔案和其他證據，以便於瞭解這種行為、對指控進行調查並根據國際法向受害者提供獲得有效補救辦法，而對於一般司法體系無法處理的情形，該公約也建議可建立專門的司法機制以及諸如補充司法系統作用的真相與和解委員會等其他非司法機制，以調查侵犯人權和違反國際人道主義法的行為，並讚賞擬訂和發表這些機構的報告和決定。2005年聯合國人權事務高級專員辦事處（Office of the United Nations High Commissioner for Human Rights）人權委員會《一套採取行動打擊有罪不罰現象以保護和增進人權的原則》（The Set of Principles for the Protection and Promotion of Human Rights through Action to Combat Impunity）即指出瞭解真相權的宗旨，在於「恢復明顯侵犯人權行為的受害者的尊嚴，並確保此種不法行為不再發生」，第四原則係規定受難者的知情權，而指出：「無論法律程序為何，受害人及其家屬享有不受時效限制的權利，以瞭解發生侵權情況的真相，如果士官死亡或失蹤，則有權瞭解受害人的命運」。（陳俊宏，2017：154-157）

三、關於受難者的修復：修復可以是物質或非物質的。物質的賠償可以是金錢或是相當於一定金額的給付，如遭侵占的財產返還、升學、住房、健康照顧、工作，是對於受難者的經濟資源再分配的優惠性差別待遇行動方案；非物質的修復，則涵蓋真相的揭露和向公眾承認錯誤、基於尊嚴維護的象徵性作為向受難者致歉、對加害者的刑事訴究，以及面向未來保證永不容許再犯的制度改革，包括憲政改革、強化司法獨立、發展人權文化、對司法人員和警察、軍人等進行人權訓練、以文官控制軍隊、限制軍事法庭權能和設立受難者安置或

服務機構等等。（Theo van Boven, Cees Flinterman, Fred Grünfeld, Ingrid Westendorp, 1995：502-503）如前所言，中華民國對於中國大陸地區政治受難者物質性修復的賠償責任，已轉嫁給作為中華民國部分國家繼承者的中華人民共和國，非物質的修復，則可就中華民國在臺灣能夠實施者進行，首先是惠而不費的國家道歉，其次是政治迫害個案事實真相的研究調查和公佈，釐清加害者責任之所在，縱使在法律上欠缺訴究之法源或是當事人已不在人間。這一調查工作因歷史久遠，歷史研究的性質已遠大於司法調查，因而可由國史館整合各方資源，主持專案進行長期的研究。而中華民國在臺灣的民主化，則應當可以視為非物質修復中的制度改革的一大成就，在對比中華人民共和國解放中國大陸後失敗的民主轉型、鎮壓反革命轉型正義工程、社會改造乃至文化大革命，中華民國在臺灣確實應當面對內戰期間的歷史，真誠反省，是有機會能夠在人權普世價值的高度上獲得中國大陸人民的認同的，這也是對當年在中國大陸受國民黨政府迫害者，以及遭受中華人民共和國無情報復的中華民國文武官員與遺屬的最好的告慰。

至於在中國大陸重整參與迫害的組織與制度，以及展開全中國的討論與諮商，以促成兩岸的和解，目前中國大陸在中華人民共和國的統治下，不存在那樣的條件，只有未來等待中國的民主化再視臺灣的促進轉型正義過程能夠提供甚麼樣有幫助的經驗了。

伍、本文案例之解析

本文共例舉五案，以下則試著從轉型正義的觀點，分析這五個案例在當前臺灣法制中的意義和可能的轉型正義實現方式。

一、廣東興寧劉錫輝案

先論劉錫輝案。劉錫輝案實包括兩案，一為發生在1949年9月7日的國軍胡璉部隊無故槍殺劉展文案，一為同年9月17日的胡璉部隊強徵劉錫輝與其四個

堂叔入伍案。劉錫輝曾數度向政府陳情，請求政府給一個公道，最早他上書馬英九總統，馬總統發交內政部和國防部處理，內政部函覆可依照《國軍軍事勤務致人民傷亡補償條例》辦理補償，國防部卻表示「本案事發地點為廣東省，不在條例範圍內」，並稱「所陳乃刑事案件，國防部為行政機關，無法審認」。蔡英文總統任內行政院促轉會成立，劉錫輝再提出陳情，未料促轉會竟又把公文轉到國防部，國防部則重申原先的決定，「所陳乃刑事案件，國防部為行政機關，無法審認」。（劉錫輝，2019）

劉錫輝和他家族的悲劇是因著胡璉第十二兵團在國共內戰後期，在江西、福建、廣東三省展開拉伕強徵人民入伍的行為，胡璉兵團的拉伕，並未依照《兵役法》的徵兵程序，所以是違法的軍事行政處分。以今而論，國防部對當年國軍普遍的抓壯丁或拉伕行為之所以清楚表達看法，乃是基於轉型正義的觀點，而不應當只是當作在個別當事人身上的偶發事件。其次，廣東省當時屬於全國戒嚴地區中的接戰地區，依《戒嚴法》第7條之規定，戒嚴接戰地區內「接戰地域內地方行政事務及司法事務，移歸該地最高司令官掌管，其地方行政官及司法官應受該地最高司令官之指揮」。所以，依當年法制，在戒嚴接戰地區的軍人殺人強盜刑事案件，乃歸軍法機關審理，而屬於國防部偵查和審判主管業務，若是如此，國防部怎可稱案屬刑事案件，其為行政機關，而拒絕審認？縱屬刑案，國防部作為行政機關，難道就能坐視軍人違反軍紀隨便殺人和擄人？軍隊和軍人違反軍紀的行政責任，仍屬國防部的權責。因此我人敢不客氣地指出，國防部根本在推卸責任，而且連怎麼自圓其說都毫不掩飾。

接下來促轉會的處理則更讓人失望，當事人所期待的，就是促轉會能從轉型正義的高度來審查本案，因此促轉會把劉錫輝陳情案以屬國防部業管而直接轉交移送，是嚴重失職，促轉會內部沒有察覺這是馬英九政府時期因缺乏促轉法源而無法解決的歷史問題嗎？國防部等一般官僚如果可以期待，如何既有的法規可以解決，當事人何必要等到促轉會成立向該會陳情？而劉錫輝可以提出陳情的權利基礎，不是別的，正是基於當事人地位的瞭解真相的權利，政府除了應善盡公開政府檔案的責任之外，在行政調查的方法上，也不是只有實地的田野調查，還是有許多證據可以證明其事，甚至可以請求中華人民共和國協助提供檔案。

《促進轉型正義條例》對於國軍拉伕此類軍事行政上之不法事件，尚無法提供任何國家賠償或補償的法源。但本文前已指出，中華人民共和國已以鎮壓反革命的名義懲治了中華民國的文武官員，並沒收了中華民國相關黨政機構及人員的全部財產，是中華人民共和國為中國大陸人民的代位取償，所以中華民國對中國大陸人民已無國家代位賠償責任，中華民國政府人員個人的公務員侵權賠償責任，則只限於故意和重大過失，中華民國得向其追償，但請求權時效亦已消滅。所以中華民國或其文武官員對於大陸人民的國家暴力傷害，物質賠償責任方面，本文認為可以免除，但非物質之修復，比如歷史事實真相的整理記錄、道歉、立碑等等，則是中華民國對中國大陸人民可以承擔的作為，也有助於對內撫慰被抓來臺的外省老兵與其兩岸家族的怨懟，因為外省老兵不是中國大陸人民，是臺灣大家庭的一分子，已經是臺灣人，或是當代臺灣的唐山公了。雖然他們是被強迫來臺，但我們不要讓他們因為生命與臺灣有所關連而有所遺憾；另一方面，中華民國也可就此對中華人民共和國樹立轉型正義的典範，對比出中華人民共和國鎮壓反革命運動的粗暴和不正義，而使兩岸關係的重建，有機會跨過中華民國和中華人民共和國的歷史恩怨，直接從兩岸民間的和解開始。

所以關於劉錫輝案，政府在核實之後，可以建請總統代表中華民國政府對當年國軍為補充國共內戰兵源而強徵拉伕的行為表示道歉；其次對保衛臺灣而犧牲青春和生命的國軍老戰士表示感謝與敬意。正是七十年前金門古寧頭大戰的勝利，重挫了中國人民解放軍的氣勢，扭轉兩岸優劣的形勢，才保全了大臺灣，為今日臺灣憲政民主的發展奠定了國防的基礎；第三，對劉錫輝與其父親劉展文和類似的諸多個案，應由國家儘可能查明受難經過、釐清加害者責任，而由國家頒給道歉狀。以劉錫輝案為例，其父劉展文命案加害者的刑事責任有待查明具體的行為人，行政責任為胡璉兵團高魁元第18軍李樹蘭第118師和其下具體的團，劉錫輝和其四個堂叔的強徵案，為胡璉兵團高魁元第18軍羅錫疇第14師廖先鴻第41團；四，劉錫輝個人是臺灣人民，他被強制從軍的過程一直延續到臺灣，所以國家可以考慮立法對其在臺灣受難的事實給予象徵性的物質賠償，之所以是象徵性的，是因為其入伍從軍後就被授以軍階，而有薪餉和終生俸為其從事軍事勤務之對價，就作為軍人而言，並不是被迫無償勞動，待遇

也同志願入伍者相同，所以一旦有國家賠償的設計規劃，責任追究的範圍也僅止於違反其本人意志之強徵拉伕。

　　至於其父親劉展文案，因發生地在中國大陸，國家在道歉之餘，劉錫輝個人是臺灣人民，他被強制從軍的過程一直延續到臺灣，所以國家可以考慮立法對其在臺灣受難的事實給予象徵性的物質賠償，至於其父親劉展文案，因發生地在中國大陸，在中華人民共和國已對中華民國在大陸財產予以全部接收的情況下，國家可聲明可由中華人民共和國以中華民國部分國家繼承的地位代位清償，但國家也可在道歉承認錯誤之餘，政策性地對劉展文案給予個案式的象徵性賠償，這是基於表彰劉錫輝對國家的傑出貢獻；五、我國應可呼籲中華人民共和國反省其不當鎮壓反革命的歷史，要求其對於中華民國遺民的冤錯假案給予平反、財產返還和道歉，並請求其實事求是，對於中華民國對中國現代化的一定貢獻給予承認，不要扭曲歷史，全盤否定。

二、浙江舟山姜思章與應小娘案

　　姜思章和應小娘都是在舟山群島被國軍強徵入伍。姜思章是1950年5月舟山大撤退時在岱山被劉雲瀚第19軍孟述美第18師所擄，當時被強徵的全舟山壯丁將近1萬6千人，而抗拒拉伕強徵來臺從軍，在沈家門、西碼頭、岱山、毛崎等地被槍殺者，則有240餘人，（舟山市公安邊防支隊，1999：439）由國軍執行強擄拉伕和屠殺平民，絕對是國家暴力犯罪，本文認為國家應就此對舟山人民和被強徵來臺灣的舟山軍人表達道歉。而對於那1萬6千位被強徵而來臺的軍人，國家還應對尚在世者提供象徵性的物質賠償。

　　應小娘是1949年1月21日於定海和其他500多人同時被擄。經查國軍正規軍是1949年5月23日寧波的潰軍最先開抵舟山，但正式駐軍要到5月27日，才由上海撤退而來的吳仲直第75軍，在此之前，舟山群島的軍隊僅有保安團隊。（李世庭，2008：1；陳玲，2010：123）1948年10月，定海縣警察保安大隊改組為定海縣民眾自衛總隊，由縣長兼任總隊長，（定海縣志編纂委員會，1994：646）如果應小娘的記憶無誤，則表示舟山群島在蔣中正引退下野，南北正準備展開和議之時，定海縣民眾自衛總隊就已經在為駐臺的國軍拉伕了，不僅如

此，還在臺北馬場町刑場槍決逃跑的舟山拉伕30餘人，當時的臺灣省政府主席兼臺灣省警備總司令是陳誠，無疑地，他在政治和行政上都有不可推諉的最高責任。

關於應小娘案和1949年舟山500人拉伕強徵以及3月在臺北槍決當中30人的慘案，促轉會如果風聞此事，乃應主動展開調查，特別是這些被槍決者都是單身來臺灣，沒有後人為他們伸冤。如果調查後發現其事屬實，則首先國家應當對於當年所有受害的舟山強徵軍人給予道歉，其次，應當清查遭到槍決的舟山逃兵是否在促轉會司法不法平復和判決撤銷的名單之列，這是促轉會的法定業務。至於物質性的修復，目前對於強徵之賠償並無法源，遭到不法軍事審判的賠償請求權，依《戒嚴時期不當叛亂暨匪諜審判案件補償條例》之規定，也早已罹於時效，此則有待立法解決。如果當年逃兵而仍在世者，政府則可依行政裁量，依《國軍退除役官兵輔導條例》之授權專案核定輔導，而給予榮譽國民身分，緊急提供晚年的生活照顧；最後則應有專案調查報告，釐清加害事實和加害者的責任。

三、管恩然與臺北七洋大樓強徵案

從時間點來看，管恩然正是在1948年9月下旬濟南戰役前夕，為了躲國軍第二綏靖區司令部的拉伕，避免成為炮灰，而經青島逃來臺灣者。來臺後，住進由警備總部政工處負責接待流亡學生的臺北市七洋大樓。聳人聽聞的是，管恩然說政府竟然派兵到七洋大樓抓了所有可以當兵的男生送至海南島。這是大規模的拉伕強徵，人數恐達千人以上。同樣的，由於當事人都是流亡學生，也很可能到了海南島後未能跟隨國軍撤回臺灣，不能期待當事人或其後人向政府提出陳情，本案宜由促轉會風聞而主動調查事實真相，釐清責任。由於發生地在臺灣，國家對此責無旁貸，應查明這一批強徵的受害人是否至今尚有倖存者。1949年7月，臺灣省政府曾經指定省教育廳、省社會處、中國國民黨臺灣省黨部及警備總部政工處等四單位成立臺灣省青年學生就學就業輔導委員會，協助流亡學生安置，8月以臺灣省青年學生就學就業輔導委員會為基礎，成立臺灣省青年服務團，將登記之流亡學生收容於七洋大樓，由警總政工處實際給

予接待，（徐震、劉錫銘，2000）本文推測，七洋大樓的學生拉伕強徵案，很可能是發生於臺灣省青年學生就學就業輔導委員會正式成立之前，才會讓國軍有此一機會混水摸魚，強擄流亡學生入伍。

　　一旦管恩然記憶無誤，查證屬實，國家應對七洋大樓強徵案的全體受難者表示道歉，公布調查報告，釐清加害者與其責任，並立法對受難者給予象徵性賠償，並且可考慮在七洋大樓這一外省流亡學生在臺灣的共同家園現址立碑紀念。

　　管恩然拒絕強徵入伍而逃亡，被一位同學出賣而為憲警逮捕，羈押在臺灣省保安司令部軍法處看守所，原始檔案文件當年已為國防部銷毀，效力等同註銷，也就是國防部就管恩然的個案，在法理上默認國防部並無權強徵和對逃兵的當事人進行懲罰，所以管恩然方得以無罪開釋，儘管事實上是出於秦德純次長個人的包庇。惟管恩然被捕的原因是逃兵，並不是促進轉型正義相關立法所屬的叛亂案件範疇，這類案件並不合乎《戒嚴時期不當叛亂暨匪諜審判案件補償條例》所界定之政治案件之補償要件，但在價值上乃屬於威權統治時期國家違反自由民主憲政秩序之不法行為與結果，與促轉的精神相通，所以宜以立法方式填補此一漏洞。

四、澎湖七一三事件

　　澎湖七一三事件是一個標準的國軍在臺灣拉伕強徵事件，在臺山東人在一路上為平反本案的努力，歷經半世紀的接力，令人感動，本案的平反也就正好成為《戒嚴時期不當叛亂暨匪諜審判案件補償條例》立法的直接動力，也成為《戒嚴時期不當叛亂暨匪諜審判案件補償條例》通過後最受矚目的大案。

　　由於張敏之、鄒鑑等澎湖七一三事件的當事人，是被韓鳳儀和陳福生羅織以匪諜罪名，依《戒嚴時期不當叛亂暨匪諜審判案件補償條例》規定「戒嚴時期不當叛亂暨匪諜審判案件之受裁判者，於解嚴後不能獲得補償或救濟」之要件，乃屬於不當之匪諜審判案件，合乎補償之標準，而根據《戒嚴時期不當叛亂暨匪諜審判案件補償條例》第15條之2之規定，「於民國三十七年十二月十日起至動員戡亂時期終止前，因涉嫌觸犯內亂罪、外患罪或戡亂時期檢肅匪諜

條例，而遭治安或軍事機關擊斃或緝捕致死者，得視其情形準用本條例之規定酌予補償」，依此，當年未經審判而遭到第40軍第39師「拋錨」殺害的學生，也都可以取得申請補償的資格，只是如果受裁判者或受難者本人若已不在世，其家屬亦可代為申請補償。但當年被強徵入伍者，並無從請求賠償，此乃有待立法的考量。

張敏之等人除了依《戒嚴時期不當叛亂暨匪諜審判案件補償條例》規定，於2000年獲得戒嚴時期不當叛亂暨匪諜審判案件補償基金會的國家補償外，也獲得國家的道歉和頒給名譽回復證書。2008年，內政部在澎湖設立山東師生冤案國家紀念碑。（呂培苓，2015：304）2018年10月5日，促轉會依《促進轉型正義條例》撤銷了張敏之等人的叛亂判決。而關於拉伕強徵的加害者認定，山東師生冤案國家紀念碑〈七一三澎湖事件紀念設施碑文〉寫明為澎防部司令官李振清，而張敏之等人叛亂冤案的加害者，已可認定是韓鳳儀、陳福生和李振清三人為共犯，（呂培苓，2015：102）在媒體與促轉會合作的專題報導中亦如此揭示，（謝莉慧，2018）無疑地，已表達了政府對此事責任的判斷。雖然這些加害者都已死亡，在法律上已不可能對其究責，但事實真相某種程度的揭露，也足以產生警世的效果。儘管如此，是否需要一份官方的行政調查報告，在促轉會的制度設計和編制上有無能力承擔罄竹難書的這許許多多國家暴力罪行，或者需要由其他機關給予長期的支援或接手續辦，這林林總總的問題，還是值得我們思考。

陸、結論

促轉會就是我國官方仿效其他新興民主國家或後衝突國家所設置的真相與和解委員會，期望透過國家的力量，進行大規模的檔案整理與訪查，讓國共內戰時期被迫從軍的老兵得以透過公開的管道敘述自己的生命故事，使他們的遭遇能被臺灣社會所理解，斷絕威權體制所強加予臺灣人民的錯誤認知，減少那些不斷在公共場域流傳而未受挑戰的謊言數目。我們也期待各種加害體系的參與者，能在聽證或公聽會上向社會與受難者陳述自己的工作，甚至表示反省與歉意。解除戒嚴、終止動員戡亂至今已三十年，臺灣社會對於白色恐怖的國家

暴力機制，仍然缺乏一個結構性的理解。

2016年民進黨全面執政以降，新的政治氛圍已明顯轉向檢討威權時代的各種人權迫害情狀，無論是二二八事件受難者，抑或白色恐怖時期受難者，皆能普遍獲得執政者及人民的支持，終於能走出過去的陰影，而另一方面，以往我國最為乏善可陳的真相還原和究責作為，在終於在轉型正義的法制建構上露出一曙光。

然而，外省人在轉型正義問題當中經常普遍被認為是屬於外來政權的支持者，是國家暴力加害者的共犯，而扛起外省人的原罪。這對於被中華民國在中國大陸拉伕強徵而來、並在臺灣已居住七十年以上的國軍老兵而言，是使他們被迫害的歷史真相永遠不得翻身的致命阻礙。在臺灣一片清算國民黨的聲勢之下，這些被迫來臺的外省老兵們，可說是在歷史和族群夾縫中求生存。十七、十八歲的少年從家鄉被硬生生帶走，沒有人知道這一走還能不能回家；因被拉伕從軍而一生抹不去的國軍標籤，更使得他們家鄉的眷屬無時無刻遭受到鎮壓反革命運動和各種政治鬥爭的摧殘；諷刺的是，二二八被煽起的省籍情結，搞得他們只能掩藏自己的委屈，自始至終都無奈地為國民黨背負歷史包袱。從過去在國共之間、省籍情結，到現在的藍綠之間，被拉伕的老兵在大時代的拉扯中，失去了紮根的能力。

拉伕事件的受害國軍老兵，時至今日，他們的故事還未成為轉型正義的課題，更遑論獲得國家道歉，乃至於賠償。對於這些白髮蒼蒼的長輩而言，最重要的不見得是賠償，（劉錫輝，2017）而是獲得真相、得到臺灣社會的真誠接納與尊敬。

立法院通過的《促進轉型正義條例》，文義解釋上雖能涵蓋這群被拉伕的國軍老兵受難者，惟促轉會在各式各樣的正式或非正式場合討論之中，從未聽見委員們討論和思考著有關國家暴力拉伕的處置措施。

時至今日，這群國軍老兵已垂垂老矣，臺灣仍持續往前進步著，歷史的巨輪輾過他們、拋下他們，他們被迫為中華民國在沙場上犧牲，接著又歷經白色恐怖，對於自身被迫害的過去噤聲，卻從未獲得一句道歉，往往抱憾而終。

同樣是國共內戰後期的拉伕事件，相較於臺灣澎湖七一三事件，發生於中國大陸各地的拉伕事件的救濟或轉型正義相關討論及政策竟付之闕如，這群被

迫斷了原鄉的根、居住在臺灣的外省國軍官兵，隔著黑水溝望穿秋水，得不到任何平反和安慰，甚至在當今轉型正義的氛圍下，被無知的民眾歸類為加害者的一方，為國家和國軍頂罪。雖然他們的故事不是發生在臺灣，但他們確實生活在臺灣，是中華民國臺灣的國民，政府在戰亂時期對其施加的國家暴力，未必涉及叛亂，但和叛亂罪的亂判，同樣都是淵源自國家暴力的作用，他們應當享有救濟的管道。

民國108年8月12日，臺北晴園

參考文獻

中共中央黨史研究室，2011，《中國共產黨歷史：第二卷（1949-1978）》，上冊，北京：中共黨史出版社，2011年1月。

王培五口述，2000，高惠宇、劉臺平整理，《十字架上的校長：張敏之夫人回憶錄》，臺北：文經社出版有限公司，2000年2月。

王鼎鈞，2006，〈匪諜是怎樣做成的〉，《自由時報》，臺北，民國95年4月12日。

田澤沛主編，1991，《中國革命史》，北京：文化藝術出版社，1991年5月。

舟山市公安邊防支隊，1999，《舟山市公安邊防志》，南京：方志出版社，1991年6月。

《民報》社論，2016，〈嚴正看待轉型正義議題〉，《民報》，臺北，2016年2月23日。

何勤華、李秀清，2003，《外國法與中國法──20世紀中國移植外國法反思》，北京：中國政法大學出版社，2003年5月。

李世庭，2008，〈解放前夕的定海〉，《定海往事》，北京：中國文史出版社，2008年7月1日。

李怡俐，2016，《當代轉型正義的制度與規範脈絡──兼論南韓與臺灣的經驗比較》，臺北：元照出版有限公司，2016年3月。

李隆昌，2009，《時代見證》，中和：自版，2009年10月。

李福鐘，2018，《世紀中國革命──中華人民共和國史》，臺北：三民書局股份有限公司，2018年1月。

林天乙主編，閩粵贛邊區黨史編審領導小組著，1999，《中共閩粵贛邊區史》，北京：中共黨史出版社，1999年6月。

林桶法，2009，《1949大撤退》，臺北：聯經出版事業股份有限公司，2009年8月。

定海縣志編纂委員會，1994，《定海縣志》，杭州：浙江人民出版社，1994年7月。

吳羊璧，2009，《五千年大故事之百戰山河（二）──國難篇》，香港：明報出版社，2009年6月1日。

胡璉，2017，《金門憶舊》，新北：胡璉故居紀念館暨研究中心籌備處，2017年6月22日。

郭廷以，1980，《近代中國史綱》，下冊，香港：中文大學出版社。

姜思章，2006，〈從流離到團圓——一個大陸來臺老兵的親身經歷〉，初安民總編輯，《流離記意——無法寄達的家書》，中和：印刻出版有限公司，2006年6月。

徐震、劉錫銘，2000，〈臺灣省青年服務團〉，《教育大辭書》，新北：國家教育研究院，2000年12月。

洪錦成、施奕暉，2013，〈我國兵役制度的演進、變革與展望〉，《檔案季刊》，第12卷第2期，新北：國家發展委員會國家檔案管理局，民國102年3月。

夏靜，2009，《國民黨政府兵役制度研究》，濟南：山東師範大學中國近現代史專業碩士論文，2009年4月20日。

許文堂，2009，〈澎湖山東煙臺聯中師生冤案始末〉，張炎憲、陳美蓉編，《戒嚴時期白色恐怖與轉型正義論文集》，臺北：臺灣歷史學會、吳三連臺灣史料基金會，2009年12月。

陳玲，2010，《舟山撤退機密檔案——六十年前的一頁滄桑》，臺北：時英出版社，2010年8月。

陳英泰，2017，《回憶3——開啟白色恐怖平反之門》，臺北：吳三連臺灣史料基金會，2017年12月10日。

陳俊宏，2015，〈檢視臺灣的轉型正義之路〉，《新世紀智庫論壇》，第71期，臺北：財團法人臺灣新世紀文教，2015年9月30日。

陳俊宏，2017，〈真相和解與政治對話〉，《人權、正義與差異政治》，臺北：松慧有限公司，2017年7月。

陳清秀，2017，《法理學》，臺北：元照出版有限公司，2017年4月。

陳錦昌、胡敏越，2017，《怒潮學校與戰後金門的復甦》，金城：金門縣文化局，2017年12月。

馬忠良，2012，《從二等兵到教授：馬忠良回憶錄》，臺北：新銳文創，2012年7月26日。

曾建元，2017，〈抓伕：未曾出現的道歉〉，《風傳媒》，臺北：風傳媒集團，2017年4月15日。

曾建元，2018，〈追求向人性回歸的轉型正義——劉錫輝《錫輝文集——滄海一粟的餘波盪漾》〉，劉錫輝，《錫輝文集——滄海一粟的餘波盪漾》，新北：詩藝文出版社，2018年3月10日。

曾建元，2018a，〈拉伕：未曾出現的道歉〉，劉錫輝，《錫輝文集——滄海一粟的餘波盪漾》，新北：詩藝文出版社，2018年3月10日。

曾建元，2019，〈國家同一性與轉型正義的法效力問題〉，《新臺灣國家智庫通訊》，第77期，臺北：財團法人凱達格蘭基金會，2019年6月。

曾建元、邱榮舉，2016，〈胡璉與怒潮的時代光影——周雅川與徐松珍的故事〉，《中國

史研究》，第104輯，大邱：中國史學會，2016年10月。

崔毅，2016，〈金三角：消失在叢林裏的國民黨孤軍〉，《多維新聞》網，2016年第6期，臺北。

管仁健，2016，〈一個山東基督徒的離家、想家到回家〉，《外省新頭殼》，新北：方舟文化出版，2016年12月。

管仁健，2016a，〈一個山東在臺基督徒的回家之旅〉，《你不知道的臺灣》，《PChome》個人新聞站，臺北：網路家庭國際資訊股份有限公司，2016年2月17日。

黃翔瑜，2009，〈山東流亡師生冤獄案的發生及處理經過（1949-1955）〉，《臺灣文獻》，第60卷第2期，南投：國史館臺灣文獻館，民國98年6月。

張晉藩主編，1982，《中國法制史》，北京：群眾出版社，1982年7月。

張創新，2005，《中國政治制度史》，北京：清華大學出版社，2005年1月1日。

應毛林，2006，〈我父親應小娘〉，姜思章等，《流離記憶——無法寄達的家書》，中和：印刻文學出版有限公司，2006年6月。

劉錫輝，2013，《大變動時代的滄海一粟：劉錫輝回憶錄》，臺北：博客思出版社，2013年11月1日。

劉錫輝，2018，〈紀念古寧頭大捷，還湯恩伯將軍榮耀、還老兵公道〉，《錫輝文集：滄海一粟的餘波盪漾》，新北：詩藝文出版社，2018年3月10日。

劉錫輝，2019，〈悼念先父受難70周年〉，《今日新聞》，臺北：今日傳媒股份有限公司，2019年7月22日。

興寧縣志編修委員會，1992，〈大事記〉，《興寧縣志》，廣州：廣東人民出版社，1992年4月。

謝莉慧，2018，〈強徵山東流亡中學生為兵，澎湖事件害慘百名師生〉，《新頭殼》，臺北：先驅媒體社會企業股份有限公司，2018年10月3日。

Annan, Kofi Atta, 2004, The Rule of Law and Transitional Justice in Post-Conflict Societies: Report of the Secretary-General, New York: United Nation, Security Council, 23 August 2004. (S/2004/616)

Boven, Theo van, Cees Flinterman, Fred Grünfeld, Ingrid Westendorp, 1995, "Seminar on the Right to Restitution, Compensation and Rehabitation for Victims of Gross Violations of Human Rights and Fundamental Freedoms: Summary and Conclusions", Neil J. Kritz ed. Transitional Justice: How Emerging Democracies Reckon with Former Regimes, Washington DC: United States Institute of Peace.

David, 2012，〈安頭，〈瓊林林園古寧頭戰役石碑重新安座〉附記〉，《金門戰地史蹟論壇——紀錄金門戰地戰史，見證金門戰地歷史》，臺北：《痞客邦》部落格，2012年5月22日。

United Nations, 2010, Guidance Note of the Secretary-General: United Nations Approach to Transitional Justice, New York: United Nation, March 2010.

國家圖書館出版品預行編目

從荒謬的年代到弔詭的年代 / 劉錫輝著. --
臺北市：致出版, 2020.06
　面；　公分
ISBN 978-986-98863-6-9(平裝)

1. 劉錫輝　2. 回憶錄

783.3886　　　　　　　　109007314

從荒謬的年代到弔詭的年代

作　　　者／劉錫輝
出版策劃／致出版
製作銷售／秀威資訊科技股份有限公司
　　　　　114 台北市內湖區瑞光路76巷69號2樓
　　　　　電話：+886-2-2796-3638
　　　　　傳真：+886-2-2796-1377
網路訂購／秀威書店：https://store.showwe.tw
　　　　　博客來網路書店：http://www.books.com.tw
　　　　　三民網路書店：http://www.m.sanmin.com.tw
　　　　　金石堂網路書店：http://www.kingstone.com.tw
　　　　　讀冊生活：http://www.taaze.tw

出版日期／2020年6月　　定價／550元

致 出 版
　　　　　　　　　　　　　　　　向出版者致敬